高等教育"十三五"规划教材

立信精品教材

高级财务会计学

主　编　费金华　贲友红

副主编　胡群英　温　畅

立信会计出版社

LIXIN ACCOUNTING PUBLISHING HOUSE

图书在版编目(CIP)数据

高级财务会计学 / 费金华主编. —上海：立信会计出版社，2020.12(2022.7 重印)
高等教育“十三五”规划教材 立信精品教材
ISBN 978-7-5429-6744-2

Ⅰ. ①高… Ⅱ. ①费… Ⅲ. ①财务会计—高等学校—教材 Ⅳ. ①F234.4

中国版本图书馆 CIP 数据核字(2021)第 017954 号

策划编辑 陈 旻
责任编辑 陈 旻

高级财务会计学
GAOJI CAIWU KUAIJIXUE

出版发行	立信会计出版社		
地　　址	上海市中山西路 2230 号	邮政编码	200235
电　　话	(021)64411389	传　　真	(021)64411325
网　　址	www.lixinaph.com	电子邮箱	lixinaph2019@126.com
网上书店	http://lixin.jd.com		http://lxkjcbs.tmall.com
经　　销	各地新华书店		
印　　刷	苏州市古得堡数码印刷有限公司		
开　　本	787 毫米×1092 毫米	1/16	
印　　张	15.5	插　　页	1
字　　数	397 千字		
版　　次	2020 年 12 月第 1 版		
印　　次	2022 年 7 月第 4 次		
书　　号	ISBN 978-7-5429-6744-2/F		
定　　价	52.00 元		

如有印订差错，请与本社联系调换

前　言

会计是市场经济的“商业语言”。会计工作、会计标准和会计报告体系等在市场经济中起着举足轻重的作用。为了更好地适应我国市场经济的发展，加强政府对市场的监管，维护社会公众利益，推进我国会计国际化进程，财政部在 2006 年发布企业会计准则体系之后，对相应的企业会计准则进行了修订。

为了使学校的会计教学内容能跟上企业会计准则变化的步伐，培养适应社会需要的会计人才，也为了广大会计工作者能更好地理解并熟练运用企业会计准则，我们组织了一批会计教学经验丰富的教师，编写了这本《高级财务会计学》教材。本教材紧扣准则变化的内容，选择了一些在会计实务操作上有一定难度、在内容上又能与中级会计实务相衔接的会计问题作为研究对象，既有一定的理论深度和广度，又突出会计实务操作；在写作上力争做到深入浅出、通俗易懂，并配有丰富的案例，便于学生和广大会计工作者使用。

本书由费金华和贲友红担任主编，胡群英和温畅担任副主编。全书编写分工如下：费金华编写第六至第十一章，贲友红编写第二至第四章，胡群英编写第五章，温畅编写第一章。最后由费金华对全书进行修改和总纂。

本书在编写和出版过程中，得了学院领导、同事以及立信会计出版社的大力支持，在此深表感谢！由于编者水平有限，加之时间仓促，疏漏乃至错误在所难免，敬请各位同行专家及读者批评指正。

编　者

前 言

目　　录

第一章

外币折算

【本章学习目的】

通过本章教学，学生应对外币业务的基本知识有较为系统的理解和掌握，能够熟练进行日常外币业务的账务处理及一般情况下外币会计报表的折算。

【本章关键词】

即期汇率　汇兑差额　账务处理　外币财务报表折算

第一节　外币业务概述

随着世界经济一体化的日趋深入，一方面，许多成功企业大力发展海外市场，向跨国公司转化，在境外设立分公司、子公司；另一方面，随着企业生产环境、经营范围的不断变化与拓展，国界的作用越来越模糊，跨国经营、跨国贸易往来、跨国投融资等涉及外币业务的经济活动不断增加。凡此种种，使得有关外币业务的核算在企业会计核算中出现的频率越来越高，企业正确、及时地组织好外币业务的核算，对于正确、全面地向会计信息使用者提供企业财务信息，反映和监督外币资金运作，防范汇率风险，提高经济效益具有越来越重要的作用。

一、外币、外汇与外币交易

通俗地讲，外币是指本国货币以外的其他国家和地区的货币。外汇的概念要比外币广，它通常是指以外国货币表示的用于国际支付的手段。根据我国《外汇管理条例》的规定，外汇具体包括：① 外国货币，包括纸币和铸币；② 外币有价证券，包括外国政府公债、外币国库券、外币公司债券、外币股票和外币息票等；③ 外币支付凭证，包括外币票据（支票、汇票和期票）、外币银行存款凭证和外币邮政储蓄凭证等；④ 其他外币资金。

会计核算上的外币与上述意义上的外币和外汇在概念上均有所不同，它是相对于企业选定的记账本位币而言的，在会计核算上把企业选定的记账位币以外的其他货币均视为外币。企业以外币进行计价或结算的交易就是外币交易，主要包括企业购买或销售以外币计价的商品或劳务、企业借入或出借外币资金以及其他以外币计价或者结算的交易。由于我国《会计法》规定："会计核算以人民币为记账本位币。业务收支以人民币以外的货币为主的单位，可以选定其中一种货币作为记账本位币。"因此，企业选定的记账本位币不同，其外币包括的范围也不同。例如，在以人民币为记账本位币的企业，交易以美元计价或结算时，美元即为外币；而在以美元为记账本位币的企业，交易以人民币计价或结算时人民币作为外币业务处理，美元则不再属于外币。

企业发生外币业务时，需要把外币金额折算成记账本位币金额进行记账，在以人民币以外的货币作为记账本位币的企业，还需要把编报的财务会计报告折算为人民币反映，这就不可避免地要涉及采用什么汇率进行折算的问题。

二、汇率

汇率即外汇汇率或外汇汇价，是指一个国家货币兑换为另一个国家货币的比率或比价。也可以说是两种不同货币之间的比价。

（一）汇率的分类

汇率根据不同的要求和作用可以有多种分类。企业外币业务核算中所涉及的汇率主要有以下几种。

1. 市场汇率和官方汇率

市场汇率是指在本国外汇市场上，完全由供需关系所决定的交易货币的汇率。官方汇率是指一国货币当局所制定公布的汇率。

2. 现行汇率和历史汇率

现行汇率是指某一具体时点现在的汇率。历史汇率是指过去某一时点的汇率。

3. 记账汇率和账面汇率

记账汇率是指企业发生外币业务进行会计处理时所采用的汇率。账面汇率是指企业以往外币业务发生时登记入账所采用的汇率。账面汇率是过去的记账汇率，也就是历史汇率。

4. 买入汇率、卖出汇率和中间汇率

买入汇率又称买入价，是指银行向客户买入外币时所使用的汇率。卖出汇率又称卖出价，是指银行向客户卖出外币时所使用的汇率。中间汇率又称中间价，是指银行买入汇率与卖出汇率之间的平均汇率，也就是某日买入汇率与卖出汇率之间的平均数。

5. 合同汇率

合同汇率是指交易双方在合同中约定的进行不同货币折算所使用的汇率。

（二）汇率的标价方法

通常在确定两种不同货币之间的比价时，我们往往按照以外国货币还是本国货币作为计价标准，将汇率的标价方法分为以下两种。

1. 直接标价法

直接标价法是指以一定单位的外国货币可以兑换多少单位的本国货币作为计价标准的汇率标价方法。例如，1美元＝7.05元人民币。

在直接标价法下，外币数额固定不变，汇率的升降以本币数额的变化来表示。汇率上升表示一定单位外币折算的本币增多，此时外币币值上升，本币币值下降。反之，汇率下降则表示一定单位外币折算的本币减少，此时外币币值下跌，本币币值上涨。目前，世界上绝大多数国家都采用直接标价法来表示本国货币的外汇汇率，我国也不例外。

2. 间接标价法

间接标价法是指以一定单位的本国货币可以兑换多少外国货币作为计价标准的汇率标价方法。例如，1元人民币＝0.142美元。

在间接标价法下，本币数额固定不变，汇率的升降以外币数额的变化来表示。汇率上升表示一定单位本币折算的外币增多，此时本币币值上升，外币币值下降。反之，汇率下降则表示一定单位本币折算的外币减少，此时本币币值下跌，外币币值上涨。采用间接标价法的国家主要有美国和英国等。

我国现行《企业会计准则》规定，企业发生外币交易时，相关外币账户采用业务发生时的即期汇率作为记账汇率。资产负债表日及结算日，外币货币性项目采用当日即期汇率折算为记账本位币，当日即期汇率与初始入账时或前一资产负债表日即期汇率不同而产生的汇兑差额，计入当期损益。以历史成本计量的外币非货币性项目，仍采用交易发生日的即期汇率折算，不改变记账本位币金额。不过对于以成本与可变现净值孰低计量的存货，如果其可变现净值以外币确定，则要在确定存货的期末价值时，先将可变现净值折算为记账本位币，再与以记账本位币反映的存货成本进行比较。

第二节 外币交易的会计处理

一、外币账户的设置及外币交易核算的基本程序

（一）外币账户的设置

企业为了核算外币业务，必须设置相应的外币账户。需要注意的是，外币账户仅包括外币现金、外币存款、外币债权（包括应收账款、其他应收款和长期应收款等）和外币债务（包括短期借款、应付账款、其他应付款、长期借款、应付债券和长期应付款等）四种货币性项目类型的账户，并非包括外币业务发生时涉及的所有其他账户。

（二）外币交易核算的基本程序

外币统账制和外币分账制是外币业务常见的两种记账方法。外币统账制是指在发生外币交易时及时折算为记账本位币记账，并据此编制会计报表的记账方法。外币分账制是指外币交易在日常核算时按照外币原币进行记账，分别不同的外币币种核算其实现的损益，编制各种货币币种的会计报表，在资产负债表日一次性地将外币会计报表折算为记账本位币表示的会计报表，并与以记账本位币编制的会计报表汇总编制整个企业一定会计期间的会计报表的记账方法。目前，我国绝大部分企业对外币业务采用外币统账制进行核算，只有银行等少数金融保险企业采用外币分账制核算外币业务。本章以外币统账制来介绍外币交易的账务处理。

企业发生外币交易进行账务处理的基本程序如下：

首先，在外币交易发生时采用交易日的即期汇率将外币金额折算为记账本位币金额，也可以采用按照系统合理的方法确定的、与交易发生日即期汇率近似的汇率折算，再据此登记外币业务中所有相关账户。

其次，资产负债表日及结算日按照当日即期汇率将各外币账户的外币余额折算为记账本位币金额，作为各外币账户的期末记账本位币金额，其与原账面记账本位币金额的差额，作为汇兑差额予以确认，计入当期损益。

二、记账本位币的确定

我国《会计法》规定：“会计核算以人民币为记账本位币。业务收支以人民币以外的货币

为主的单位，可以选定其中一种货币作为记账本位币。”企业的记账本位币是指企业生产经营所处的主要经济环境中的货币。这里的主要经济环境通常是其主要产生和支出现金的经济环境。企业通常应选择人民币作为记账本位币，业务收支以外币为主的企业，可以按规定选定其中一种货币作为记账本位币。但其编制的财务报表必须折算为人民币。

企业确定的记账本位币应有利于真实反映企业的主要经济业务，并使外币结算对会计结果的影响最小。因此，企业在确定记账本位币时应当主要考虑下列因素：① 该货币主要影响商品和劳务的销售价格，通常以该货币进行商品和劳务的计价和结算；② 该货币主要影响商品和劳务所需人工、材料和其他费用，通常以该货币进行上述费用的计价和结算；③ 融资活动获得的货币以及保存从经营活动中收取款项所使用的货币。

记账本位币一经选定，企业不得随意变更，除非所处的主要经营环境发生了重大变化。

企业所处的主要经营环境发生重大变化，确需变更记账本位币的，应采用变更当日的即期汇率将所有项目折算为变更后的记账本位币，同时，其比较财务报表应当以可比当日的即期汇率折算所有资产负债表和利润表项目。

【例 1-1】 某公司为外贸自营出口企业，超过 80%的营业收入来自向日本的出口，其商品销售价格主要受日元影响，以日元计价。因此，从影响商品和劳务销售价格的角度看，该公司应选择日元作为记账本位币。如果该公司除厂房设施、30%的人工成本在国内以人民币采购外，生产所需原材料、机器设备及 70%以上的人工成本都以日元在日本采购，则可确定该公司的记账本位币是日元。

但是，如果该公司 95%以上的人工成本、原材料及相应的厂房设施、机器设备等在国内采购并以人民币计价，该公司取得的日元营业收入在汇回国内时直接兑换成了人民币存款，且公司对日元汇率波动产生的外币风险进行了套期保值，降低了汇率波动对企业取得的外币销售收入的影响，那么，该公司可以选择人民币作为记账本位币。

必须注意的是，在确定企业的记账本位币时，上述因素的重要程度随企业具体情况的变化而变化，企业管理当局要根据实际情况进行判断。但这并不意味着企业管理当局可以根据需要随意选择记账本位币。

三、外币业务的日常账务处理

对于发生的外币交易，企业通常在交易日应当采用当日即期汇率将外币金额折算为记账本位币金额，并登记所有相关账户，同时在相应外币账户登记外币金额；汇率变动不大的，也可以采用按照系统合理的方法确定的、与交易发生日即期汇率近似的汇率折算。

即期汇率，通常是指中国人民银行公布的当日人民币外汇牌价的中间价。

即期汇率的近似汇率，是指按照系统合理的方法确定的、与交易发生日即期汇率近似的汇率，通常采用当期平均汇率或加权平均汇率等。

（一）外币兑换业务的账务处理

外币兑换业务包括企业从银行等金融机构买入外币和向银行等金融机构卖出外币等业务。

对于单纯的货币兑换交易或涉及货币兑换的交易事项，中间价不能反映货币兑换损益，企业应当以交易实际采用的汇率，即银行买入价或卖出价折算。也就是企业按照买入当日采用的即期汇率将买入的外币折合为记账本位币金额入账，同时，将按外币卖出价折算的实际付出的记账本位币金额登记入账。实际付出的记账本位币金额与收入的外币按照汇率折算为记账本位币金额之间的差额，作为当期汇兑损益处理。

1. 企业向银行买入外币

企业向银行买入外币通常是按照银行外币卖出价成交的。企业买入外币时，应按照买入当日的即期汇率将买入的外币折合为记账本位币金额入账，同时，将按外币卖出价折算的实际付出的记账本位币金额登记入账。实际付出的记账本位币金额与收入的外币按照当日的即期汇率折算为记账本位币金额之间的差额，作为汇兑差额，计入当期损益。

【例1-2】 某公司以人民币为记账本位币。20×0年3月5日，因外汇支付需要，该公司向银行购入15 000美元，当日银行美元卖出价为1美元＝7.10元人民币，当日即期汇率为1美元＝7.00元人民币，该公司实际支付人民币106 500元。

此项经济业务发生后，该公司的账务处理为：

借：银行存款——××银行(美元)(15 000×7.00)　　105 000
　　财务费用　　1 500
　贷：银行存款——××银行(人民币)(15 000×7.10)　　106 500

2. 企业向银行卖出外币

企业向银行卖出外币通常是按照银行外币买入价成交的。企业卖出外币时，应按照卖出当日的即期汇率将卖出的外币折合为记账本位币金额入账，同时，将按银行外币买入价折算的实际收入的记账本位币金额登记入账。实际收入的记账本位币金额与卖出的外币按照当日即期汇率折算为记账本位币金额之间的差额，作为当期汇兑损益处理。

【例1-3】 某公司以人民币为记账本位币，其外币交易采用交易日即期汇率折算。20×0年3月7日，该公司将7 500美元到银行兑换为人民币，当日银行美元买入价为1美元＝7.00元人民币，即期汇率为1美元＝7.10元人民币，该公司实际收入人民币52 500元。

此项经济业务发生后，该公司的账务处理为：

借：银行存款——××银行(人民币)(7 500×7.00)　　52 500
　　财务费用　　750
　贷：银行存款——××银行(美元)(7 500×7.10)　　53 250

(二) 外币购销业务的账务处理

企业发生的外币购销业务，包括从国外或境外购进原材料、商品、引进设备以及出口销售产品或商品等。外币购销业务发生时，企业应按当日即期汇率或即期汇率的近似汇率折合为记账本位币金额记账。外币债权、债务账户实际收付日即期汇率或即期汇率的近似汇率与账面汇率不同，导致折算为人民币金额的差额，作为汇兑差额予以确认，计入当期损益。

1. 外币购进业务

企业以外币购进原材料、商品或引进设备时，应按当日的即期汇率或即期汇率的近似汇率将支付的外汇或应支付的外汇折合为记账本位币金额记账，以确定购入货物的入账价值和发生债务的入账价值。

【例1-4】 某公司为增值税一般纳税人，记账本位币为人民币，其外币交易采用交易日即期汇率折算。20×0年8月17日,该公司从欧洲购入原材料一批,共计75 000欧元,当日即期汇率为1欧元=7.50元人民币,按规定应缴纳的进口关税为75 000元人民币,支付的进口增值税额为82 875元人民币,货款尚未支付,进口关税及增值税已用银行存款支付。

此项经济业务发生后,该公司的账务处理为:

借:原材料(75 000×7.50+75 000)　637 500
　应交税费——应交增值税(进项税额)　82 875
　贷:应付账款——×公司(欧元)(75 000×7.50)　562 500
　　银行存款——××银行(人民币)(75 000+82 875)　157 875

2. 外币销售业务

企业出口销售产品或商品时,应按当日即期汇率或即期汇率的近似汇率将外币销售收入、出口销售取得的款项或应收债权折算为记账本位币记账,以确定销售收入和应收债权的入账价值。

【例1-5】 某公司为增值税一般纳税人,记账本位币为人民币,其外币交易采用交易日即期汇率折算。20×0年3月5日,该公司向国外公司出口销售商品一批,根据销售合同,货款共计150 000美元,当日即期汇率为1美元=7.10元人民币。假定不考虑增值税等相关税费,货款尚未收到。

此项经济业务发生后,该公司的账务处理为:

借:应收账款——×公司(美元)(150 000×7.10)　1 065 000
　贷:主营业务收入　1 065 000

【例1-6】 沿用[例1-5]的资料,假定该公司于20×0年3月21日收到上述货款,兑换成人民币后直接存入银行,当日银行的美元买入价为1美元=7.15元人民币。

此项经济业务发生后,该公司的账务处理为:

借:银行存款——××银行(人民币)(150 000×7.15)　1 072 500
　贷:应收账款——×公司(美元)(150 000×7.10)　1 065 000
　　财务费用——汇兑差额　7 500

(三) 外币借款业务的账务处理

企业借入外币时,均按发生当日即期汇率或即期汇率的近似汇率折合为记账本位币金额记账,并同时按照借入的外币金额登记相关外币账户。

【例1-7】 某公司以人民币为记账本位币。20×0年9月5日,该公司从中国银行借入欧元100 000元,期限为6个月,年利率为6%,当日即期汇率为1欧元=7.12元人民币。假定借入的欧元暂存银行。

此项经济业务发生后,该公司的账务处理为:

借:银行存款——××银行(欧元)(100 000×7.12)　712 000
　贷:短期借款——中国银行(欧元)　712 000

【例1-8】 沿用[例1-7]的资料,6个月后,该公司按期以人民币归还所借欧元,当日银行的欧元卖出价为1欧元=7.02元人民币,假定账面即期汇率仍为1欧元=7.12元人民币,且借款利息在到期归还本金时一并支付,则当日应归还银行借款利息3 000欧元(100 000×6%÷

12×6)，按当日欧元卖出价折算为人民币为 21 060 元(3 000×7.02)。相关账务处理如下：

借：短期借款——中国银行(欧元) 712 000
　贷：银行存款——××银行(人民币)(100 000×7.02) 702 000
　　财务费用——汇兑差额 10 000
借：财务费用——利息费用 21 060
　贷：银行存款——××银行(人民币)(3 000×7.02) 21 060

(四) 接受外币资本投资的账务处理

企业收到投资者以外币投入的资本，无论是否有合同汇率，均不得采用合同汇率或即期汇率的近似汇率折算，而应一律采用交易日即期汇率折算。这样，外币投入资本与相应的货币性项目的记账本位币金额相等，不产生外币资本折算差额。

【例 1-9】 某公司以人民币为记账本位币。20×0 年 12 月 17 日，该公司与某外商签订投资合同，当日收到外商投入资本 30 000 美元，当日即期汇率为 1 美元＝7.15 元人民币。假定投资合同约定汇率为 1 美元＝7.2 元人民币。

此项经济业务发生后，该公司的账务处理为：

借：银行存款——××银行(美元)(30 000×7.15) 214 500
　贷：实收资本 214 500

根据《关于外商投资的公司审批登记管理法律适用若干问题的执行意见》的规定，外商投资公司的注册资本只能采用收到出资当日的即期汇率，不再使用合同汇率，也不使用即期汇率的近似汇率，与其相对应的资产类账户也不使用即期汇率的近似汇率。这样，外币投入资本不会产生汇兑差额，资产类账户在期末仍分别货币性项目与非货币性项目进行处理。虽然“实收资本”账户的金额不能反映股权比例，但并不改变企业分配和清算的约定比例，这一约定比例通常已经包括在合同当中。

四、资产负债表日及结算日的调整

资产负债表日，企业对外币货币性项目和外币非货币性项目应分别进行处理。

(一) 外币货币性项目

货币性项目是指企业持有的将以固定或可确定的外币金额收取的资产或者偿付的债务。货币性项目分为货币性资产和货币性负债。货币性资产包括库存现金、银行存款、应收账款、应收票据、其他应收款及长期应收款等。货币性负债包括应付账款、应付票据、其他应付款、短期借款、长期借款、应付债券及长期应付款等。

外币货币性项目通常包括企业持有的外币货币资金、将以固定或可确定的外币金额收取的资产、将以固定或可确定的外币金额偿付的债务。

现行《企业会计准则》规定，资产负债表日及结算日，企业应以当日即期汇率折算外币货币性项目，该项目因当日即期汇率不同于初始入账时或前一资产负债表日即期汇率而产生的汇兑差额作为财务费用，计入当期损益；同时，调增或调减外币货币性项目的记账本位币金额。

【例 1-10】 某股份有限公司为增值税一般纳税人，以人民币为记账本位币，对外币交易采用发生时的即期汇率折算，按月计算汇兑差额，且公司在银行开设有美元账户。20×0 年

6月30日的即期汇率为1美元＝7.20元人民币，当日有关外币余额，如表1-1所示。

表1-1

有关外币余额

项目	外币金额(美元)	当日即期汇率	折算为人民币金额(元)
银行存款	150 000	7.20	1 080 000
应收账款	750 000	7.20	5 400 000
应付账款	300 000	7.20	2 160 000

该公司20×0年7月份发生以下外币交易：

(1) 12日，收到某外商投入的外币资本750 000美元，当日的即期汇率为1美元＝7.25元人民币，投资合同约定的汇率为1美元＝7.15元人民币，款项已由银行收存。

(2) 16日，进口设备一台，设备价款为600 000美元，货款已通过银行存款支付，当日的即期汇率为1美元＝7.15元人民币，按规定应缴纳的进口关税为430 000元人民币，支付的进口增值税为613 600元人民币。该设备入境后发生运输费30 000元人民币，增值税额为2 700元，安装调试费15 000元人民币。进口关税、增值税、运输费及安装调试费已用银行存款支付。

(3) 23日，对外销售产品一批，价款共计300 000美元，当日的即期汇率为1美元＝7.20元人民币，款项尚未收到。假设不考虑相关税费。

(4) 31日，收到上月发生的应收账款450 000美元，当日的即期汇率为1美元＝7.32元人民币。

假定不考虑增值税等相关税费，且公司在银行开设有美元账户。

该公司7月份相关账务处理如下：

(1) 12日，收到某外商投入的外币资本。

借：银行存款——××银行(美元)(750 000×7.25)　　5 437 500
　贷：实收资本　　5 437 500

(2) 16日，进口设备。

借：固定资产　　4 765 000
　应交税费——应交增值税(进项税额)　　616 300
　贷：银行存款——××银行(美元)(600 000×7.15)　　4 290 000
　　　　——××银行(人民币)　　1 091 300

(3) 23日，对外销售产品。

借：应收账款——某公司(美元)(300 000×7.20)　　2 160 000
　贷：主营业务收入　　2 160 000

(4) 31日，收到上月发生的应收账款。

借：银行存款——××银行(美元)(450 000×7.32)　　3 294 000
　贷：应收账款——某公司(美元)(450 000×7.20)　　3 240 000
　　财务费用——汇兑差额　　54 000

(5) 7月31日,计算当期产生的汇兑差额。

① 银行存款(美元)的余额=150 000+750 000-600 000+450 000=750 000(美元)

按当日即期汇率折算为人民币金额=750 000×7.32=5 490 000(元)

当期产生的汇兑差额=5 490 000-(1 080 000+5 437 500-4 290 000+3 294 000)
=-31 500(元)(汇兑损失)

② 应收账款(美元)的余额=750 000+300 000-450 000=600 000(美元)

按当日即期汇率折算为人民币金额=600 000×7.32=4 392 000(元)

当期产生的汇兑差额=4 392 000-(5 400 000+2 160 000-3 240 000)=72 000(元)(汇兑收益)

③ 应付账款(美元)的余额=300 000(美元)

按当日即期汇率折算为人民币金额=300 000×7.32=2 196 000(元)

当期产生的汇兑差额=2 196 000-2 160 000=36 000(元)(汇兑损失)

④ 应计入当期损益的汇兑差额=-31 500-72 000+36 000=-4 500(元)(汇兑收益)

当期汇兑差额相应的账务处理为:

借:应收账款——某公司(美元)	72 000	
贷:银行存款——××银行(美元)		31 500
应付账款——某公司(美元)		36 000
财务费用——汇兑差额		4 500

(二) 外币非货币性项目

外币非货币性项目是指外币货币性项目以外的外币项目,如存货、交易性金融资产、长期股权投资、固定资产、无形资产、实收资本和资本公积等。依据现行《企业会计准则》规定,外币非货币性项目在资产负债表日或结算日不产生汇兑差额。

1. 以历史成本计量的外币非货币性项目

在资产负债表日,仍采用交易发生日的即期汇率折算,不改变其记账本位币金额,即不产生汇兑差额。

【例1-11】 沿用[例1-9]的资料,外商投入某公司的外币资本30 000美元,已按当日即期汇率1美元=7.15元人民币折算为人民币并记入"实收资本"科目。"实收资本"项目属于非货币性项目,因此,资产负债表日不需要再按照当日即期汇率进行调整。

2. 以成本与可变现净值孰低计量的存货

对于以成本与可变现净值孰低计量的存货,如果其可变现净值以外币确定,则在资产负债表日确定存货的期末价值时,先将可变现净值折算为记账本位币,再与以记账本位币反映的存货成本进行比较,以确定该存货的期末价值。

【例1-12】 某国内上市公司以人民币为记账本位币。20×0年10月27日,该公司以1 050美元/台的价格从美国供应商处购入具有国际先进水平的器材10台(该器材在国内市场尚无供应),并于当日支付相应货款(假定该上市公司有美元存款)。至20×0年12月31日,该公司已经售出器材3台,库存尚有7台,国内市场仍无该器材供应,但其在国际市场的价格已降至1 000美元/台。10月27日的即期汇率是1美元=7.20元人民币,12月31日的即期汇率是1美元=7.10元人民币。假定不考虑增值税等相关税费。

本例中，由于存货在资产负债表日采用成本与可变现净值孰低计量，因此，在以外币购入存货并且该存货在资产负债表日获得的可变现净值以外币反映时，在计提存货跌价准备时应当考虑汇率变动的影响。此时，该公司应进行如下账务处理：

12月31日对甲器材计提的存货跌价准备 = 7×1 050×7.20－7×1 000×7.10 = 3 220(元)

借：资产减值损失——存货(×器材)	3 220	
贷：存货跌价准备——×器材		3 220

3. 以公允价值计量的非货币性项目

在资产负债表日，以公允价值计量的股票等非货币性项目，如果期末的公允价值以外币反映，应当先将该外币金额按照公允价值确定日的即期汇率折算为记账本位币金额，再与原记账本位币金额进行比较，差额作为公允价值变动处理。公允价值变动计入所有者权益的，与之相应的汇兑差额则计入所有者权益；公允价值变动计入当期损益的，与之相应的汇兑差额也一并计入当期损益。

【例1-13】 国内某公司以人民币为记账本位币。20×0年12月7日，该公司以每股3.5港元的价格购入甲公司的H股15 000股作为交易性金融资产，当日汇率为1港元=0.92元人民币，款项已支付。20×0年12月31日，当月购入的甲公司H股的市价变为每股3港元，当日汇率为1港元=0.93元人民币。假定不考虑相关税费的影响。

20×0年12月7日，该公司对上述交易应进行如下账务处理：

借：交易性金融资产——甲公司H股(成本)(3.5×15 000×0.92)	48 300	
贷：银行存款——××银行(港元)		48 300

根据《企业会计准则第22号——金融工具》的规定，交易性金融资产以公允价值计量。由于该项交易性金融资产是以外币计价的，在资产负债表日，不仅应考虑港元股票市价的变动，还应一并考虑港元与人民币之间汇率变动的影响。上述交易性金融资产在资产负债表日应按41 850元人民币(3×15 000×0.93)入账，与原账面价值48 300元的差额为6 450元人民币，应计入公允价值变动损益。相应的账务处理如下：

借：公允价值变动损益——甲公司H股	6 450	
贷：交易性金融资产——甲公司H股(公允价值变动)		6 450

这6 450元人民币既包含甲公司所购乙公司H股公允价值变动的影响，又包含人民币与港元之间汇率变动的影响。

20×1年1月30日，该公司将所购甲公司H股按当日市价每股4港元全部售出，所得价款为60 000港元，按当日汇率1港元=0.925元人民币折算为55 500元人民币(4×15 000×0.925)，与其原账面价值41 850元人民币(48 300－6 450)的差额为13 650元人民币。在此，对于汇率的变动和股票市价的变动不予区分，均作为投资收益处理。

售出当日，该公司进行如下账务处理：

借：银行存款——××银行(港元)	55 500	
交易性金融资产——甲公司H股(公允价值变动)	6 450	
贷：交易性金融资产——甲公司H股(成本)		48 300
投资收益——出售甲公司H股		13 650

第三节 外币财务报表折算

一、境外经营记账本位币的确定

境外经营是指企业在境外的子公司、合营企业、联营企业和分支机构。在境内的子公司、合营企业、联营企业和分支机构,其采用的记账本位币不同于企业的记账本位币的,也视同境外经营。

企业选定境外经营的记账本位币,除考虑一般因素外,还应当考虑下列因素:① 境外经营对其所从事的活动是否拥有很强的自主性;② 境外经营活动中与企业的交易是否在境外经营活动中占有较大比重;③ 境外经营活动产生的现金流量是否直接影响企业的现金流量、是否可以随时汇回;④ 境外经营活动产生的现金流量是否足以偿还其现有债务和可预期的债务。

【例 1-14】 国内甲公司以人民币作为记账本位币,该公司在澳大利亚设有一家分公司乙公司,乙公司在澳大利亚的经营活动只有一项:销售来自甲公司的商品并将销售收入汇回甲公司,乙公司在澳大利亚的一切费用开支等均由甲公司提供资金。

在确定乙公司的记账本位币时,我们不仅要考虑乙公司主要产生和支出现金的货币,还需要考虑乙公司与甲公司之间的关系:乙公司所从事的活动是否拥有极大的自主性,与甲公司的交易在乙公司经营活动中所占比例,乙公司经营活动产生的现金流量是否直接影响甲公司的现金流量并可随时汇回,以及乙公司经营活动产生的现金流量在甲公司不提供资金的情况下是否足以偿还其现有债务和正常情况下可预期的债务。由于乙公司的经营活动基本没有自主性,一切依赖于甲公司,且乙公司的经营活动基本是乙公司与甲公司之间的交易,因此,乙公司虽然设在澳大利亚,也应当选择甲公司的记账本位币——人民币作为乙公司的记账本位币。

二、外币财务报表折算的一般原则

外币财务报表的折算是指当企业境外经营的记账本位币不同于企业的记账本位币,在将企业的境外经营通过合并、权益法核算等纳入企业的财务报表中时,将企业境外经营的财务报表折算为以企业记账本位币反映的财务报表的这一过程。如果企业的境外经营采用与企业相同的记账本位币,则境外经营的财务报表不存在折算问题。

在对企业境外经营财务报表进行折算前,应当调整境外经营的会计期间和会计政策,使之与企业会计期间和会计政策相一致,根据调整后的会计政策及会计期间编制相应货币(记账本位币以外的货币)的财务报表,然后再进行折算。

企业对境外经营的财务报表进行折算时,必须遵循下列规定:

(1) 资产负债表中的资产和负债项目,采用资产负债表日的即期汇率折算,所有者权益项目除“未分配利润”项目外,其他项目采用发生时的即期汇率折算。

(2) 利润表中的收入和费用项目,可以采用交易发生日的即期汇率折算,也可以采用按照系统合理的方法确定的、与交易发生日即期汇率近似的汇率折算。

按照上述规定，折算产生的外币财务报表折算差额，在资产负债表中所有者权益项目“其他综合收益”下单独列示。需要注意的是，企业编制合并财务报表涉及境外经营的，如有实质上构成对境外经营净投资的外币货币性项目，因汇率变动而产生的汇兑差额，也应列入所有者权益“外币报表折算差额”项目；处置境外经营时，计入处置当期损益。

【例 1-15】 国内甲公司的记账本位币为人民币，该公司在欧洲设有一子公司，子公司确定的记账本位币为欧元。根据合同约定，甲公司拥有子公司 70%的股权，并能够对子公司的财务和经营政策实施控制。20×1 年 12 月 31 日，甲公司确认其在欧洲子公司的投资应分享或分担的该子公司实现的净损益的份额时，需要先将该子公司的欧元财务报表折算为人民币表述。欧洲子公司有关资料如下：

20×1 年 12 月 31 日的即期汇率为 1 欧元＝8.10 元人民币，20×1 年的平均汇率为 1 欧元＝8.00 元人民币，实收资本、资本公积发生日的即期汇率为 1 欧元＝7.60 元人民币，20×0 年 12 月 31 日的股本为 9 000 万欧元，折算为人民币 68 400 万元；累计盈余公积为 210 万欧元，折算为人民币 1 785 万元；累计未分配利润为 150 万欧元，折算为人民币1 350万元，甲公司和欧洲子公司均在年末提取盈余公积，子公司 20×1 年提取的盈余公积为 240 万欧元。利润表（简表）和所有者权益变动表（简表），如表 1-2 和表 1-3 所示。

表 1-2

利润表(简表)

编制单位：欧洲子公司　　　　20×1 年度　　　　单位：万元

项目	本期金额（欧元）	折算汇率	折算为人民币金额
一、营业收入	4 500	8	36 000
减：营业成本	2 700	8	21 600
税金及附加	95	8	760
管理费用	300	8	2 400
财务费用	150	8	1 200
加：投资收益	60	8	480
二、营业利润	1 315	—	10 520
加：营业外收入	150	8	1 200
减：营业外支出	50	8	400
三、利润总额	1 415	—	11 320
减：所得税费用	380	8	3 040
四、净利润	1 035	—	8 280
五、其他综合收益的税后净额	—	—	4 384.50
六、综合收益总额	1 035	—	12 664.50
七、每股收益			

表 1-3

所有者权益变动表(简表)

编制单位:欧洲子公司　　　　20×1 年度　　　　单位:万元

项目	实收资本			其他综合收益	盈余公积			未分配利润		所有者权益合计
	欧元	折算汇率	人民币	人民币	欧元	折算汇率	人民币	欧元	人民币	人民币
一、本年年初余额	9 000	7.60	68 400		210	8.5	1 785	150	1 350	71 535
二、本年增减变动金额										
(一) 综合收益总额										12 664.50
净利润								1 035	8 280	8 280
其他综合收益的税后净额				4 384.50						4 384.50
其中:外币报表折算差额				4 384.50						4 384.50
(二) 利润分配										
提取盈余公积					240	8	1 920	-240	-1 920	0
三、本年年末余额	9 000	7.60	68 400	4 384.50	450	—	3 705	945	7 710	84 199.50

当期计提的盈余公积采用当期平均汇率折算,期初盈余公积为以前年度计提的盈余公积按相应年度平均汇率折算后金额的累计,期初未分配利润记账本位币金额为以前年度未分配利润记账本位币金额的累计。资产负债表(简表),如表 1-4 所示。

表 1-4

资产负债表(简表)

编制单位:欧洲子公司　　　　20×1 年 12 月 31 日　　　　单位:万元

资产	期末余额(欧元)	折算汇率	折算为人民币金额(人民币)	负债和股东权益	期末余额(欧元)	折算汇率	折算为人民币金额(人民币)
流动资产:				流动负债:			
银行存款	500.00	8.10	4 050.00	应付账款	540.00	8.10	4 374.00
应收账款	1 685.00	8.10	13 648.50	应付职工薪酬	1 200.00	8.10	9 720.00
存货	1 750.00	8.10	14 175.00	流动负债合计	1 740.00		14 094.00
流动资产合计	3 935.00		31 873.50	非流动负债:			
非流动资产:				长期负债	1 800.00	8.10	14 580.00
长期应收款	1 000.00	8.10	8 100.00	非流动负债合计	1 800.00		14 580.00
固定资产	6 500.00	8.10	52 650.00	负债合计	3 540.00		28 674.00

（续表）

资产	期末余额（欧元）	折算汇率	折算为人民币金额（人民币）	负债和股东权益	期末余额（欧元）	折算汇率	折算为人民币金额（人民币）
在建工程	1 000.00	8.10	8 100.00	股东权益			
无形资产	1 500.00	8.10	12 150.00	实收资本	9 000.00	7.60	68 400.00
非流动资产合计	10 000.00		81 000.00	盈余公积	450.00		3 705.00
				未分配利润	945.00		7 710.00
				其他综合收益			4 384.50
				股东权益合计	10 395.00		84 199.50
资产总计	13 935.00	—	112 873.50	负债和股东权益总计	13 935.00	—	112 873.50

外币报表折算差额为以记账本位币反映的净资产减去以记账本位币反映的实收资本、累计盈余公积及累计未分配利润后的余额。

在企业境外经营为其子公司的情况下，企业在编制合并财务报表时，应按少数股东在境外经营的所有者权益中所享有的份额计算少数股东应分担的外币财务报表差额，并入少数股东权益列示于合并资产负债表。

企业选定的记账本位币不是人民币的，还应按照境外经营财务报表折算原则将财务报表折算为人民币财务报表。

三、境外经营的处置

企业在处置境外经营时，应当将资产负债表中所有者权益项目下列示的、与该境外经营相关的外币财务报表折算差额，自所有者权益项目转入处置当期损益；部分处置境外经营的，应当按处置的比例计算处置部分的外币财务报表折算差额，并将该差额转入处置当期损益。

四、恶性通货膨胀经济中外币财务报表的折算

企业对于恶性通货膨胀经济中的境外经营的财务报表，应当先予重述，然后再进行折算。

1. 资产负债表项目的重述

在对资产负债表项目重述时，由于现金、应收账款和其他应收款等货币性项目已经以资产负债表日的计量单位表述，因此不需要对其进行重述；通过协议与物价变动挂钩的资产和负债，应根据协议约定进行调整；非货币性项目中，有些是以资产负债表日的计量单位列示的，如存货如果已经以可变现净值列示，资产负债表日就不需要进行重述。其他非货币性项目，如固定资产、投资和无形资产等，应自购置日起以一般物价指数变动予以重述。

2. 利润表项目的重述

在对利润表项目进行重述时，所有项目金额都需要自其初始确认之日起，以一般物价指数变动进行重述，以使利润表的所有项目都以资产负债表日的计量单位表述。由于上述重述而产生的差额计入当期净利润。

3. 恶性通货膨胀经济的特征

恶性通货膨胀经济，通常按照以下特征进行判断：

(1) 3 年累计通货膨胀率接近或超过 100%。

(2) 利率、工资和物价指数挂钩。

(3) 一般公众不是以当地货币，而是以相对稳定的外币为单位作为衡量货币金额的基础。

(4) 一般公众倾向于非货币性资产或相对稳定的外币来保存自己的财富，持有的当地货币立即用于投资以保持购买力。

(5) 即使信用期限很短，赊销、赊购交易仍按补偿信用期预计购买力损失的价格成交。

本章小结

本章系统地介绍了外币业务的相关基本知识、外币交易的日常账务处理和外币会计报表的折算。在外币业务的基本知识中除了要理解外币、外汇、汇率及记账本位币的有关内容和外币账户的类型，还应着重理解外币、外汇、汇率及记账本位币之间的关系；外币交易的日常账务处理是本章的重点，尤其是期末汇兑损益的核算更应引起注意；外币财务报表的折算是本章的难点，报表各项目要求采用何时的即期汇率或是按照系统合理方法确定的、与交易发生日即期汇率近似的汇率折算是正确进行财务报表折算的关键所在。

复习思考题

1. 何为记账本位币？企业确定记账本位币需要考虑哪些因素？确定境外经营的记账本位币又需要考虑哪些因素？

2. 企业因经营环境改变确需变更记账本位币的，应如何进行会计处理？

3. 国内某公司的记账本位币为人民币，下列各企业与该公司的关系如下：

(1) 甲公司设在美国，记账本位币为美元，是公司的主要销售客户。

(2) 乙公司设在欧洲，记账本位币为欧元，是公司的联营企业。

(3) 丙公司设在中国，记账本位币为港币，是公司的子公司。

(4) 丁公司设在我国香港地区，记账本位币为港币，公司拥有其 5%的股权，但对丁公司不具有共同控制或重大影响，并且在活跃市场中没有报价，公允价值也不能可靠计量。

(5) 戊公司设在美国，记账本位币为人民币，是公司的全资子公司。

要求：请帮助公司判断哪些企业需要进行外币财务报表折算。

4. 简要说明处于恶性通货膨胀经济中，境外企业的财务报表如何进行折算？

5. 为了正确核算外币业务，企业应设置哪些常见的外币账户？

练习题

1. 某公司以人民币为记账本位币，对外币交易采用业务发生时的即期汇率进行折算，同时按月计算汇兑差额。20×0年3月31日，市场汇率为1美元＝8.20元人民币，公司有关外币账户期末余额，如表1-5所示。

表1-5

某公司外币账户期末余额情况表

单位：元

账户名称	外币余额(美元)	汇率	人民币余额
银行存款	127 500	8.20	1 045 500
应收账款	100 000	8.20	820 000
应付账款	80 000	8.20	656 000
短期借款	0	8.20	0

公司4月份发生以下外币交易(暂不考虑相关税费)：

(1) 1日，收到某外商投入的外币资本200万美元，当日即期汇率1美元＝8.15元人民币，投资合同约定汇率为1美元＝8.20元人民币。

(2) 3日，销往国外产品一批，价款为20万美元，当日即期汇率1美元＝8.00元人民币，款项尚未收到。

(3) 8日，以人民币存款偿还前欠货款5万美元，当日银行美元卖出价为1美元＝8.00元人民币。

(4) 17日，收到上月应收账款10万美元存入银行，当日银行美元买入价为1美元＝8.15元人民币。

(5) 23日，从国外购入原材料一批，价款为6万美元。材料已入库，款项未付，当日即期汇率为1美元＝8.15元人民币，暂不考虑相关税费。

(6) 30日，向银行借入2万美元，期限为6个月，利率为4%，当日即期汇率为1美元＝8.10元人民币。

要求：

(1) 根据上述相关资料进行外币交易的日常账务处理。

(2) 计算期末汇兑差额并进行账务处理。

2. 圣达公司的记账本位币为人民币，乙公司为该公司在美国的子公司，乙公司确定的记账本位币为美元。根据合同约定，圣达公司拥有乙公司70%的股权，并能够对乙公司的财务和经营政策施加重大影响。20×1年12月31日，圣达公司确认其在乙公司的投资应分享或分担的该子公司实现的净损益的份额时，需要先将该子公司的美元财务报表折算为人民币表述。乙公司有关资料如下：

20×1年12月31日的即期汇率为1美元＝6.91元人民币，20×1年的平均汇率为1欧元＝7.00元人民币，实收资本、资本公积发生日的即期汇率为1欧元＝7.20元人民币，20×0年12月31日的累计盈余公积为168万美元，折算为1 260万元人民币，累计未分配利润为

120 万美元，折算为 960 万元人民币，圣达公司和乙公司均在年末提取盈余公积，乙公司 20×1 年度提取盈余公积 180 万美元。

当期计提的盈余公积采用当期平均汇率折算，期初盈余公积为以前年度计提的盈余公积按相应年度平均汇率折算后金额的累计，期初未分配利润记账本位币金额为以前年度未分配利润记账本位币金额的累计。

要求：编制乙公司人民币的利润表、所有者权益变动表和资产负债表，如表 1-6 至表 1-8 所示。

表 1-6

利润表(简表)

编制单位：乙公司　　　　20×1 年度　　　　单位：万元

项目	本期金额(美元)	折算汇率	折算为人民币金额
一、营业收入	3 600		
减：营业成本	2 160		
税金及附加	75		
管理费用	240		
财务费用	120		
加：投资收益			
二、营业利润	1 005		
加：营业外收入	120		
减：营业外支出			
三、利润总额	1 125		
减：所得税费用	285		
四、净利润	840		
五、其他综合收益的税后净额			
六、综合收益总额			
七、每股收益			

表 1-7

所有者权益变动表(简表)

编制单位：乙公司　　　　20×1 年度　　　　单位：万元

项目	实收资本			其他综合收益	盈余公积			未分配利润		所有者权益合计
	美元	折算汇率	人民币	人民币	美元	折算汇率	人民币	美元	人民币	人民币
一、本年年初余额	7 200				168			120		
二、本年增减变动金额										

（续表）

项目	实收资本			其他综合收益	盈余公积			未分配利润		所有者权益合计
	美元	折算汇率	人民币	人民币	美元	折算汇率	人民币	美元	人民币	人民币
（一）综合收益总额										
净利润										
其他综合收益的税后净额										
其中：外币报表折算差额										
（二）利润分配										
提取盈余公积					180			－180		
三、本年年末余额	7 200									

表 1-8

资产负债表(简表)

编制单位：乙公司　　20×1 年 12 月 31 日　　单位：万元

资产	期末余额（美元）	折算汇率	折算为人民币金额（人民币）	负债和股东权益	期末余额（美元）	折算汇率	折算为人民币金额（人民币）
流动资产：				流动负债：			
银行存款	1 200			应付账款	432		
应收账款	2 160			应付职工薪酬	960		
存货	1 800			流动负债合计	1 392		
流动资产合计	5 160			非流动负债：			
非流动资产：				应付债券	1 440		
长期应收款	1 000			非流动负债合计	1 440		
固定资产	3 600			负债合计	2 832		
在建工程	—			股东权益：			
无形资产	1 400			实收资本	7 200		
非流动资产合计	6 000			盈余公积	348		
				未分配利润	780		
				其他综合收益			
				股东权益合计	8 328		
资产总计	11 160	—		负债和股东权益总计	11 160		

第二章

借款费用

【本章学习目的】

通过本章学习，学生应掌握借款费用的概念、内容以及借款费用的确认原则；掌握借款费用开始资本化、暂停资本化和停止资本化的条件；掌握利息资本化金额、辅助费用资本化金额、外币专门借款汇兑差额资本化金额的计算方法；熟悉借款费用应披露的内容。

【本章关键词】

借款费用　资本化　资本比率

第一节　借款费用概述

每一个企业在其存续期间都难免发生借款，因借款而发生的利息及其他费用的核算也就自然成了企业会计核算中的一项重要内容。

一、借款费用的内容

借款费用是指企业因借款而发生的利息及其他相关成本，它反映的是企业因借入资金所付出的代价。它包括按照《企业会计准则第22号——金融工具确认和计量》规定的实际利率法计算确定的利息费用(包括折价或者溢价的摊销和相关辅助费用)和因外币借款所发生的汇兑差额等。

具体而言，借款费用包括以下四个方面的内容。

1. 借款利息

因借款而发生的利息，包括企业向银行或者其他金融机构等借入资金发生的利息、发行公司债券或者企业债券发生的利息，以及为购建或者生产符合资本化条件的资产而发生的带息债务所承担的利息等。

2. 折价或溢价的摊销

因借款而发生的折价或者溢价，是指发行公司债券所发生的折价或者溢价。例如，亚邦公司发行公司债券的票面价值为1 000元，票面年利率为6%，期限为4年，同期市场年利率为7%。由于公司债券的票面利率低于市场利率，该公司将会折价发行公司债券，来补偿投资者在购入债券后所发生的利息收入上的损失，以使公司债券能够成功发行；反之，将会溢价发行公司债券，来补偿发行债券公司以后多支付给投资者利息支出上的损失。显然，企业在每期摊销折价或者溢价时，其实质将债券名义利率调整为实际利率上，是对债券利息的调整(即将债券名义利率调整为实际利率)。因此，因借款而发生的折价或者溢价的摊销属于借款费用的范畴，但是溢价折价本身不构成借款费用的组成部分。

3. 辅助费用

因借款而发生的辅助费用，是指企业在借款过程中发生的诸如手续费、佣金、印刷费等费用。由于这些费用是因安排借款而发生的，是借入资金所付出的代价，属于借款费用的构成部分。辅助费用最大的特点是与资金的使用时间无关，一般是由于取得借款而产生的费用。

4. 因外币借款而发生的汇兑差额

因外币借款而发生的汇兑差额，是指由于汇率变动导致市场汇率与账面汇率出现差异，导致对外币借款本金及其利息的记账本位币金额所产生的影响金额。由于这部分汇兑差额是与外币借款直接相联系的，因而也构成借款费用的组成部分。

需要说明的是，上述借款费用中的各个项目都是指在每一会计期间按照权责发生制假设应当予以确认的借款费用。比如，“借款利息”是指每期应计的利息费用，不包括在会计期之前和之后发生的利息费用。

【例 2-1】 20×0 年 12 月，甲企业发生了借款利息 200 万元，借款手续费 10 万元；发行公司债券产生债券溢价 50 万元，发行公司债券产生佣金 6 万元；发行公司股票产生佣金 80 万元。

本案例中借款利息 200 万元，借款手续费 10 万元，发行公司债券佣金 6 万元，属于借款费用。会计核算实际发生的发行债券佣金时，将其计入利息调整进行核算，此后会影响以后按照摊余成本计算的实际资本化利息，所以属于借款费用。债券的折价或溢价本身不属于借款费用，但是债券折价或溢价要按照实际利率进行摊销，对于折价或溢价部分摊销的金额属于借款费用。发行股票的佣金属于公司权益性融资，可以冲减发行溢价，没有溢价或溢价不足冲减的，冲减留存收益，因此不属于借款费用的范畴。

科学、合理地定义借款费用这一概念在企业会计准则中起着十分重要的作用，它有利于明确区分借款费用和非借款费用的界限，从而为借款费用的合理确认、计量和报告奠定基础，便于向会计信息使用者提供可比、有用的会计信息。

二、借款费用的范围

(一) 借款费用的确认原则

关于借款费用的确认原则问题，主要集中在企业每期发生的借款费用是应该费用化，直接计入当期损益？还是应该资本化，计入相关资产的成本？

我国《企业会计准则》规定，企业发生的借款费用，可直接归属于符合资本化条件的资产的购建或者生产的，应当予以资本化，计入相关资产成本。其他借款费用，应当在发生时根据其发生额确认为费用，计入当期损益。

符合资本化条件的资产，是指需要经过相当长时间的购建或者生产活动才能达到预定可销售状态的固定资产、投资性房地产和存货等资产。建造合同成本、无形资产的开发支出等在符合条件的情况下，也可以认定为符合资本化条件的资产。这里的“相当长时间”，一般是指购建或者生产活动所必需的时间，通常为 1 年以上(含 1 年)。

实务中，企业购入即可使用的资产，或者购入后需要安装但所需要安装时间较短的资产，或者需要建造或者生产但所需建造或者生产时间较短的资产，均不属于符合资本化条件的资产。

【例 2-2】 森德公司向银行借入资金分别用于生产甲产品和乙产品，其中，甲产品的生产时间较短，为 1 个月；乙产品属于大型发电设备，生产时间较长，为 1 年 3 个月。

为存货生产而借入的借款费用在符合资本化条件的情况下应当予以资本化。本例中，由于甲产品的生产时间较短，不属于需要经过相当长时间的生产才能达到预定可使用状态的资产，因此，为甲产品的生产而借入资金所发生的借款费用不应计入甲产品的生产成本，而应当计入当期财务费用。而乙产品的生产时间比较长，属于需要经过相当长时间的生产才能达到预定可销售状态的资产，因此，为乙产品的生产而借入资金所发生的借款费用符合资本化的条件，应计入 B 产品的成本中。

(二) 借款费用应予资本化的借款范围

借款包括专门借款和一般借款。专门借款是指为购建或者生产符合资本化条件的资产而专门借入的款项。专门借款应当有明确的专门用途，即为购建或者生产某项符合资本化条件的资产而专门借入的款项，通常应当有标明专门用途的借款合同。例如，某企业为了建造一条生产线向 A 银行专门贷款 6 000 万元；某房地产开发企业为了开发某住宅小区向 B 银行专门贷款 5 亿元等，均属于专门借款，其使用目的明确，而且其使用受到相关合同的限制。

一般借款是指专门借款之外的借款。相对于专门借款而言，一般借款在借入时，通常没有特指必须用于符合资本化条件的资产的购建或者生产。

借款费用应予资本化的借款范围既包括专门借款，也可包括一般借款。需要指出的是，只有在购建或者生产符合资本化条件的资产占用了一般借款时，才会将与该一般借款产生的相关借款费用资本化；否则，所发生的借款费用应当计入当期损益。

三、借款费用资本化期间的确定

只有发生在资本化期间内的有关借款费用才允许资本化，资本化期间的确定是借款费用确认和计量的重要前提。借款费用资本化期间是指从借款费用开始资本化时点到停止资本化时点的期间，但不包括借款费用暂停资本化的期间。

借款费用资本化期间的确定包括三个时间的确定，即借款费用开始资本化时点的确定、借款费用暂停资本化时间的确定和借款费用停止资本化时点的确定。

(一) 借款费用开始资本化时点的确定

明确了借款费用确认的基本原则和借款费用应予资本化的范围之后，接下来的问题就是何时开始借款费用的资本化。是借款费用发生时，还是开始支付这些借款的利息时？是固定资产的购建活动开始时，还是实际发生所购建固定资产的支出时？

我国《企业会计准则》规定，借款费用允许开始资本化必须同时满足三个条件，即资产支出已经发生、借款费用已经发生、为使资产达到预定可使用或者可销售状态所必要的购建或者生产活动已经开始。

1. 资产支出已经发生的界定

资产支出包括支付现金、转移非现金资产或者承担带息债务形式发生的支出。

支付现金是指用货币资金支付符合资本化条件的资产的购建或者生产支出。例如,企业用现金或者银行存款购买工程用材料,用现金支付建造固定资产的职工工资等。

转移非现金资产是指企业将自己的非现金资产直接用于符合资本化条件的资产的购建或者生产。对于购建固定资产过程中所转移的非现金资产,尽管从表面上看,没有直接占用现金。但是,这些非现金资产的转移实质上导致了资源的流出,占用了相应的资金,只不过是以实物的形式表现出来而已。

承担带息债务是指企业为了购建或者生产符合资本化条件的资产所需用物资等而承担的带息应付款项(如带息应付票据)。企业以赊购方式购买这些物资所产生的债务可能带息,也可能不带息。如果企业赊购这些物资承担的是不带息债务,就不应当将购买价款计入资产支出,因为该债务在偿付前不需要承担利息,也没有占用借款资金。企业只有等到实际偿付债务,发生了资源流出时,才能将其作为资产支出。如果企业赊购物资承担的是带息债务,则企业要为这笔债务付出代价。支付利息,与企业向银行借入款项用以支付资产支出在性质上是一致的。所以,企业为购建或者生产符合资本化条件的资产而承担的带息债务应当作为资产支出,当该带息债务发生时,视同资产支出已经发生。

【例 2-3】 20×0 年 3 月 1 日,美达水泥公司借入一笔长期借款 2 000 万元,用于建造厂房,厂房于当日开工。3 月 10 日,公司用生产的水泥换入价款为 500 万元的工程物资。尽管公司购入工程物资并没有直接支出现金,但如果公司将生产的水泥出售,则可形成现金流入 500 万元,该现金流可以用来偿还银行借款,避免 500 万元借款的产生,并节约相应的利息费用。目前公司转出 500 万元的水泥,换入工程物资,用于建造厂房,则 500 万元的借款无法减少或者偿还,相应的利息也就无法避免。其实质是公司资源流出增加 500 万元,导致借款资金占用增加 500 万元,所以转移水泥的金额应该计入建造厂房的"资产支出"中,承担相应的利息费用。

【例 2-4】 大成公司于 20×0 年 12 月 1 日开出一张带息票据 10 万元,购买工程用材料,期限为 6 个月,票面年利率为 6%,这样,公司在 12 月 31 日编制报表时就需要承担 500 元(100 000×6%÷12)的利息费用,这与公司向银行借入款项购置工程物资并支付利息,在性质上是一样的。所以,公司承担的 10 万元的带息债务应作为资产支出的组成部分。

2. 借款费用已经发生的界定

借款费用已经发生,是指企业已经发生了因购建或者生产符合资本化条件的资产而专门借入款项的借款费用或者占用了一般借款的借款费用。例如,乔森公司于 20×0 年 1 月 1 日为建造固定资产从银行专门借入款项 200 万元,当日开始计息。因此,在 20×0 年 1 月 1 日,应当认为借款费用已经发生。

3. 为使资产达到预定可使用或者可销售状态所必要的购建或者生产活动已经开始的界定

为使资产达到预定可使用或者可销售状态所必要的购建或者生产活动已经开始,是指符合资本化条件的资产的实体建造或者生产工作已经开始。例如,主体设备的安装、厂房的实际开工建造等。它不包括仅仅持有资产,但没有发生为改变资产形态而进行的实质上的建造或者生产活动。这是使资产达到预定可使用状态所必需的。相应地,企业发生的与这些活动有关的借款费用就无法避免,所以,为使资产达到预定可使用状态所必要的购建活动或者生产活动已经开始构成了借款费用开始资本化的一个必要条件。

上述三个条件必须同时满足，借款费用才允许资本化，实际意味着应予资本化的借款费用限于在购建活动或者生产活动期间，为支付该项资产支出所必须承担的借款费用，这实际是由前面所述的借款费用确认原则所决定的。而要判断所发生的借款费用是否为可避免借款费用，则必须同时满足上述三个条件。

【例 2-5】 美林公司为建造一项符合资本化条件的厂房，相关借款费用已经发生，同时固定资产的实体建造工作也已经开始，但为固定资产建造所需物资等都是赊购或者客户垫付的，且所形成的负债均为不带息负债，发生的薪酬等费用尚未形成现金流出。

该案例固定资产的建造就没有占用借款资金，没有发生资产支出，所发生的借款费用就不应资本化。该案例仅仅满足了借款费用开始资本化的第二、第三个条件，但没有满足第一个条件。

【例 2-6】 汉达公司为建造一项符合资本化条件的厂房，使用自有银行存款购置了黄沙、水泥和钢材等工程物资，发生了资产支出。厂房已经开始动工兴建，但是用于厂房建设的专门借款尚未到账，也没有占用一般借款。

该案例尽管符合了借款费用开始资本化的第一和第三个条件，但不符合借款费用资本化的第二个条件。

【例 2-7】 约翰公司为建造一项符合资本化条件的厂房，使用自有银行存款购置了黄沙、水泥和钢材等工程物资，发生了资产支出。与该固定资产相关的借款已经开始计息，但厂房因各种原因未能动工兴建。

该案例符合了借款费用开始资本化的第一、第二个条件，但不符合借款费用资本化的第三个条件。在这种情况下，所发生的借款费用也不允许资本化。

（二）借款费用暂停资本化时间的确定

符合资本化条件的资产在购建或者生产过程中发生非正常中断，且中断时间连续超过 3 个月的，应当暂停借款费用的资本化。中断的原因必须是非正常中断，属于正常中断的，相关借款费用仍可资本化。在实务中，企业应当遵循“实质重于形式”等会计信息质量要求来判断借款费用暂停资本化的时间，如果相关资产购建或者生产的中断时间较长而且满足其他规定条件的，相关借款费用应当暂停资本化。

非正常中断，通常是由于企业管理决策上的原因或者其他不可预见的原因等所导致的中断。例如，企业因与施工方发生了质量纠纷，或者工程、生产用料没有及时供应，或者资金周转发生了困难，或者施工、生产发生了安全事故，或者发生了与资产购建、生产有关的劳动纠纷等原因，导致资产购建或者生产活动发生的中断，均属于非正常中断。

非正常中断与正常中断显著不同。正常中断通常仅限于因购建或者生产符合资本化条件达到预定可使用或者可销售状态所必要的程序，或者事先可预见的不可抗力因素导致的中断。例如，某些工程建造到一定阶段必须暂停下来进行质量或者安全检查，检查通过后才可继续下一阶段的建造工作，这类中断是在施工前可以预见的，而且是工程建造必须经过的程序，属于正常中断。某些地区的工程在建造过程中，由于可预见的不可抗力因素，如雨季或冰冻季节等原因出现停顿，也属于正常中断。

【例 2-8】 森迪公司于 20×0 年 1 月 1 日利用专门借款开工兴建一幢办公楼，支出已经发生,因此借款费用从当日起开始资本化。工程预计于 20×1 年 3 月 31 日完工。20×0 年 5 月 15 日,由于工程施工发生了安全事故,导致工程中断,直到 9 月 10 日才复工。

该中断属于非正常中断。因此,上述专门借款在 5 月 15 日～9 月 10 日所发生的借款费用不应资本化,而应作为财务费用计入当期损益。

【例 2-9】 海蒂公司在北方某地建造某工程期间,遇上冰冻季节(通常为 6 个月),工程施工因此中断,待冰冻季节过后方能继续施工。

由于该地区在施工期间出现较长时间的冰冻为正常情况,由此导致的施工中断是可预见的不可抗力因素导致的,属于正常中断。在正常中断期间所发生的借款费用可以继续资本化,计入相关资产的成本。

(三) 借款费用停止资本化时点的确定

购建或者生产符合资本化条件的资产达到预定可使用或者可销售状态时,借款费用应当停止资本化。在符合资本化条件的资产达到预定可使用或者可销售状态之后所发生的借款费用,应当在发生时根据其发生额确认为费用,计入当期损益。

资产达到预定可使用或者可销售状态,是指所购建或者生产的符合资本化条件的资产已经达到建造方、购买方或者企业自身等预先设计、计划或者合同约定的可以使用或者可以销售的状态。企业在确定借款费用停止资本化的时点时,需要运用职业判断,应当遵循实质重于形式的原则,针对具体情况,依据经济实质判断所购建或者生产的符合资本化条件的资产达到预定可使用或者可销售状态的时点,具体可从以下几个方面进行判断:

(1) 符合资本化条件的资产的实体建造(包括安装)或者生产活动已经全部完成或者实质上已经完成。

(2) 所购建或者生产的符合资本化条件的资产与设计要求、合同规定或者生产要求相符或者基本相符,即使有极个别与设计、合同或者生产要求不相符的地方,也不影响其正常使用或者销售。

(3) 继续发生在所购建或生产的符合资本化条件的资产上的支出金额很少或者几乎不再发生。

购建或者生产符合资本化条件的资产需要试生产或者运行的,在试生产结果表明资产能够正常生产出合格产品,或者试运行结果表明资产能够生产运转或者营业时,应当认为该资产已经达到预定可使用或者可销售状态。

在符合资本化条件的资产的实际购建或者生产过程中,如果所购建或者生产的资产分别建造、分别完工,企业也应该遵循实质重于形式的原则,区别下列情况,界定借款费用停止资本化的时点:

(1) 所购建或者生产的符合资本化条件的资产的各部分分别完工,每部分在其他部分继续建造或者生产过程中可供使用或者对外销售,且为使该部分资产达到预定可使用或者可销售状态所必要的购建或者生产活动实质上已经完成的,应当停止与该部分资产相关的借款费用的资本化,因为该部分资产已经达到了预定可使用或者可销售状态。

(2) 购建或者生产的资产的各部分分别完工,但必须等到整体完工后才可使用或者对外销售,应当在该资产整体完工时停止借款费用的资本化。在这种情况下,即使各部分资产已经分别完工,也不能认为该部分资产已经达到了预定可使用或者可销售状态,企业只能在所购建或者生产的资产整体完工时，才能认为资产已经达到了预定可使用或者可销售状态，借款费用才可停止资本化。

【例 2-10】 甲公司借入一笔款项，于 20×0 年 2 月 1 日采用出包方式开工兴建一幢办公楼。20×1 年 10 月 10 日工程全部完工，达到合同要求。10 月 30 日工程验收合格，11 月 15 日办理工程竣工结算，11 月 20 日完成全部资产移交手续，12 月 1 日办公楼正式投入使用。

在本例中，企业应当将 20×1 年 10 月 10 日确定为工程达到预定可使用状态的时点，作为借款费用停止资本化的时点。后续的工程验收日、竣工结算日、资产移交日和投入使用日均不应作为借款费用停止资本化的时点；否则，会导致资产价值和利润的高估。

第二节 借款费用核算

一、借款利息资本化金额的确定

在借款费用资本化期间内，每一会计期间的利息（包括折价和溢价的摊销下同）资本化金额，应当按照下列原则确定：

（1）为购建或者生产符合资本化条件的资产而借入专门借款的，应当以专门借款当期实际发生的利息费用，减去将尚未动用的借款资金存入银行取得的利息收入或进行暂时性投资取得的投资收益后的金额，确定专门借款应予资本化的利息金额。

（2）为购建或者生产符合资本化条件的资产而占用了一般借款的，企业应当根据累计资产支出超过专门借款部分的资产支出加权平均数乘以所占用一般借款的资本化率，计算确定一般借款应予资本化的利息金额。资本化率应当根据一般借款加权平均利率计算确定。即企业占用一般借款购建或者生产符合资本化条件的资产时，一般借款的借款费用的资本化金额的确定应当与资产支出相挂钩。有关计算公式如下：

$$\begin{matrix}\text{一般借款利息}\\\text{费用资本化金额}\end{matrix}=\begin{matrix}\text{累计资产支出超过专门借款}\\\text{部分的资产支出加权平均数}\end{matrix}\times\begin{matrix}\text{所占用一般借}\\\text{款的资本化率}\end{matrix}$$

$$\begin{matrix}\text{所占用一般借}\\\text{款的资本化率}\end{matrix}=\begin{matrix}\text{所占用一般借款}\\\text{加权平均利率}\end{matrix}=\begin{matrix}\text{所占用一般借款当期}\\\text{实际发生的利息之和}\end{matrix}\div\begin{matrix}\text{所占用一般借款}\\\text{本金加权平均数}\end{matrix}$$

$$\begin{matrix}\text{所占用一般借款}\\\text{本金加权平均数}\end{matrix}=\sum\left(\begin{matrix}\text{所占用每笔}\\\text{一般借款本金}\end{matrix}\times\begin{matrix}\text{每笔一般借款在当}\\\text{期所占用的天数}\end{matrix}\div\begin{matrix}\text{当期}\\\text{天数}\end{matrix}\right)$$

式中，"每笔一般借款在当期所占用的天数"是每笔支出实际占用的天数，"当期天数"是整个资本化期间含有的天数或者是月数。例如，如果资本化期间为一个季度，1 月 1 日资产支出 100 万元，则权数就是 90÷90，因为资产支出借款的金额是占用了整个季度；2 月 1 日又支出了 200 万元，则在本季度中该笔资产支出只占用了 60 天，所以权数就是 60÷90；3 月 1 日又支出了 300 万元，则在本季度中该笔支出只占用了 30 天，所以权数就是 30÷90。则本季度的累计资产支出加权平均数＝100×90÷90＋200×60÷90＋300×30÷90。

若是只有一笔一般借款，则该笔借款的实际利率就是资本化率。当然，计算时要注意是按季度资本化或者是按照半年度资本化还是按照年度进行资本化。

若是存在多笔一般借款，则是要计算加权平均资本化率。

值得注意的是，在资本化期间，每一会计期间的利息资本化金额，不应当超过当期相关借款实际发生的利息金额。

(3) 借款存在折价或者溢价的，应当按照实际利率法确定每一会计期间应摊销的折价或者溢价金额，调整每期利息金额。每一会计期间的利息资本化金额，不应当超过当期相关借款实际发生的利息金额。

二、借款费用的核算

在计算出企业本期实际发生的借款费用以及应予资本化的借款费用和应计入当期损益的借款费用之后，企业应及时进行相应的账务处理。

对于当期应予资本化的借款费用，应当计入在建工程成本，反映在"在建工程"科目中。与此同时，为了准确反映企业在建工程成本中借款费用所占的金额，向企业内部管理者和外部会计信息使用者(如投资者、债权人等)提供与其决策有用的信息，可以在"在建工程"科目中，单列一个明细科目，单独反映固定资产在购建过程中所承担的借款费用，应在"在建工程"科目中单设明细科目"借款费用"，来反映企业每期资本化的借款费用。这样，在每一会计期末或者所购建固定资产达到预定可使用状态时(即停止借款费用的资本化时)，企业一般应根据当期所计算的应予资本化的借款费用金额，借记"在建工程"科目，贷记"长期借款""应付债券""应付利息""银行存款"等科目。

对于当期应当计入损益的借款费用，应通过"财务费用"科目进行核算。在每一会计期末，企业应当根据当期应计入损益的借款费用金额(或者根据当期实际发生的借款费用总额减去当期应予资本化的借款费用金额之后的余额)，借记"财务费用"科目，贷记"长期借款""应付债券""应付利息""银行存款"等科目。如果辅助费用的发生金额较小，也可以在发生时直接确认为当期费用，根据其发生额，借记"财务费用"科目，贷记"银行存款"等科目；对于在购建固定资产达到预定可使用状态之后发生的辅助费用和安排其他借款所发生的辅助费用，应当于发生当期确认为费用，计入当期损益，根据发生额，借记"财务费用"科目，贷记"银行存款"等科目。

对于外币专门借款汇兑差额，企业应在每一会计期末或者所购建固定资产达到预定可使用状态时(即停止借款费用的资本化时)，根据当期外币专门借款本金及利息所发生的汇兑差额，借记"在建工程——借款费用"科目，贷记"长期借款"等有关科目(发生汇兑损失时)，或者借记"长期借款"等有关科目，贷记"在建工程——借款费用"科目(发生汇兑收益时)。其他外币借款汇兑差额，应作为期间费用处理，根据其发生金额，借记"财务费用"科目，贷记"长期借款"等有关科目(发生汇兑损失时)，或者借记"长期借款"等有关科目，贷记"财务费用"科目(发生汇兑收益时)。

另外，对于企业在筹建期间发生的不应计入固定资产价值的借款费用，在其发生时，应记入"管理费用"科目，根据其发生额，借记"管理费用"科目，贷记有关科目。

【例2-11】 乔治公司于20×1年1月1日正式动工兴建10＃办公楼，工期预计为1年6个月，工程采用出包方式，分别于20×1年1月1日、20×1年7月1日、20×2年1月1日支付工程进度款。公司为建造办公楼于20×1年1月1日专门借款2 000万元，借款期限为3

年，年利率为 8%。另外，20×1 年 7 月 1 日又专门借款 4 000 万元，借款期限为 5 年，年利率为 10%。借款利息按年支付。闲置借款资金均属于用于固定收益债券短期投资，该短期投资月收益率为 0.5%。办公楼于 20×2 年 6 月 30 日完工，达到预定可使用状态。

公司为建造该办公楼的支出金额，如表 2-1 所示。

表 2-1

乔治公司借款支出情况表

单位：万元

日 期	每期资产支出金额	资产支出累计金额	闲置借款资金用于短期投资金额
20×1 年 1 月 1 日	1 500	1 500	500
20×1 年 7 月 1 日	500 2 000	4 000	2 000
20×2 年 1 月 1 日	1 500	5 500	500
合 计	5 500	—	3 000

由于乔治公司使用了专门借款建造办公楼，而且办公楼建造支出没有超过专门借款金额，因此公司 20×1 年、20×2 年为建造办公楼应予资本化的利息金额计算如下：

(1) 确定借款费用资本化期间为 20×1 年 1 月 1 日至 20×2 年 6 月 30 日。

(2) 计算在资本化期间内专门借款实际发生的利息金额：

20×1 年专门借款发生的利息金额 = 2 000×8%＋4 000×10%×6÷12 = 360(万元)

20×2 年 1 月 1 日至 6 月 30 日专门借款发生的利息金额 = 2 000×8%×6÷12＋4 000×10%×6÷12 = 280(万元)

(3) 计算在资本化期间利用闲置的专门借款资金进行短期投资的收益：

20×1 年短期投资收益 = 500×0.5%×6＋2 000×0.5%×6 = 75(万元)

20×2 年 1 月 1 日至 6 月 30 日短期投资收益 = 500×0.5%×6 = 15(万元)

(4) 由于在资本化期间内，专门借款利息费用的资本化金额应当将实际发生的利息费用减去将闲置的借款资金进行短期投资取得的投资收益后的金额确定，因此：

公司 20×1 年的利息资本化金额 = 360－75 = 285(万元)

公司 20×2 年的利息资本化金额 = 280－15 = 265(万元)

有关账务处理如下：

20×1 年 12 月 31 日：

借：在建工程——10＃办公楼(借款费用)	2 850 000	
应收利息(或银行存款)	750 000	
贷：应付利息		3 600 000

20×2 年 6 月 30 日：

借：在建工程——10#办公楼(借款费用)　　2 650 000
　　应收利息(或银行存款)　　150 000
　贷：应付利息　　2 800 000

【例 2-12】 沿用[例 2-11]的资料，假定乔治公司建造办公楼没有专门借款，占用的都是一般借款。

乔治公司为建造办公楼占用的一般借款有两笔，具体如下：

(1) 向 A 银行长期贷款 2 000 万元，期限为 20×0 年 12 月至 20×3 年 12 月 1 日，年利率为 6%，按年支付利息。

(2) 发行公司债券 1 亿元，于 20×0 年 1 月 1 日发行，期限为 5 年，年利率为 8%，按年支付利息。

假定这两笔一般借款除了用于办公楼建造外，没有用于其他符合资本化条件的资产的购建或者生产活动。假定全年按 360 天计算，乔治公司支出金额情况及其他资料同[例 2-11]。

鉴于乔治公司建造办公楼没有占用专门借款，而是占用了一般借款，因此，公司应当首先计算所占用一般借款的加权平均利率作为资本化率，然后计算建造办公楼的累计资产支出加权平均数，将其与资本化率相乘，计算求得当期应予资本化的借款利息金额。具体如下：

(1) 计算所占用一般借款资本化率：

一般借款资本化率(年) = (2 000 × 6% + 10 000 × 8%) ÷ (2 000 + 10 000) × 100% = 7.67%

(2) 计算累计资产支出加权平均数：

20 × 1 年累计资产支出加权平均数 = 1 500 × 360 ÷ 360 + 2 500 × 180 ÷ 360 = 2 750(万元)

20 × 2 年累计资产支出加权平均数 = (4 000 + 1 500) × 180 ÷ 360 = 2 750(万元)

(3) 计算每期利息资本化金额：

20 × 1 年为建造办公楼的利息资本化金额 = 2 750 × 7.67% = 210.93(万元)

20 × 1 年实际发生的一般借款利息费用 = 2 000 × 6% + 10 000 × 8% = 920(万元)

20 × 2 年为建造办公楼的利息资本化金额 = 2 750 × 7.67% = 210.93(万元)

20 × 2 年 1 月 1 日至 6 月 30 日实际发生的一般借款利息费用 = 2 000 × 6% × 180 ÷ 360 + 10 000 × 8% × 180 ÷ 360 = 460(万元)

上述计算的利息资本化金额没有超过这两笔一般借款实际发生的利息费用，可以资本化。

(4) 根据上述计算结果，账务处理如下：

20×1 年 12 月 31 日：

借：在建工程——10#办公楼(借款费用)　　2 109 300
　　财务费用　　7 090 700
　贷：应付利息　　9 200 000

20×2 年 6 月 30 日：

借：在建工程——10#办公楼(借款费用)　　2 109 300
　　财务费用　　2 490 700
　贷：应付利息　　4 600 000

【例 2-13】 沿用[例 2-11]和[例 2-12]的资料，假定乔治公司为建造办公楼，于 20×1 年 1 月 1 日专门借款 2 000 万元，借款期限为 3 年，年利率为 6%。除此之外，没有其他专门借款。在办公楼建造过程中所占用的一般借款仍为两笔，一般借款有关资料沿用[例 2-12]，乔治公司支出金额情况沿用[例 2-12]。其他相关资料均同。

(1) 计算专门借款利息资本化金额：

20×1 年专门借款利息资本化金额 = 2 000 × 6% − 500 × 0.5% × 6 = 105(万元)

20×2 年专门借款利息资本化金额 = 2 000 × 6% × 180 ÷ 360 = 60(万元)

(2) 计算一般借款资本化金额。建造办公楼过程中，自 20×1 年 7 月 1 日起 2 000 万元占用了一般借款。另外，20×1 年 7 月 1 日支出的 1 500 万元也用了一般借款。

20×1 年占用了一般借款的资产支出加权平均数 = 2 000 × 180 ÷ 360 = 1 000(万元)

由于一般借款利息资本化与前例相同，即为 7.67%。

20×1 年应予资本化的一般借款利息金额 = 1 000 × 7.67% = 76.70(万元)

20×2 年占用了一般借款的资产支出平均数 = (2 000 + 1 500) × 180 ÷ 360 = 1 750(万元)

则 20×2 年应予资本化的一般借款利息金额 = 1 750 × 7.67% = 134.23(万元)

(3) 根据上述计算结果，确定公司建造办公楼应予资本化的利息金额。

20×1 年利息资本化金额 = 105 + 76.70 = 181.70(万元)

20×2 年利息资本化金额 = 60 + 134.23 = 194.23(万元)

(4) 有关账务处理如下：

20×1 年 12 月 31 日：

借：在建工程——10＃办公楼(借款费用)	1 817 000	
财务费用	8 433 000	
应收利息(或银行存款)	150 000	
贷：应付利息		10 400 000

20×1 年实际借款利息 = 2 000 × 6% + 2 000 × 6% + 10 000 × 8% = 1 040(万元)

20×2 年 6 月 30 日：

借：在建工程——10＃办公楼(借款费用)	1 942 300	
财务费用	3 257 700	
贷：应付利息		5 200 000

注：20×2 年 1 月 1 日至 6 月 30 日的实际借款利息＝1 040÷2＝520(万元)

【例 2-14】 桑迪公司准备于 20×1 年 7 月 1 日开始建造 8＃厂房，预计工期为 1 年 6 个月。工程占用了两笔一般借款：第一笔借款为 20×0 年 1 月 1 日从 D 银行借入的，本金为 5 000 万元，借款期限为 5 年，年利率为 8%，每年 12 月 31 日支付一次利息；第二笔借款为 20×0 年 12 月 31 日从 Y 银行借入的，本金为 3 000 万元，期限为 4 年，年利息率为 6%，从 20×1 年开始，每年年末支付一次利息。由于某种原因，该项工程延期到 20×1 年 10 月 1 日才开始建造。20×2 年 7 月 1 日至 9 月 1 日，由于雨季使该项工程停工。工程于 20×3 年 6

月1日正式完工，达到预定可使用状态。全年按360天计算，一个月按30天计算。该项工程各年支出情况，如表2-2所示。

表2-2

桑迪公司支出金额情况

单位：万元

日　期	每期资产支出金额	资产累计支出金额
20×1年10月1日	2 000	2 000
20×1年12月1日	900	2 900
20×2年3月1日	1 500	4 400
20×2年8月1日	600	5 000
20×3年2月1日	900	5 900
20×3年5月1日	1 200	7 100
总　计	7 100	—

(1) 计算桑迪公司一般借款的资本化率。

一般借款资本化率 = (5 000 × 8% + 3 000 × 6%) ÷ (5 000 + 3 000) × 100% = 7.25%

(2) 计算一般借款本金加权平均数。

① 20×1年一般借款资产支出加权平均数 = (2 000 × 90 ÷ 360) + (900 × 30 ÷ 360) = 575(万元)

② 20×2年一般借款资产支出加权平均数 = (2 900 × 360 ÷ 360) + (1 500 × 300 ÷ 360) + (600 × 150 ÷ 360) = 4 400(万元)

③ 20×3年一般借款资产支出加权平均数 = (5 000 × 150 ÷ 360) + (900 × 120 ÷ 360) + (1 200 × 30 ÷ 360) = 2 483.33(万元)

(3) 计算一般借款利息金额。

① 20×1年1月1日至12月31日一般借款利息 = 5 000 × 8% + 3 000 × 6% = 580(万元)

② 20×2年1月1日至12月31日一般借款利息 = 5 000 × 8% + 3 000 × 6% = 580(万元)

③ 20×3年1月1日至6月1日一般借款利息 = (5 000 × 8% × 150 ÷ 360) + (3 000 × 6% × 150 ÷ 360) = 166.67 + 75 = 241.67(万元)

(4) 计算一般借款利息资本化金额。

① 20×1年一般借款利息资本化金额 = 575 × 7.25% = 41.6875(万元)

② 20×2年一般借款利息资本化金额 = 4 400 × 7.25% = 319(万元)

③ 20×3年一般借款利息资本化金额 = 2 483.33 × 7.25% = 180.04(万元)

(5) 编制会计分录：

① 20×1年12月31日：

借：在建工程——8#厂房(借款费用) 416 875

财务费用 5 383 125

贷：应付利息 5 800 000

② 20×2年12月31日：

借：在建工程——8#厂房(借款费用) 3 190 000

财务费用 2 610 000

贷：应付利息 5 800 000

③ 20×3年6月1日：

借：在建工程——8#厂房(借款费用) 1 800 400

财务费用 616 300

贷：应付利息 2 416 700

三、辅助费用的确认与计量

专门借款发生的辅助费用，在所购建或者生产的符合资本化条件的资产达到预定可使用或者可销售状态之前发生的，应当在发生时根据其发生额予以资本化，计入符合资本化条件的资产的成本；在所购建或者生产的符合资本化条件的资产达到预定可使用或者可销售状态之后发生的，应当在发生时根据其发生额确认为费用，计入当期损益。上述资本化或计入当期损益的辅助费用的发生额，是根据《企业会计准则第22号——金融工具确认和计量》，按照实际利率法所确定的金融负债交易费用对每期利息费用的调整额。借款实际利率与合同利率差异较小的，也可以采用合同利率计算确定利息费用。一般借款发生的辅助费用，也应当按照上述原则确定其发生额并进行处理。

考虑到借款辅助费用与金融负债交易费用是一致的，其会计处理也应当保持一致。根据《企业会计准则第22号——金融工具确认和计量》的规定，除以公允价值计量且其变动计入当期损益的金融负债之外，其他金融负债相关的交易费用应当计入金融负债的初始确认金额。为购建或者生产符合资本化条件的资产的专门借款或者一般借款，通常都属于除以公允价值计量且其变动计入当期损益的金融负债之外的其他金融负债。因此，对于这些金融负债所发生的辅助费用需要计入借款的初始确认金额，即抵减相关借款的初始金额，从而影响以后各期实际利息的计算。换句话说，由于辅助费用的发生将导致相关借款实际利率的上升，从而需要对各期利息费用作相应调整，在确定借款辅助费用资本化金额时，可以结合借款利息资本化金额一起计算。

【例2-15】 某企业为建造办公楼于20×0年1月1日按面值发行了5 000万元、5年期、年利率为6.5%的债券，按面值的2%支付中介机构手续费100万元，已用银行存款支付完毕。办公楼的建造从20×0年1月1日开始，建造期为2年。

账务处理如下：

借：在建工程——×办公楼(借款费用) 1 000 000

贷：银行存款 1 000 000

四、因外币专门借款而发生的汇兑差额资本化金额的确定

在资本化期间内，外币专门借款本金及利息的汇兑差额，应当予以资本化，计入符合资本化条件的资产的成本；除外币专门借款之外的其他外币借款本金及其利息所产生的汇兑差额，应当作为财务费用计入当期损益。

【例 2-16】 海伦公司于 20×0 年 1 月 1 日，为建造 Q 生产线，专门按照面值发行美元公司某债券 1 000 万元，年利率为 8%，期限为 3 年，假定不考虑与发行债券有关的辅助费用、未支出专门借款的利息收入或投资收益。合同约定，每年 1 月 1 日支付当年利息，到期还本。工程于 20×0 年 1 月 1 日开始实体建造，20×1 年 6 月 30 日完工，达到预定可使用状态，期间发生的资产支出如下：

20×0 年 1 月 1 日，支出 200 万美元；

20×0 年 7 月 1 日，支出 500 万美元；

20×1 年 1 月 1 日，支出 300 万美元。

公司的记账本位币为人民币，外币业务采用外币业务发生时当日的市场汇率折算。相关汇率如下：

20×0 年 1 月 1 日市场汇率为 1 美元＝7.70 元人民币；

20×0 年 12 月 31 日，市场汇率为 1 美元＝7.75 元人民币；

20×1 年 1 月 1 日，市场汇率为 1 美元＝7.77 元人民币；

20×1 年 6 月 30 日，市场汇率为 1 美元＝7.80 元人民币。

(1) 计算 20×0 年 12 月 31 日汇兑差额资本化金额。

① 债券应付利息 $=1\,000\times 8\%\times 7.75=80\times 7.75=620$(万元)

借：在建工程——Q 生产线(借款费用)　　6 200 000

　贷：应付利息　　6 200 000

② 外币债券本金及利息汇兑差额 $=1\,000\times(7.75-7.70)+80\times(7.75-7.75)$

$=50$(万元)

借：在建工程——Q 生产线(借款费用)　　500 000

　贷：应付债券　　500 000

(2) 20×1 年 1 月 1 日实际支付利息时，应当支付 80 万美元，折算成人民币为 621.6 万元。该金额与原账面金额之间的差额 16 000 元应当继续予以资本化，计入在建工程成本。

借：应付利息　　6 200 000

　　在建工程——Q 生产线(借款费用)　　16 000

　贷：银行存款　　6 216 000

(3) 计算 20×1 年 6 月 30 日的汇兑差额资本化金额。

① 债券应付利息 $=1\,000\times 8\%\times 1\div 2\times 7.80=40\times 7.80=312$(万元)

借：在建工程——Q 生产线(借款费用)　　3 120 000

　贷：应付利息　　3 120 000

② 外币债券本金及利息汇兑差额＝1 000×(7.80－7.75)＋40×(7.80－7.80)
＝50(万元)

借：在建工程——Q生产线(借款费用)　　500 000
　贷：应付债券　　500 000

第三节　借款费用的披露

会计信息披露的目的是为了向信息使用者提供与其决策有用的信息，借款费用核算应披露的借款费用信息如下所述。

一、当期资本化的借款费用金额

在财务会计报告中披露当期资本化的借款费用金额，可以使信息使用者及时了解固定资产(主要是在建工程)成本中借款费用所占的比重，进而考察其成本构成的合理性，因此，披露这一信息对于信息使用者的决策是十分有用的。

当期资本化的借款费用金额包括当期资本化利息的核算、折价，或者溢价的摊销、汇兑差额和辅助费用之和。由于企业在会计核算中，对于当期应予资本化的借款费用都已记入“在建工程——借款费用”明细科目中，所以企业可以直接根据该明细科目的当期借方发生额披露当期资本化的借款费用金额。

二、当期用于确定借款费用资本化金额的资本化率

企业应当在附注中披露与借款费用有关的下列信息：

(1) 当期资本化的借款费用金额。

(2) 当期用于计算确定借款费用资本化金额的资本化率。

通过披露资本化的借款费用金额只能了解资本化金额的总体情况，但无法了解购建的固定资产所占用借款的资金成本情况，而披露用于确定借款费用资本化金额的资本化率，正好弥补了这一缺陷。会计信息使用者可以通过将其与市场利率相比较，来了解企业资金成本(主要是长期资金成本)的高低，进而判断企业财务杠杆利益和盈利能力。

企业在披露资本化率时，还应当注意以下问题：

第一，如果当期有两项或两项以上固定资产购建，且各项固定资产适用的资本化率不同，应按所购建固定资产项目分别披露，如果各项固定资产在确定资本化金额时适用的资本化率相同，则可以合并披露。

第二，如果对外提供财务会计报告的期间长于计算借款费用资本化金额的期间，且在计算借款费用资本化金额的各期，用于确定资本化金额的资本化利率均不相同，应分别披露；如果各期计算资本化金额所使用的资本化利率相同，则可以合并披露。

本章小结

1. 企业发生的借款费用，只有可直接归属于符合资本化条件的资产的购建或者生

产的，才应当予以资本化，计入相关资产成本；否则，所发生的借款费用应当计入当期损益。

2. 符合资本化条件的资产必须是需要经过相当长时间的购建或者生产活动才能达到预定可使用或者可销售状态的固定资产、投资性房地产和存货等资产。

3. 企业发生的借款费用，只有在资本化期间内发生的部分才允许资本化。借款费用资本化期间的确定应当满足借款费用开始资本化、暂停资本化和停止资本化的条件。

4. 借款费用资本化金额的计算应当区分所占用借款属于专门借款还是一般借款。为购建或者生产符合资本化条件的资产而借入专门借款的，借款费用资本化金额的计算应当以专门借款当期实际发生的利息费用，减去将尚未动用的借款资金存入银行取得的利息收入或进行暂时性投资取得的投资收益后的金额确定。为购建或者生产符合资本化条件的资产而占用了一般借款的，借款费用资本化金额的计算应当根据累计资产支出超过专门借款部分的资产支出加权平均数乘以所占用一般借款的资本化率计算确定。

复习思考题

1. 什么是借款费用？它包括哪些内容？
2. 简述借款费用的确认原则。
3. 借款费用开始资本化的条件有哪些？
4. 借款费用暂停资本化的条件有哪些？
5. 借款费用停止资本化的条件有哪些？
6. 符合资本化条件的资产的购建或者生产发生的正常中断和非正常中断如何区分？
7. 试述关于利息(包括折价和溢价的摊销)资本化金额的限额的规定。
8. 简述借款费用资本化金额的计算方法。
9. 简述借款费用核算应披露的内容。

练 习 题

1. 北方公司于20×1年1月1日动工兴建一栋办公楼，工期预计为1年6个月，工程采用出包方式，每月1日支付工程进度款。公司为建造办公楼于20×0年12月31日专门借款2 000万元，借款期限为2年，年利率为6%，假定不考虑借款手续费。20×1年1月1日，从银行取得流动资金借款500万元，借款期限为1年，年利率为4%。公司20×1年除上述借款外，没有其他借款。20×1年1月1日至4月30日期间发生的专门借款的利息收入为10万元，将专门借款对外进行暂时性投资取得投资收益5万元。20×1年4月30日至8月31日发生的专门借款的利息收入为12万元。20×1年9月1日至12月31日发生的专门借款的利息收入为4万元。公司按年计算应予资本化的利息金额。

公司在20×1年度为建造该办公楼的支出金额，如表2-3所示。

表 2-3

北方公司建造办公楼支出情况

日期	每期资产支出金额(万元)	资产累计支出金额(万元)
1月1日	500	500
2月1日	300	800
3月1日	100	900
4月1日	200	1 100
9月1日	600	1 700
10月1日	400	2 100
11月1日	210	2 310
12月1日	120	2 430

要求:计算20×1年应予资本化的利息。

2. 北方公司于20×1年1月1日动工兴建一栋办公楼,工期预计为1年6个月,工程采用出包方式,每月1日支付工程进度款。假定该公司建造办公楼没有专门借款,占用的都是一般借款。

公司为建造办公楼占用的一般借款有两笔,具体如下:

(1) 向A银行贷款2 000万元,期限为20×0年12月至20×3年12月1日,年利率为6%,按年支付利息。

(2) 发行公司债券500万元,于20×1年1月1日发行,期限为5年,年利率为8%,按年支付利息。

假定这两笔一般借款除了用于办公楼建造外,没有用于其他符合资本化条件的资产的购建或者生产活动。假定全年按360天计算,公司按年计算应予资本化的利息金额。假定不考虑与发行债券有关的辅助费用。

公司在20×1年度为建造该办公楼的支出金额,如表2-4所示。

表 2-4

北方公司建造办公楼支出情况

日期	每期资产支出金额(万元)	资产累计支出金额(万元)
1月1日	500	500
2月1日	300	800
3月1日	100	900
4月1日	200	1 100
9月1日	600	1 700
10月1日	400	2 100
11月1日	210	2 310
12月1日	120	2 430

要求:计算20×1年应予资本化的利息。

3. 甲公司产品已经打入美国市场,为节约生产成本,决定在当地建造生产工厂设立分公司,20×0年1月1日,为该工程项目专门向当地银行借入美元10 000 000元,年利率为8%,期限为3年,假定不考虑与借款有关的辅助费用。合同约定,甲公司于每年1月1日支付借款利息,到期偿还借款本金。工程于20×0年1月1日开始实体建造,20×1年6月30日完工,达到预定可使用状态。期间发生的资产支出如下:

20×0年1月1日,支出2 000 000美元;

20×0年7月1日,支出5 000 000美元;

20×1年1月1日,支出3 000 000美元。

公司的记账本位币为人民币,外币业务采用外币业务发生时当日即期汇率即市场汇率折算。相关汇率如下:

20×0年1月1日,市场汇率为1美元=6.70元人民币;

20×0年12月31日,市场汇率为1美元=6.75元人民币;

20×1年1月1日,市场汇率为1美元=6.77元人民币;

20×1年6月30日,市场汇率为1美元=6.80元人民币。

要求:计算该公司各月份应予资本化的借款费用金额及进行相应的账务处理。

第三章

或有事项

【本章学习目的】

通过本章的学习，学生应掌握或有事项、或有负债和或有资产的概念和特点；掌握或有事项的确认和计量原则；熟悉或有事项确认与会计处理；熟悉预计负债、或有负债和或有资产的披露原则；了解或有事项应披露的内容。

【本章关键词】

或有事项　或有负债　最佳估计数　预计负债

第一节　或有事项概述

企业在经营活动中有时会面临担保、诉讼、应收票据贴现等诸多不确定事项。这些不确定事项，一方面，对企业的财务状况和经营成果能产生较大的影响，其最终结果须由某些未来事项的发生或不发生加以决定。尤其是对于上市公司来说，不确定事项中的担保、诉讼事项往往带来巨额的损失进而导致一个企业经营的失败。另一方面，上市公司在不确定事项的披露上也屡屡违规，或隐瞒不披露，或披露不及时，这极大地损害了证券市场的信息透明和公平竞争，进而影响广大投资者的利益。

一、或有事项的概念及特征

（一）或有事项的基本概念

或有事项是指由过去的交易或者事项形成的，其结果须由某些未来事项的发生或不发生才能决定的不确定事项。

常见的或有事项主要包括未决诉讼或仲裁、债务担保、产品质量保证（含产品安全保证）、承诺、亏损合同、重组义务和环境污染整治等。

（二）或有事项的主要特征

具体而言，或有事项有以下主要特征：

(1) 由过去交易或事项形成。即或有事项的现存状况是过去交易或事项引起的客观存在。比如，未决诉讼虽然是正在进行中的诉讼，但该诉讼是企业因过去的经济行为导致起诉其他单位或被其他单位起诉。这是现存的一种状况而不是未来将要发生的事项。未来可能发生的自然灾害、交通事故、经营亏损等，不属于或有事项。

(2) 结果具有不确定性。即或有事项的结果是否发生具有不确定性，或者或有事项的结果预计将会发生，但发生的具体时间或金额具有不确定性。

首先，或有事项的结果是否发生具有不确定性。比如，债务担保事项的担保方到期是否承担和履行连带责任，需要根据债务到期时被担保方能否按时还款加以确定。这一事项的结果在担保协议达成时具有不确定性。

其次，或有事项的结果预计将会发生，但发生的具体时间或金额具有不确定性。例如，某企业因排污治理不力并对周围环境造成污染被起诉，如无特殊情况，该企业很可能败诉。但是，在诉讼成立时，该企业因诉讼将支出多少金额，或者何时将发生这些支出，可能是难以确定的。

(3) 或有事项的结果由未来事项决定。即或有事项的结果只能由未来不确定事项的发生或不发生才能决定。

或有事项的结果，在或有事项发生时是难以确定的。或有事项发生时，对企业产生有利影响还是不利影响难以确定，或已知是有利影响或不利影响，但影响有多大也难以确定。比如，债务担保事项只有在被担保方到期无力还款时，企业(担保方)才履行连带责任。而该担保事项最终是否会要求企业履行偿还债务的连带责任，一般只能看被担保方的未来经营情况和偿债能力。如果被担保方经营情况和财务状况良好且有较好的信用，那么企业将不需要履行该连带责任。

或有事项与不确定性联系在一起，但会计处理过程中存在不确定性的事项并不都是或有事项，企业应当按照或有事项的定义和特征进行判断。例如，对固定资产计提折旧虽然也涉及对固定资产预计净残值和使用寿命进行分析和判断，带有一定的不确定性，但是，固定资产折旧是已经发生的损耗，固定资产的原值是确定的，其价值最终会转移到成本或费用中也是确定的，该事项的结果是确定的，因此，对固定资产计提折旧不属于或有事项。

二、或有负债和或有资产

作为过去的交易或事项形成的一种状况，或有事项的结果有两种情况：一种是导致经济利益流入企业；另一种是导致经济利益流出企业。会计实务中，需要会计人员根据经验加以判断。如果或有事项的结果很可能导致经济利益流入企业，就形成企业的或有资产；如果或有事项的结果很可能导致经济利益流出企业，就形成企业的或有负债或预计负债。

(一) 或有负债

1. 或有负债的概念

或有负债是指过去的交易或事项形成的潜在义务，其存在须通过未来不确定事项的发生或不发生予以证实；或过去的交易或事项形成的现时义务，履行该义务不是很可能导致经济利益流出企业或该义务的金额不能可靠地计量。

或有负债涉及两类义务：一类是潜在义务；另一类是现时义务。

(1) 潜在义务是指结果取决于不确定未来事项的可能义务。也就是说，潜在义务最终是否转变为现时义务，由某些未来不确定事项的发生或不发生才能决定。

(2) 现时义务是指企业在现行条件下已承担的义务，该现时义务的履行不是很可能导致经济利益流出企业，或者该现时义务的金额不能可靠地计量。

其中：①“不是很可能导致经济利益流出企业”，是指该现时义务导致经济利益流出企业的可能性不超过50%(含50%)。例如，甲企业和乙企业签订担保合同，承诺为乙企业的某项贷款提供担保。由于担保合同的签订，甲企业承担了一项现时义务，但承担现时义务不意味着经济利益很可能流出企业。如果乙企业的财务状况良好，说明甲企业履行连带责任的可能性不大，那么这项担保合同不是很可能导致经济利益流出甲企业。该现时义务属于甲企业的或有负债。②“金额不能可靠地计量”，是指该现时义务导致经济利益流出企业的“金额”难以合理预计，现时义务履行的结果具有较大的不确定性。例如，甲公司涉及一桩诉讼案，根据以往的审判案例推断，甲公司很可能要败诉。但人民法院尚未判决，甲公司无法根据经验判断未来将要承担多少赔偿金额，因此，该现时义务的金额不能可靠地计量，该诉讼案件即形成一项甲公司的或有负债。

或有负债无论是潜在义务还是现时义务，均不符合负债的确认条件，因而，不能在报表中予以确认，但应按相关规定在财务报表附注中披露。

2. 或有负债的特征

或有负债具有以下特征：

(1) 或有负债由过去的交易或事项产生。

(2) 或有负债的结果具有不确定性。其结果如何，只能由未来不确定事项的发生或不发生来证实。例如，20×0 年 12 月 2 日，甲企业与乙企业发生经济纠纷，并且被乙企业提起诉讼。直至 20×0 年年末，该诉讼尚未进行审理。由于案情复杂，乙企业胜诉尚难判断，因此，从 20×0 年年末情况看，诉讼的最后结果很难确定。20×0 年年末，甲企业承担的义务属于潜在义务。

或有负债作为特殊的现时义务，其特殊之处在于该现时义务的履行不是很可能导致经济利益流出企业，或者该现时义务的金额不能可靠地计量。其中，“不是很可能导致经济利益流出企业”，是指该现时义务导致经济利益流出的可能性不超过 50%（含 50%）。例如，20×0 年 12 月 20 日，甲企业与乙企业签订担保合同，承诺为乙企业的 3 年期贷款项目提供担保。由于担保合同的签订，甲企业具有一项现时义务。但是，承担现时义务并不意味着经济利益很可能因此流出甲企业。如果 20×0 年度乙企业的财务状况良好，则说明甲企业履行连带责任的可能性不大。从 20×0 年的情况看，甲企业不是很可能被要求流出经济利益以履行该义务。“金额不能可靠地计量”，是指该现时义务导致经济利益流出企业的“金额”难以预计。

【例 3-1】 20×0 年 10 月 15 日，甲公司的子公司乙公司从银行贷款人民币 4 000 万元，期限为 2 年，由甲公司全额担保；20×2 年 8 月 1 日，丙公司从银行贷款人民币 3 000 万元，期限为 3 年，由甲公司全额担保；20×2 年 9 月 1 日，丁公司从银行贷款 1 500 万美元，期限为 5 年，由甲公司全额担保。

截至 20×2 年 12 月 31 日的情况如下：乙公司贷款逾期未还，银行已起诉甲公司和乙公司，丙公司经营状况良好，预期不存在还款困难。丁公司受政策不利影响，可能不能偿还到期美元债务。

在本例中，就乙公司而言，甲公司很可能履行违带责任，造成损失，但损失金额是多少，目前还难以预计。就丙公司而言，要求甲公司履行违带责任的可能性极小。就丁公司而言，甲公司可能履行违带责任。这三项债务担保形成甲公司的或有负债，不符合预计负债的确认条件，甲公司在 20×2 年 12 月 31 日编制财务报表时，应当在附注中作相应披露。

（二）或有资产

1. 或有资产的概念

或有资产是指过去的交易或事项形成的潜在资产，其存在须通过未来不确定事项的发生或不发生予以证实。

2. 或有资产的特征

或有资产具有以下特征：

(1) 或有资产由过去的交易或事项产生。例如，20×1 年 12 月 23 日，甲公司状告乙公司侵犯了其专利权。至 20×1 年 12 月 31 日，法院尚没有对诉讼案进行公开审理，甲公司是否胜诉而获得的资产属于一项潜在资产，它是由过去的事项所产生。

(2) 或有资产的结果具有不确定性。或有资产是一种潜在资产，随着经济情况的变化，其是否会形成企业真正的资产，须通过不完全由企业控制的未来不确定事项的发生或不发生予以证实。例如，上述的诉讼案，若甲公司胜诉，那么就有可能转化为一项资产；若败诉，不但没有资产，反而会承担一项诉讼费。

或有资产不符合资产确认条件，因而，不能在财务报表中确认。一般情况下，对或有资产不应在报表附注中披露，但如果或有资产很可能会给企业带来经济利益时，则应在报表附注中进行披露。披露的内容只包括或有资产产生的原因、预期对企业产生的财务影响等。在披露或有资产时，应特别谨慎，不能让报表使用者误认为所披露的或有资产肯定会实现。

（三）或有负债和或有资产转化为预计负债（负债）和资产

影响或有负债和或有资产的多种因素处于不断变化中，企业应当对这些因素予以关注。

1. 或有负债转化为预计负债

随着时间推移和事态的进展，或有负债对应的潜在义务可能转化为现时义务，原本不是很可能导致经济利益流出的现时义务也可能被证实将很可能导致企业流出经济利益，并且现时义务的金额也能够可靠计量。在这种情况下，或有负债就转化为企业的负债（预计负债），应当予以确认。

2. 或有资产形成企业真正的资产

或有资产也是一样，其对应的潜在资产最终是否能够流入企业会逐渐变得明确，如果某一时点企业基本确定能够收到这项潜在资产并且其金额能够可靠计量，应当将其确认为企业的资产。

第二节　或有事项的确认与计量

一、或有事项的确认

或有事项结果的不确定性，直接影响到或有事项的确认与计量。而或有事项的确认所涉及的主要问题是，与或有事项相关的义务在符合什么条件时确认为负债。我国《企业会计准则》规定，如果与或有事项相关的义务同时符合以下三个条件时，企业应将其确认为预计负债。

1. 该义务是企业承担的现时义务

该义务是企业承担的现时义务，即与或有事项相关的义务是在企业当前条件下已承担的义务，企业没有其他现实的选择，只能履行该义务，如法律要求企业必须履行、有关各方合理预期企业应当履行等。这里所指的现时义务包括法定义务和推定义务。

法定义务是指因合同、法规或司法解释等产生的义务，通常是企业在经济管理和经济协调中依照经济法律、法规的规定必须履行的责任。例如，企业与另外的企业签订购货合同产生的义务，就属于法定义务。推定义务是指因企业的特定行为而产生的义务。企业的“特定行为”泛指企业以往的习惯做法、已公开的承诺或已公开宣布的经营政策。例如，甲公司是一家化工企业，因扩大经营规模，到A国创办了一家分公司。假定A国尚未针对甲公司这类企业的生产经营可能产生的环境污染制定相关法律，因而甲公司的分公司对在A国生产经营可能产生的环境污染不承担法定义务。但是，甲公司为在A国树立良好的形象，自行向社会公告，宣称将对生产经营可能产生的环境污染进行治理。甲公司的分公司为此承担的义务就属于推定义务。

义务通常涉及指向的另一方，但很多时候没有必要知道义务指向的另一方的身份，实际上义务可能是对公众承担的。通常情况下，义务总是涉及对另一方的承诺，但是管理层或董事会的决定在资产负债表日并不一定形成推定义务，除非该决定在资产负债日之前已经以一种相当具体的方式传达给受影响的各方，使各方形成了企业将履行其责任的合理预期。

2. 履行该义务很可能导致经济利益流出企业

履行该义务很可能导致经济利益流出企业，通常是指履行与或有事项相关的现时义务时，导致经济利益流出企业的可能性超过50%，但尚未达到基本确定的程度。

履行或有事项相关义务导致经济利益流出的可能性，通常按照表3-1所列示的情况加以判断。

表3-1

可能性与对应概率区间表

结果的可能性	对应的概率区间
基本确定	大于95%但小于100%
很可能	大于50%但小于或等于95%
可能	大于5%但小于或等于50%
极小可能	大于0但小于或等于5%

其中，“很可能”是指企业因履行合约事项而承担的现时义务导致经济利益流出企业的可能性大于50%但小于或等于95%的情形。履行或有事项产生的现时义务时，导致经济利益流出企业的可能性超过50%但尚未达到基本确定的程度，即为经济利益很可能流出企业。

企业因或有事项承担了现时义务，并不说明该现时义务很可能导致经济利益流出企业。比如，20×0年5月20日，A公司从银行贷款100万人民币，期限为2年，由B公司全额担保。对B公司而言，由于担保事项而承担了一项现时义务。该项业务的履行是否很可能导致经济利益流出企业，需依据A公司的经营状况和财务状况等因素来定。假定20×0年年末，A公司财务状况良好。此时，一般认为A公司不会违约，从而B公司履行承担的现时义务不是很可能导致经济利益流出；假定20×0年年末，A公司财务状况恶化，且没有迹象表明可能发生好转。此时，一般认为A公司很可能违约，从而B公司履行承担的现时义务很可能导致经济利益流出。

存在很多类似义务，如产品保证或类似合同，履行时要求经济利益流出的可能性应通过总体考虑才能确定。对于某个项目而言，虽然经济利益流出的可能性较小，但包括该项目的该类义务很可能导致经济利益流出的，应当视同该项目义务很可能导致经济利益流出企业。

3. 该义务的金额能够可靠地计量

该义务的金额能够可靠地计量，是指与或有事项相关的现时义务的金额能够合理地估计。由于或有事项具有不确定性，或有事项产生的现时义务的金额也具有不确定性，需要估计。要对或有事项确认一项负债，相关现时义务的金额应能够可靠估计。只要在其金额能够可靠地估计并同时能满足其他两个条件时，企业才能加以确认。

例如，甲公司涉及一诉讼案，根据以往的审判结果判断，企业很可能败诉，相关的赔偿金额也可以估算出一个范围。此时，可认为该企业因未决诉讼承担的现时义务的金额能够可靠地估计，但如果没有以往的审判结果作对照，而相关的法律法规条文又没有明确解释，那么即使该公司可能败诉，在判决以前也很可能无法合理估计其须承担的现时义务金额，这种情况下不应确认为预计负债。

预计负债应当与应付账款、应计项目等其他负债进行严格区分。因为与预计负债相关的未来支出的时间或金额具有一定的不确定性。应付账款是为已收到或已提供的，并已开出发票或已与供应商达成正式协议的货物或劳务支付的负债。应计项目是为已收到或已提供的，但还未支付、未开出发票或未与供应商达成正式协议的货物或劳务支付的负债，尽管有时需要估计应计项目的金额或时间，但是其不确定性通常远小于预计负债。应计项目经常作为应付账款和其他应付款的一部分进行列报，而预计负债则单独进行列报。

二、或有事项的计量

当与或有事项有关的义务符合确认为负债的条件时，应当将其确认为预计负债。预计负债应当按照履行相关现时义务所需支出的最佳估计数进行初始计量。此外，企业清偿预计负债所需支出还可能从第三方或其他方获得补偿。因此，或有事项的计量主要涉及两方面：一是预计负债的计量；二是预期可获得补偿的计量。

（一）预计负债的计量

1. 最佳估计数的确定

预计负债应当按照履行相关现时义务时所需的金额，即清偿该负债所需支出的最佳估计数进行初始计量。最佳估计数的确定，应分别两种情况处理：

第一，当清偿或有事项而负债所需支出存在一个连续范围，且该范围内各种结果发生的可能性是相同的，最佳估计数应当按照该范围内的中间值确定，即最佳估计数按该范围的上、下限金额的算术平均数确定。

【例3-2】 20×0年12月，甲公司因合同违约而涉及一桩诉讼案，根据其法律顾问的判断，最终的判决很可能对其不利。20×0年12月31日，甲公司尚未接到法院的判决，因此，诉讼须承担的赔偿金额也无法准确地确定。但根据专业人士估计，赔偿金额可能是80万～120万元的某一金额。甲公司承担诉讼费用40 000元。

当清偿或有事项而负债所需支出存在一个金额范围时，预计负债的金额，应按清偿该负债所需支出的最佳估计数的上、下限金额的平均数确定。

则甲公司在20×0年12月31日的资产负债表中应确认一项预计负债金额104万元[4+(80+120)÷2]。

第二，当清偿或有事项而负债所需支出不存在一个连续范围时，若或有事项涉及单个项目时，最佳估计数应按照最可能发生金额确定。其中，“涉及单个项目”是指或有事项涉及的项目只有一个，如一项未决诉讼、一项未决仲裁、一项债务担保等。

若或有事项涉及多个项目时，最佳估计数应按照各种可能结果及其相关概率计算确定。其中，“涉及多个项目”是指或有事项涉及的项目不止一个，如产品质量保证。在产品质量保证中，提出产品保修要求的可能有许多客户。相应地，企业对这些客户负有保修义务。

【例3-3】 20×0年第四季度甲公司销售产品1 000件，销售额为9 000 000元。甲公司的产品质量规定：产品售出后1年内，该产品估计有10%需售后大修，30%需售后中小修理；大修费用为销售额的3%，中小修理费用为销售额的1%。

当或有事项涉及多个项目时，确认预计负债的金额按照各种可能结果及其相关概率计算确定。据此，20×0年12月末甲公司应确认的负债金额为：

$$9\ 000\ 000 \times 3\% \times 10\% + 9\ 000\ 000 \times 30\% \times 1\% = 54\ 000(\text{元})$$

2. 预计负债的计量需要考虑的其他因素

企业在确定最佳估计数时，应当综合考虑与或有事项有关的风险和不确定性、货币时间价值以及未来事项等因素。

(1) 风险和不确定性。企业在确定最佳估计数时，应当综合考虑与或有事项有关的风险、不确定性和货币时间价值等因素。企业在不确定的情况下进行判断需要谨慎，使得收益或资产不会被高估，费用或负债不会被低估。但是，不确定性并不说明应当确认过多的预计负债和故意夸大负债的金额。

企业需要充分考虑与或有事项有关的风险和不确定性，既不能忽略风险和不确定性对或有事项计量的影响，也要避免对风险和不确定性进行重复调整，从而在低估和高估预计负债金额之间寻找平衡点。

(2) 货币时间价值。预计负债一般不需要折现，即相关现时义务的金额通常应当等于未来应支付的金额。但是，如果预计负债的确认时点距离实际清偿有较长的时间跨度，货币时间价值的影响重大，那么，在确定预计负债的确认金额时，有必要考虑采用现值计量，即通过对相关未来现金流出进行折现后确认最佳估计数。例如，油气井或核电站的弃置费用等，应当按照未来应支付金额的现值确定。确定预计负债的金额不应考虑预期处置相关资产形成的利得。

将未来现金流出折算为现值时，需要注意以下三点：

第一，用来计算现值的折现率，应当是反映货币时间价值的当前市场估计和相关负债特有风险的税前利率。

第二，风险和不确定性既可以在计量未来现金流出时作为调整因素，也可以在确定折现率时予以考虑，但不能重复反映。

第三，随着时间的推移，即使在未来现金流出和折现率均不改变的情况下，预计负债的现值将逐渐增长。企业应当在资产负债表日，对预计负债的现值进行重新计量。

(3) 未来事项。企业应当考虑可能影响履行现时义务所需金额的相关未来事项。也就是说，对于这些未来事项，如果有足够的客观证据表明它们将发生，如未来技术进步、相关法规出台等，则应当在预计负债计量中予以考虑，但不考虑预期处置相关资产形成的利得。

预期的未来事项可能对预计负债的计量较为重要。例如，某核电企业预计在生产结束时处理核废料的费用将因未来技术的变化而显著降低，那么，该企业因此确认的预计负债金额应当反映有关专家对技术发展以及处理费用减少作出的合理预测，但是，这种预计需要取得确凿的证据予以支持。

3. 资产负债表日对预计负债账面价值的复核

企业应当在资产负债表日对预计负债的账面价值进行复核。有确凿证据表明该账面价值不能真实反映当前最佳估计数的，应当按照当前最佳估计数对该账面价值进行调整。例如，某化工企业对环境造成了污染，按照当时的法律规定，只需要对污染进行清理。随着国家对环境保护越来越重视，按照现在的法律规定，该企业不但需要对污染进行清理，还很可能要对居民进行赔偿。这种法律要求的变化，会对企业预计负债的计量产生影响。企业应当在资产负债表日对为此确认的预计负债金额进行复核，相关因素发生变化表明预计负债金额不再能反映真实情况时，需要按照当前情况下企业清理和赔偿支出的最佳估计数对预计负债的账面价值进行相应的调整。

企业对已经确认的预计负债在实际支出发生时，应当仅限于最初确定该预计负债的支出。也就是说，只有与该预计负债有关的支出才能冲减预计负债，否则将会混淆不同预计负债确认事项的影响。

(二) 预计负债可获得预期补偿的计量

《企业会计准则》规定，企业清偿预计负债所需支出全部或部分预期可以由第三方或其他方补偿的，补偿金额只能在基本确定能够收到时，才能作为资产单独确认，而且确认的补偿金额不应超过预计负债的账面价值；企业不应当确认或有负债和或有资产。

上述规定有三层含义：

第一，企业在什么情况下可能获得补偿。可能获得补偿的情况通常有：发生交通事故等情况时，企业通常可以从保险公司获得合理的补偿；在某些索赔诉讼中，企业可以通过反诉的方式对索赔人或第三方另行提出赔偿要求；在债务担保业务中，企业在履行担保义务的同时，通常可以向被担保企业提出额外追偿要求。

第二，补偿金额基本能够收到，是指预期从保险公司、索赔人和被担保企业等获得补偿的可能性大于95%但小于100%的情形。

第三，补偿金额的确认。补偿金额的确认涉及确认时间和确认金额两个问题。补偿金额确认的时间是在“基本确定能收到”时予以确认；确认的金额是“基本确定能收到”的金额，而且不能超过相关预计负债的账面价值。

需要说明的是，补偿金额应单独确认为资产。例如，A公司因诉讼事项确认了一项预计负债50万元；同时因该事项A公司还可从B公司获得30万元的赔偿，且这项金额基本能收到。在这种情况下，A公司应分别确认一项预计负债50万元和一项资产30万元，而不能只确认一项金额为20万元(500 000－200 000)的负债；同时，确认的补偿金额不应超过预计负债的账面价值50万元。

（三）亏损合同的相关义务确认为预计负债的确认和计量

亏损合同是指履行合同义务不可避免会发生的成本超过预期经济利益的合同。其中，亏损合同是指履行合同义务不可避免会发生的成本超过预期经济利益的合同。预计负债的计量应当反映了退出该合同的最低净成本，即履行该合同的成本与未能履行该合同而发生的补偿或处罚两者之中的较低者。企业与其他企业签订的商品销售合同、劳务合同和租赁合同等，均可能变为亏损合同。

企业对亏损合同进行会计处理，需要遵循以下两点原则：

(1) 如果与亏损合同相关的义务不需支付任何补偿即可撤销，企业通常就不存在现时义务，不应确认为预计负债；如果与亏损合同相关的义务不可撤销，企业就存在了现时义务，同时满足该义务很可能导致经济利益流出企业且金额能够可靠地计量的，应当确认为预计负债。

(2) 待执行合同变为亏损合同时，合同存在标的资产的，应当对标的资产进行减值测试并按规定确认减值损失，在这种情况下，企业通常不需确认预计负债，如果预计亏损超过该减值损失，应将超过部分确认为预计负债；合同不存在标的资产的，亏损合同相关义务满足预计负债确认条件时，应当确认预计负债。

（四）重组义务确认预计负债的确认和计量。

重组是指企业制定和控制的，将显著改变企业组织形式、经营范围或经营方式的计划实施行为。属于重组的事项主要包括：① 出售或终止企业的部分业务；② 对企业的组织结构进行较大调整；③ 关闭企业的部分营业场所，或将营业活动由一个国家或地区迁移到其他国家或地区。

企业应当将重组与企业合并、债务重组区别开。因为重组通常是企业内部资源的调整和组合，谋求现有资产效能的最大化；企业合并是在不同企业之间的资本重组和规模扩张；而债务重组是债权人对债务人作出让步，债务人减轻债务负担，债权人尽可能减少损失。

1. 重组义务的确认

企业因重组而承担了重组义务，并且同时满足预计负债确认条件时，才能确认预计负债。

首先，同时存在下列情况的，表明企业承担了重组义务：

(1) 有详细、正式的重组计划，包括重组涉及的业务、主要地点、需要补偿的职工人数、预计重组支出和计划实施时间等。

(2) 该重组计划已对外公告。

企业制订了详细、正式的重组计划，并已经对外公告，使那些受其影响的其他单位或个人可以合理预期企业将实施重组，这构成了企业的一项推定义务。而管理层或董事会在资产负债表日前作出的重组决定，在资产负债表日并不形成一项推定义务，除非企业在资产负债表日前已经对外进行了公告，将重组计划传达给受其影响的各方，使他们形成了对企业实施重组的合理预期。

其次，需要判断重组义务是否同时满足预计负债的三个确认条件，即判断其承担的重组义务是否是现时义务、履行重组义务是否很可能导致经济利益流出企业、重组义务的金额是否能够可靠计量。

2. 重组义务的计量

企业应当按照与重组有关的直接支出确认预计负债金额。其中，直接支出是企业重组必须承担的直接支出，并且与主体继续进行的活动无关的支出，不包括留用职工岗前培训、市场推广、新系统和营销网络投入等支出。因为这些支出与未来经营活动有关，在资产负债表日不是重组义务。

由于企业在计量预计负债时不应当考虑预期处置相关资产的利得，在计量与重组义务相关的预计负债时，也不考虑处置相关资产（如厂房、店面，有时是一个事业部整体）可能形成的利得或损失，即使资产的出售构成重组的一部分也是如此。

企业可以参照表 3-2 判断该项支出是否属于与重组有关的支出。

表 3-2

与重组有关支出的判断表

支出项目	包括	不包括	不包括的原因
自愿遣散	√		
强制遣散（如果自愿遣散目标未满足）	√		
将不再使用的厂房的租赁撤消费	√		
将职工和设备从拟关闭的工厂转移到继续使用的工厂		√	支出与继续进行的活动相关
剩余职工的再培训		√	支出与继续进行的活动相关
新经理的招聘成本		√	支出与继续进行的活动相关
推广公司新形象的营销成本		√	支出与继续进行的活动相关
对新营销网络的投资		√	支出与继续进行的活动相关
重组的未来可辨认经营损失（最新预计值）		√	支出与继续进行的活动相关
特定固定资产的减值损失		√	资产减值准备应当按照《企业会计准则第 8 号——资产减值》进行计提

（五）预计负债的后续计量

企业应当在资产负债表日对预计负债的账面价值进行复核。有确凿证据表明该账面价值不能真实反映当前最佳估计数的，应当按照当前最佳估计数对该账面价值进行调整，调整金额计入当期损益。例如，A 公司涉及一起跨年度诉讼，上年度预计负债为 100 万元，本年度末由于诉讼发生重大变化，估计法院很可能判决由 A 公司赔偿 200 万元，据此，A 公司应对原预计负债 100 万元作出期末调整，期末确认的预计负债的金额应为 200 万元，调整金额 100 万元计入当期损益。

第三节　或有事项的会计处理

一、主要账户的设置

或有事项分为或有负债和或有资产。对或有负债的处理分三种情况：① 如该事项很有可能发生且能可靠计量，则确认为预计负债；② 如该事项只是有可能发生或不能可靠计量，则不确认为负债，但需对外披露；③ 如该事项只是极小可能发生，则不需确认也不需披露。

对或有资产一般不予确认，也不予披露。对预计负债设“预计负债”科目进行核算，该科目为负债类科目。企业按规定的项目和金额确认预计负债时，借记“营业外支出”“销售费用”“固定资产”或“油气资产”“财务费用”等科目，贷记该科目；实际清偿或冲减的预计负债时，借记该科目，贷记“银行存款”等科目；该科目期末贷方余额，反映企业已预计尚未清偿或冲减的债务。该科目按形成预计负债的交易或事项设“产品质量保证”“未决诉讼”“债务担保”“亏损合同”“重组义务”“弃置费用”等明细科目进行明细核算。

二、业务举例

（一）企业未决诉讼、未决仲裁确认为预计负债的账务处理

诉讼是指当事人不能通过协商解决争议，因而在人民法院起诉、应诉，请求人民法院通过审判程序解决纠纷的活动。诉讼尚未裁决之前，对于被告者来说，可能形成一项或有负债或者预计负债；对于原告来说，则可能形成一项或有资产。

仲裁是指经济法的各方当事人依照事先约定或事后达成的书面仲裁协议，共同选定仲裁机构并由其对争议依法作出具有约束力裁决的一种活动。作为当事人一方，仲裁的结果在仲裁决定公布以前是不确定的，会构成一项潜在义务或现时义务，或者潜在资产。

【例 3-4】　A 公司 20×2 年度发生的有关交易或事项如下：

(1) 20×2 年 10 月 1 日，有一笔已到期的银行贷款，本金为 100 000 元，利息为 15 000 元，A 公司具有还款能力，但因与 B 银行存在其他经济纠纷，而未按时归还 B 银行的贷款，20×2 年 12 月 1 日，B 银行向人民法院提起诉讼。截至 20×2 年 12 月 31 日，人民法院尚未对案件进行审理。A 公司法律顾问认为败诉的可能性为 60%，预计将要支付的罚息、诉讼费用在 10 000～16 000 元，其中诉讼费为 4 000 元。

(2) 20×0 年 10 月 6 日，A 公司委托银行向 C 公司贷款 600 000 元，由于经营困难，20×2 年 10 月 6 日贷款到期时 C 公司无力偿还贷款，A 公司依法起诉 C 公司，20×2 年 12 月 6 日，人民法院一审判决 A 公司胜诉，已经责成 C 公司向 A 公司偿付贷款本息 700 000 元，并支付罚息及其他费用 60 000 元，两项合计 760 000 元，但由于种种原因，C 公司未履行判决，直到 20×2 年 12 月 31 日，A 公司尚未采取进一步的行动。

在本例中，A 公司的会计处理如下：

(1) A 公司败诉的可能性 60%，即很可能败诉，则 A 公司应在 20×2 年 12 月 31 日确认一项预计负债 13 000 元[(10 000＋16 000)÷2]。

有关账务处理如下：

借：管理费用——诉讼费　　4 000
　　营业外支出——罚息支出(14 000－5 000)　　9 000
　贷：预计负债——未决诉讼(B银行)　　13 000

同时，A公司应在20×2年12月31日的财务报表附注中对确认的预计负债作披露。具体披露内容参见[例3-14]。

(2) 虽然一审判决A公司胜诉，将很可能从C公司收回委托贷款本金、利息及罚息，但是由于C公司本身经营困难，该款项是否能全额收回存在较大的不确定性，因此，A公司20×2年12月31日不应确认资产，但应考虑该项委托贷款的减值问题。

A公司应在20×2年12月31日的财务报表附注中作披露。具体披露内容参见[例3-18]。

【例3-5】 沿用[例3-2]的资料，编制会计分录如下：

借：营业外支出——诉讼赔款　　1 000 000
　　管理费用——诉讼费　　40 000
　贷：预计负债——未决诉讼　　1 040 000

(二) 产品质量保证确认为预计负债的账务处理

产品质量保证是指销售商或制造商在销售产品或提供劳务后，对客户提供服务的一种承诺。在约定期内(或终身保修)，若产品或劳务在正常使用过程中出现质量或与之相关的其他属于正常范围的问题，企业负有更换产品、免费或只收成本价进行修理等责任。按照权责发生制的要求，上述相关支出符合确认条件就应在收入实现时确认相关预计负债。

在对产品质量保证确认预计负债时，需要注意的是：

第一，如果发现保证费用的实际发生额与预计数相差较大，应及时对预计比例进行调整。

第二，如果企业针对特定批次产品确认预计负债，则在保修期结束时，应冲销“预计负债——产品质量保证”科目余额，同时冲销销售费用。

第三，已对其确认预计负债的产品，如企业不再生产了，那么，应在相应的产品质量保证期满后，将冲销“预计负债——产品质量保证”科目余额，同时冲销销售费用。

【例3-6】 海清公司为一般纳税人，主要生产M机床。20×0年4个季度分别销售机床200台、300台、400台和350台，每台售价为5万元。海清公司的产品质量规定，产品售出后3年内，如出现非意外事件造成的机床故障和质量问题，公司免费负责保修包括零部件更换。根据以往的经验，发生的保修费一般为销售金额的1%～1.5%。假定海清公司20×0年4个季度实际发生的维修费分别为2万元、20万元、18万元、35万元，假定用银行存款支付费用50%，另外50%为耗用的原材料。假定上年年末“预计负债——产品质量保证”科目年末余额为12万元。

依据《企业会计准则》的规定，海清公司因销售机床而承担了现时义务，该义务的履行很可能导致经济利益流出该公司，且该义务的金额能够可靠地计量。在每季度末，预计负债的金额应按照销售金额及其保修费发生的概率计算确定。

编制会计分录如下：

(1) 第一季度实际发生产品质量保证费用时：

借：预计负债——产品质量保证(M机床) 20 000
贷：银行存款 10 000
原材料 10 000

第一季度末海清公司应确认的负债金额＝200×50 000×[(0.01＋0.015)÷2]＝125 000(元)。

借：销售费用——修理费用 125 000
贷：预计负债——产品质量保证(M机床) 125 000

第一季度末该公司“预计负债——产品质量保证”科目余额为225 000元。

(2) 第二季度实际发生产品质量保证费用时：

借：预计负债——产品质量保证(M机床) 200 000
贷：银行存款 100 000
原材料 100 000

第二季度末海清公司应确认的负债金额＝300×50 000×[(0.01＋0.015)÷2]＝187 500(元)。

借：销售费用——修理费用 187 500
贷：预计负债——产品质量保证(M机床) 187 500

第二季度末该公司“预计负债——产品质量保证”科目余额为212 500元。

(3) 第三季度实际发生产品质量保证费用时：

借：预计负债——产品质量保证(M机床) 180 000
贷：银行存款 90 000
原材料 90 000

第三季度末海清公司应确认的负债金额＝400×50 000×[(0.01＋0.015)÷2]＝250 000(元)。

借：销售费用——修理费用 250 000
贷：预计负债——预计产品质量保证 250 000

第三季度末该公司“预计负债——产品质量保证(M机床)”科目余额为282 500元。

(4) 第四季度实际发生产品质量保证费用时：

借：预计负债——产品质量保证(M机床) 350 000
贷：银行存款 175 000
原材料 175 000

第四季度末海清公司应确认的负债金额＝350×50 000×[(0.01＋0.015)÷2]＝218 750(元)。

借：销售费用——修理费用 218 750
贷：预计负债——产品质量保证(M机床) 218 750

第四季度末该公司"预计负债——产品质量保证(M机床)"科目余额为151 250元。

值得注意的是:

(1) 如果发现产品质量保证费用的实际发生额与预计数相差较大,应及时对预计比例进行调整。

(2) 如果公司针对特定批次产品确认预计负债,则在保修期结束时,应冲销"预计负债——产品质量保证"科目余额,不留余额。

(3) 已对其确认预计负债的产品,如企业不再生产了,那么应在相应的产品质量保证期满后,应冲销"预计负债——产品质量保证"科目余额,不留余额。

(三) 债务担保确认为预计负债的账务处理

债务担保在企业中是较为普遍的现象。作为提供担保的一方,在被担保方无法履行合同的情况下,常常承担连带责任。从保护投资者、债权人的利益出发,客观、充分地反映企业因担保义务而承担的潜在风险是十分必要的。

企业对外提供债务担保常常会涉及未决诉讼,这时可以分别以下情况进行处理:

(1) 企业已被判决败诉,则应当按照人民法院判决的应承担的损失金额,确认为负债,并计入当期营业外支出。

(2) 已判决败诉,但企业正在上诉,或者经上一级人民法院裁定暂缓执行,或者由上一级人民法院发回重审等,企业应当在资产负债表日,根据已有判决结果合理估计可能产生的损失金额,确认为预计负债,并计入当期营业外支出。

(3) 人民法院尚未判决的,企业应向其律师或法律顾问等咨询,估计败诉的可能性,以及败诉后可能发生的损失金额,并取得有关书面意见。如果败诉的可能性大于胜诉的可能性,并且损失金额能够合理估计的,应当在资产负债表日将预计担保损失金额,确认为预计负债,并计入当期营业外支出。

【例3-7】 20×0年10月4日,甲公司欠乙企业货款400万元,由A公司提供担债务担保。甲公司为乙企业贷款承担本息连带债务责任。20×0年11月,甲公司由于经营困难等原因面临破产清算,乙企业依法向当地人民法院起诉要求A公司承担连带债务责任。12月末,法院判决乙企业胜诉,责成A公司向乙企业偿还货款400万元,利息20万元;支付诉讼费用4万元,罚款1万元。

依据《企业会计准则》的规定,A公司在20×0年12月31日的资产负债表中应确认预计负债的金额=400+20+4+1=425(万元)。

借:营业外支出——罚款支出	10 000	
其他应收款——甲公司	4 200 000	
管理费用——诉讼费	40 000	
贷:预计负债——债务担保		4 250 000

(四) 亏损合同的相关义务确认为预计负债的账务处理

【例3-8】 20×0年12月10日,甲公司与丙公司签订不可撤销合同,约定在20×0年3月1日以每件200元的价格向丙公司提供A产品1 000件,若不能按期交货,将对甲公司处以总价款20%的违约金。签订合同时,A产品尚未开始生产,甲公司准备生产A产品时,原材料价格突然上涨,预计生产A产品的单位成本将超过合同单价(不考虑相关税费)。

(1) 若生产A产品的单位成本为210元。

履行合同发生的损失 = 1 000×(210－200) = 10 000(元)

不履行合同支付的违约金 = 1 000×200×20% = 40 000(元)

本例中,甲公司与丙公司签订了不可撤销合同,但是执行合同不可避免发生的费用超过了预期获得的经济利益,属于亏损合同。由于该合同变为亏损合同时不存在标的资产,甲公司应当按照履行合同造成的损失与违约金两者中的较低者确认一项预计负债,即应确认预计负债10 000元。

借:营业外支出——亏损合同损失(A产品)　　10 000
　贷:预计负债——亏损合同(A产品)　　10 000

待产品完工后,将已确认的预计负债冲减产品成本。

借:预计负债——亏损合同(A产品)　　10 000
　贷:库存商品——A产品　　10 000

(2) 若生产A产品的单位成本为270元。

履行合同发生的损失 = 1 000×(270－200) = 70 000(元)

不履行合同支付的违约金 = 1 000×200×20% = 40 000(元)

应确认预计负债40 000元。

借:营业外支出——亏损合同损失(A产品)　　40 000
　贷:预计负债——亏损合同(A产品)　　40 000

支付违约金时

借:预计负债——亏损合同(A产品)　　40 000
　贷:银行存款　　40 000

【例3-9】 甲公司与乙公司于20×0年11月签订不可撤销合同,甲公司向乙公司销售K设备50台,合同价格每台1 000 000元(不含税)。该批设备在20×1年1月25日交货。至20×0年年末,甲公司已生产30台K设备,由于原材料价格上涨,单位成本达到1 030 000元,每销售1台K设备亏损30 000元,因此这项合同已成为亏损合同。预计其余未生产的20台K设备的单位成本与已生产的K设备的单位成本相同。则甲公司应对有标的的30台K设备计提存货跌价准备,对没有标的的20台K设备确认预计负债。不考虑相关税费。

有关账务处理如下:

(1) 有标的的部分,合同为亏损合同,确认减值损失。

借:资产减值损失——存货跌价损失(K设备)　　900 000
　贷:存货跌价准备——K设备(30×30 000)　　900 000

(2) 无标的的部分,合同为亏损合同,确认预计负债。

借：营业外支出——亏损合同损失(K 设备)　　600 000
　贷：预计负债——亏损合同(K 设备)(20×30 000)　　600 000

在产品生产出来后，将预计负债冲减成本。

借：预计负债——亏损合同(K 设备)　　600 000
　贷：库存商品——K 设备　　600 000

(五) 重组义务确认为预计负债的账务处理

【例 3-10】 20×0 年 11 月 20 日，海明公司董事会决定本年年末撤销该公司在江阴市的一个营销部。该公司有详细、正式的重组计划，该重组计划已对外公告。关闭该事业部的决定已经向社会公告，受影响的公司职工、客户及供应商均收到了通知。如果该义务很可能导致经济利益流出海明公司 100 000 元，且金额能够可靠计量，在 20×0 年 12 月 31 日，海明公司应对此项决定确认预计负债。

依据《企业会计准则》的规定，海明公司承担的重组义务满足了预计负债的确认条件，应当确认为预计负债 100 000 元。海明公司编制会计分录如下：

借：营业外支出　　100 000
　贷：预计负债——重组义务　　100 000

若该公司无详细、正式的重组计划，该重组计划尚未对外公告，该决定尚未执行，则表明该公司尚未承担重组义务，不应当确认为预计负债。

(六) 预期可获得补偿的预计负债的账务处理

【例 3-11】 20×0 年 11 月 12 日，甲公司收到乙公司的起诉，乙公司声称甲公司侵犯了其专利权，要求甲公司赔偿 1 000 000 元，在应诉过程中，甲公司发现，诉讼涉及的专利的主体部分是有偿委托第三家公司 B 公司开发的。如果该专利的确有问题，第三家公司 B 公司应当承担连带责任，对甲公司予以赔偿。20×0 年 12 月 31 日，甲公司仍未接到法院的判决。甲公司根据法律诉讼的进展情况和专业人士的意见，认为对原告予以赔偿的可能性在 50%以上，最有可能赔偿金额为 500 000 元，从第三家 B 公司得到的补偿基本上可以确定为 350 000 元。假定诉讼费为 10 000 元。

依据《企业会计准则》的规定，上例中，甲公司应于 12 月 31 日确认一笔负债的金额为 510 000 元，同时确认一笔资产，金额为 350 000 元。编制会计分录如下：

借：营业外支出——赔款支出　　500 000
　　管理费用——诉讼费　　10 000
　贷：预计负债——未决诉讼　　510 000
借：其他应收款——B 公司　　350 000
　贷：营业外支出——赔款支出　　350 000

在上述情况下，甲公司不能只确认 160 000 元的负债。如果甲公司获得的补偿超过 510 000 元，且基本确定能够收到，则甲公司仅能确认 510 000 元的资产，即因或有事项所确认的补偿金额不应超过所确认负债的账面价值。未确认部分，在报告附注中披露。

(七) 资产负债表日预计负债的账面价值的复核。

【例 3-12】 沿用[例 3-2]的资料。若 20×0 年 12 月 31 日，该诉讼仍未果，甲公司除了确认预计负债 1 040 000 元，由于案情复杂估计诉讼费升到 50 000 元。

依据准则规定，企业应当在资产负债表日对进行调整，调整金额计入当期损益。甲公司应调增预计负债的账面价值 1 万元（5－4）。甲公司编制会计分录如下：

借：管理费用——诉讼费　　10 000
　贷：预计负债——未决诉讼　　10 000

第四节　或有事项的披露

一、披露与预计负债有关的信息

预计负债披露的内容主要有以下几点：第一，预计负债的种类、形成原因以及经济利益流出不确定性的说明。第二，各类预计负债的期初、期末余额和本期变动情况。第三，与预计负债有关的预期补偿金额和本期已确认的预期补偿金额。

【例 3-13】 沿用[例 3-2]的资料，甲公司除了要在 20×0 年 12 月 31 日确认一项负债 100 万元，确认一笔“营业外支出”100 万元外，还应在资产负债表附注作如下披露：

或有事项：本公司因合同违约而被乙企业起诉。由于这种情况，本公司在 20×0 年 12 月 31 日确认了一项负债 100 万元。目前，相关诉讼正在审理当中。

【例 3-14】 沿用[例 3-4]所述的关于预计负债确认的情形，A 公司应在 20×2 年 12 月 31 日的财务报表附注中作如下披露。

或有事项：本公司欠 B 银行贷款于 20×2 年 10 月 1 日到期，到期本金和利息合计 115 000 元，由于与 B 银行存在其他经济纠纷，故本公司尚未偿还上述借款本金和利息，为此，B 银行起诉本公司，除要求本公司偿还本金和利息外，还要求支付罚息等费用。由于以上情况，本公司在 20×2 年 12 月 31 日确认了一项预计负债 110 000 元。目前，此案正在审理中。

二、披露与或有负债有关的信息

或有负债披露的基本原则是：极小可能导致经济利益流出企业的或有负债一般不予披露。但是对某些经常发生或对企业的财务状况和经营成果有较大影响的或有负债，即使其导致经济利益流出企业的可能性极小，也应予以披露，以确保会计信息使用者获得足够充分和详细的信息。① 或有负债的种类及其形成原因，包括已贴现商业承兑汇票、未决诉讼、未决仲裁和对外提供担保等形成的或有负债。② 经济利益流出不确定性的说明。③ 或有负债预计产生的财务影响，以及获得补偿的可能性；无法预计的，应当说明原因。

【例 3-15】 20×0 年 1 月 20 日，甲公司为乙企业提供担贷款担保，乙企业贷款本金 1 000 万元，期限为 3 年，年利率为 8%。甲公司为乙企业贷款承担本息连带责任。20×1 年资产负债表日，乙企业财务状况良好。

本例中，乙企业财务状况良好，极小可能产生或有负债，但甲公司为乙企业贷款承担本息连带责任，从而甲公司承担了一项现时义务，因经济利益是否流出企业尚难确定。20×4

年 12 月 31 日，甲公司应在资产负债表附注中披露该一项或有负债的信息。

或有事项：20×0 年 1 月 20 日，本公司为乙企业提供担贷款担保，贷款本金 1 000 万元，期限为 3 年，年利率为 8%。本公司负有代为付款的义务。

【例 3-16】 对于[例 3-1]所述的情形，根据《企业会计准则》的规定，甲公司应在 20×2 年 12 月 31 日的财务报表附注中所作披露，如表 3-3 所示。

表 3-3

甲公司关于担保业务的信息披露表

被担保单位	担保金额	财务影响
乙公司	担保金额人民币 40 000 000 元，20×2 年 10 月 15 日到期	乙公司的银行借款已逾期。贷款银行已起诉乙公司和本公司，由于对乙公司该笔银行贷款提供全额担保，预期诉讼结果将给本公司的财务造成重大不利影响，损失金额目前难以估计
丙公司	担保金额人民币 30 000 000 元，20×5 年 7 月 31 日到期	丙公司目前经营良好，预期对银行贷款不存在还款困难，因此对丙公司的担保极小可能会给本公司造成不利影响，损失金额目前难以估计
丁公司	担保金额 15 000 000 美元，20×7 年 8 月 31 日到期	丁公司受政策影响本年度效益不如以往，可能不能偿还到期美元贷款，本公司可能因此承担相应的连带责任而发生损失，损失金额目前难以估计

【例 3-17】 甲公司为一家中型塑料加工企业，加工过程中的污水未经净化直接排出公司，对周围村镇的居民身体健康和生产生活造成严重损害。为此，20×0 年 7 月 25 日，甲公司周围村镇居民集体提起诉讼，要求甲公司赔偿损失 200 万元，20×0 年 12 月 31 日，该诉讼案尚未判决。

本例中，甲公司周围村镇的居民身体健康和生产生活受到严重损害，使由于甲公司未注意污染整治所致。因此在 20×0 年 12 月 31 日可以推断，以往的排污行为是甲公司承担了一项现时义务，且该义务的履行很可能导致经济利益流出甲公司，由于涉及的情况比较复杂，且在调查审理中，还不能可靠估计赔偿损失金额。因此，20×0 年甲公司应在资产负债表附注中披露该项或有负债的信息。

或有事项：本公司在加工过程中的污水未经净化直接排出公司，致使周围村镇居民集体提起诉讼，要求本公司赔偿损失 200 万元。目前，相关诉讼正在审理当中。

三、披露与或有资产有关的信息

企业通常不应当披露或有资产。但或有资产很可能会给企业带来经济利益的，应当披露其形成的原因、预计产生的财务影响等。

【例 3-18】 对于[例 3-4]所述的情形，虽然一审判决 A 公司胜诉，将很可能从 C 公司收回委托贷款本金、利息及罚息，但是由于 C 公司本身经营困难，该款项是否能全额收回存在较大的不确定性，因此，A 公司 20×2 年 12 月 31 日不应确认资产，但应考虑该项委托贷款的减值问题。

A 公司应在 20×2 年 12 月 31 日的财务报表附注中作如下披露：

或有事项:本公司于20×0年10月6日委托银行向C公司贷款600 000元,C公司逾期未还,为此本公司依法向人民法院起诉C公司。20×2年12月6日,一审判决本公司胜诉,并可从C公司索偿款项760 000元,其中,贷款本金600 000元、利息100 000元以及罚息等其他费用60 000元。截至20×2年12月31日,C公司未履行判决,本公司也未采取进一步的措施。

【例3-19】 甲公司为一般纳税人,20×0年11月5日,收到A公司的甲商品30 000元。11月10日,甲公司将该批商品以33 000元的价格出售给B公司,11月15日,B公司使用甲商品时发现产品质量问题,并给B公司造成经济损失,B公司向甲公司提出索赔。一审判决,甲公司承担诉讼赔款45 000元,诉讼费用5 000元,合计50 000元。甲公司不服,经调查后发现该质量问题主要责任应由A公司承担,向A公司要求索赔。假设目前有充分的理由表明甲公司败诉后很可能收到A公司60 000元的赔偿。

本例中,虽然一审已经判决,但甲公司不服,因此,不能认为诉讼事件已经结束。一审判决结果表明,甲公司因诉讼承担了一项现时义务,该现时义务的履行很可能导致经济利益流出企业,并且该义务就能够可靠地计量。

此外,甲公司有充分的理由说明很可能收到A公司60 000元的赔偿,20×0年12月31日,应在资产负债表附注中披露该项或有资产的信息。

或有事项:本公司于20×0年11月10日,将A公司的甲商品以33 000元的价格出售给B公司,现产品出现质量问题,给B公司造成经济损失,该质量问题主要责任应由A公司承担。甲公司败诉后很可能收到A公司60 000元的赔偿。目前,相关诉讼正在审理当中。

在利润表中,所确认的"管理费用"5 000元应与公司发生的其他管理费用合并反映,"营业外支出"45 000元应与公司发生其他营业外支出合并反映。

如果甲公司缺乏充分的理由说明很可能收到A公司的赔偿,则不应对相关的或有资产作出披露。

本章小结

1. 或有事项是指过去的交易或事项形成的一种状况,其结果须通过未来不确定事项的发生或不发生予以证实。或有事项与不确定性联系在一起,但不确定性不一定都是或有事项。资产、负债、或有负债和或有资产等,都可能是或有事项的结果。

2. 如果与或有事项相关的义务同时符合三个条件,企业应将其确认为或有负债,记入"预计负债"科目,确认负债的金额为最佳估计数。在将与或有事项有关的义务确认为负债的同时,企业有时也拥有反诉或向第三方索赔的权利。补偿金额只能在基本确定能收到时,作为资产单独确认,所确认的补偿金额不应超过所确认负债的账面价值。

3. 或有事项的披露包括因或有事项而确认的负债的披露、或有负债的披露和或有资产的披露。

复习思考题

1. 什么是或有事项?它有哪些特征?

2. 什么是或有资产？什么是或有负债？

3. 简述或有事项确认的原则。

4. 待执行合同与亏损合同的区别是什么？

5. 简述预计负债、或有负债、或有资产的披露原则。

6. 将重组业务形成的义务确认为预计负债，应满足什么条件？

练 习 题

1. 新光仪表公司发生下列有关经济业务：

(1) 20×0 年 12 月 31 日，因公司生产的新商品侵犯了东风工厂的专利权而涉及一项诉讼案，根据法律顾问判断，最终的判决很可能对公司不利。公司至今尚未收到法院的判决，据专业人士估计，赔偿金额可能在 90 000～100 000 元，估计诉讼费用约 10 000 元。

(2) 20×0 年 12 月 31 日，公司因与华安公司签订了互相担保协议而成为相关诉讼的第二被告，至今尚未判决。但由于华安公司经营困难，公司很可能要承担还款连带责任。据预计，公司承担还款金额 12 0000 元责任的可能性为 60%，而承担还款金额 90 000 元责任的可能性为 40%。

(3) 20×0 年 12 月 31 日，本月份共销售仪表 4 000 台，销售收入为 5 600 000 元。公司商品质量保证条款规定，售出仪表发生质量问题将负责免费修理。根据以往经验，如果出现较小的质量问题发生的修理费为销售款的 1%；如果出现较大的质量问题发生的修理费为销售额的 2.5%。据预测，在 1 年内已售的商品中有 10%将发生较小的质量问题，有 4%将发生较大的质量问题，计提本月份因商品保修而发生的或有负债。

(4) 20×1 年 1 月，公司采用经营租赁方式租入生产线，租期为 3 年，租金为 36 万元，产品获利。20×1 年 12 月，市政规划要求公司迁址，决定停产该产品。原经营租赁合同不可撤销，还要持续 1 年，生产线无法转租。

(5) 20×1 年 1 月 10 日，公司因侵犯专利权诉讼案经法院判决应赔偿原告 96 000 元，并承担诉讼费 10 800 元，款项于判决生效后 15 日内支付。

(6) 20×1 年 11 月 20 日，公司董事会决定本年年末撤销在 A 市的一个营销部。该公司有详细、正式的重组计划，该重组计划已对外公告。该决定已经执行，但年末该项工作尚未最后完成，该公司还将发生与重组有关的直接支出 8 万元。

(7) 20×0 年 9 月，公司与乙公司签订合同，在 20×1 年 4 月销售 100 件商品，单位成本估计为 1 100 元，合同单价为 2 000 元；如 4 月未交货，延迟交货的商品单价降为 1 000 元。20×0 年 12 月末，公司因生产线损坏，估计只能提供 90 件商品，其余 10 件尚未投入生产，估计在 20×1 年 5 月交货。

要求：进行上述业务的账务处理。

2. 20×0 年，A 公司 4 个季度分别销售 Q 机床 400 台、600 台、800 台和 700 台，每台售价为 5 万元。A 公司的产品质量规定，产品售出后 3 年内，如出现非意外事件造成的机床故障和质量问题，公司免费负责保修(包括零部件更换)。根据以往的经验，发生的保修费一般为销售金额的 1%～1.5%。假定 A 公司 20×1 年 4 个季度实际发生的维修费分别为 14 万元、40 万元、36 万元和 70 万元，假定用银行存款支付费用 50%，另 50%为耗用的原材料。假定 20×0 年“预计负债——预计产品质量保证损失”科目余额为 20 万元。

要求：进行 A 公司对上述事项的会计处理。

3. 甲企业发生以下有关的经济业务：

20×0 年 1 月 20 日，甲企业为乙企业提供贷款担保，乙企业贷款本金 10 000 000 元，期限 3 年，年利率 8%。甲企业为乙企业贷款本息承担连带责任。

(1) 20×0 年资产负债表日有证据表明，乙企业财务状况恶化。

(2) 20×1 年资产负债表日有证据表明，乙企业财务状况改善为良好。

(3) 20×2 年资产负债表日有证据表明，乙企业财务状况困难，未能偿还贷款本息，贷款银行已向法院提起诉讼。

(4) 甲企业代为偿还贷款本息后，很可能可以向乙企业收回该款项。

要求：甲企业根据乙企业的财务状况做出相应的会计处理并说明理由。

4. 甲企业 20×0 年资产负债表日对本企业的有关或有事项，作了如下处理：

(1) 对于极小可能的应付款，为保人提供的担保责任未予披露。

(2) 对于可能支付的赔偿损失 50 000 元确认了负债。

(3) 对于可能收到赔偿予以披露。

(4) 对于与 B 企业的未决诉讼给予披露，但始终担心，由于披露可能造成诉讼败诉。

要求：根据以上资料，指出甲企业哪些处理是错误的，作出正确处理并说明理由。

第四章

非货币性资产交换

【本章学习目的】

通过本章的学习，学生应掌握货币性资产、非货币性资产的内容及特点；掌握非货币性资产交换的概念及特点；熟悉非货币性资产交换的有关账务处理及其在财务报表中的披露；了解非货币性资产交换的特殊性及其核算原则。

【本章关键词】

非货币性资产　非货币性资产交换　补价

第一节　非货币性资产交换概述

资产按未来经济受利益流入(表现形式是货币金额)是否固定或可确定，分为货币性资产和非货币性资产。非货币性资产是相对于货币性资产而言的。

一、货币性资产和非货币性资产

(一) 货币性资产和非货币性资产的概念

1. 货币性资产

货币性资产是指企业持有的货币资金和收取固定或可确定金额的货币资金的权利。它包括库存现金、银行存款、应收账款和应收票据等。

2. 非货币性资产

非货币性资产是指货币性资产以外的资产。该类资产在将来为企业带来的经济利益不固定或不可确定。它包括存货(如原材料、包装物、低值易耗品、库存商品等)、长期股权投资、投资性房地产、固定资产、在建工程、无形资产和生物性资产等。

(二) 货币性资产和非货币性资产的区别

非货币性资产有别于货币性资产的最基本特征是其在将来为企业带来的经济利益(即货币金额)是不固定的或不可确定的。如果资产在将来为企业带来的经济利益(即货币金额)是固定的或可确定的，则该资产是货币性资产；反之，如果资产在将来为企业带来的经济利益(即货币金额)是不固定的或不确定的，则该资产是非货币性资产。

二、非货币性资产交换

(一) 非货币性资产交换的概念

非货币性资产交换是指企业主要以固定资产、无形资产、投资性房地产和长期股权投资等非货币性资产进行的交换。交换双方以非货币性资产进行的交换，不涉及或只涉及少量的货币性资产(即补价),非货币性资产交换的交换对象主要是非货币性资产。

(二) 非货币性资产交换的认定

通常情况下,交易双方对于某项交易是否为非货币性资产交换的判断是一致的。需要注意的是,对非货币性资产交换进行判断,企业应从自身的角度,根据交易的实质,判断相关交易是否属于本章定义的非货币性资产交换,不应基于交易双方的情况进行判断。例如,投资方以一项固定资产出资取得对被投资方的权益性投资,对投资方来说,换出资产为固定资产,换入资产为长期股权投资,属于非货币性资产交换;对于被投资方来说,则是接受换入的实物资产,属于接受权益性投资,不属于非货币性资产交换。

非货币性资产交换一般不涉及货币性资产,或只涉及少量货币性资产即补价。非货币性资产交换准则规定,认定涉及少量货币性资产的交换为非货币性资产交换,通常以补价占整个资产交换金额的比例是否低于25%作为参考比例。具体来说,从收到补价的企业来看,收到的补价的公允价值占换出资产公允价值(或占换入资产公允价值和收到的货币性资产公允价值之和)的比例低于25%的,视为非货币性资产交换;从支付补价的企业来看,支付的货币性资产公允价值占换出资产公允价值与支付的补价的公允价值之和(或占换入资产公允价值)的比例低于25%的,视为非货币性资产交换;如果上述比例高于25%(含25%)的,则不视为货币性资产交换。

三、非货币性资产交换准则的适用范围

(一) 适用其他会计准则的非货币性资产交换

《企业会计准则第7号——非货币性资产交换》(以下简称“本准则”)适用于所有非货币性资产交换,但下列各项适用其他相关会计准则:

(1) 企业以存货换取客户的非货币性资产的,相关收入的会计处理适用《企业会计准则第14号——收入》。《企业会计准则第14号——收入》对企业因转让存货取得非现金对价情形的会计处理作出了规范。

(2) 非货币性资产交换中涉及企业合并的,适用《企业会计准则第20号——企业合并》《企业会计准则第2号——长期股权投资》和《企业会计准则第33号——合并财务报表》。

(3) 非货币性资产交换中涉及由《企业会计准则第22号——金融工具确认和计量》规范的金融资产的,金融资产的确认、终止确认和计量适用《企业会计准则第22号——金融工具确认和计量》和《企业会计准则第23号——金融资产转移》。

(4) 非货币性资产交换中涉及由《企业会计准则第21号——租赁》规范的使用权资产或应收融资租赁款等的,相关资产的确认、终止确认和计量适用《企业会计准则第21号——租赁》。

(5) 非货币性资产交换构成权益性交易的,应当适用权益性交易的有关会计处理规定。企业应当遵循实质重于形式的原则判断非货币性资产交换是否构成权益性交易。其主要包括以下情形:①非货币性资产交换的一方直接或间接对另一方持股且以股东身份进行交易;②非货币性资产交换的双方均受同一方或相同的多方最终控制,且该非货币性资产交换的交易实质是交换的一方向另一方进行了权益性分配或交换的一方接受了另一方权益性投入。例如,集团重组中发生的非货币性资产划拨、划转行为,在股东或最终控制方的安排下,

企业无代价或以明显不公平的代价将非货币性资产转让给其他企业或接受其他企业的非货币性资产，该类转让的实质是企业进行了权益性分配或接受了权益性投入，不适用本准则，应当适用权益性交易会计处理的有关规定。

（二）涉及非货币性资产但不属于本准则规范范围的情形

实务中，某些交易和事项虽涉及非货币性资产，但不属于本准则规范的非货币性资产交换，适用其他相关会计准则的规定，包括但不限于以下情形：

（1）企业从政府无偿取得非货币性资产（比如，企业从政府无偿取得土地使用权等）的，适用《企业会计准则第 16 号——政府补助》。

（2）企业将非流动资产或处置组分配给所有者的，适用《企业会计准则第 42 号——持有待售的非流动资产、处置组和终止经营》。

（3）企业以非货币性资产向职工发放非货币性福利的，适用《企业会计准则第 9 号——职工薪酬》。

（4）企业以发行股票方式取得非货币性资产的，相当于以权益工具结算买入非货币性资产，适用其他相关会计准则。

（5）企业用于交换的资产目前尚不存在或尚不属于本企业的，适用其他相关会计准则。根据本准则的规定，企业用于非货币性资产交换的非货币性资产应当符合资产的定义并满足资产的确认条件，且作为资产列报于企业的资产负债表上。企业用于交换的资产目前尚不存在或尚不属于本企业的情形，不属于本准则规范的非货币性资产交换。例如，甲企业从乙企业取得一项土地使用权，承诺未来 3 年内在该地块上建造写字楼，并待写字楼建造完成后向乙企业交付一幢写字楼，在这种情形下，由于甲企业用于交换的建筑物尚不存在，因此，无论对甲企业还是乙企业而言，该交易不属于本准则规范的非货币性资产交换。

四、非货币性资产交换的确认与计量原则

（一）非货币性资产交换的确认原则

企业应当分别按照下列原则对非货币性资产交换中的换入资产进行确认，对换出资产终止确认：对于换入资产，应当在其符合资产定义并满足资产确认条件时予以确认；对于换出资产，应当在其满足资产终止确认条件时终止确认。

根据上述原则，对于非货币性资产交换，企业将换入的资产视为购买取得资产，并按照相关会计准则的规定进行初始确认；将换出的资产视为销售或处置资产，并按照相关会计准则的规定进行终止确认。例如，某企业在非货币性资产交换中的换入资产或换出资产均为固定资产，按照《企业会计准则第 4 号——固定资产》和《企业会计准则第 14 号——收入》的规定，换入的固定资产应当在与该固定资产有关的经济利益很可能流入企业，且成本能够可靠地计量时确认；换出的固定资产应当以交换对方（即换入企业）取得该固定资产控制权时点作为处置时点终止确认。

又如，在非货币性资产交换交易中，如果换入资产为对联营企业的长期股权投资，按照《企业会计准则第 2 号——长期股权投资》的规定，企业应当在能够对被投资单位实施重大影响时确认该换入的长期股权投资；如果换出资产为对联营企业的长期股权投资，企业应当在处置长期股权投资时点区分处置是否使企业丧失对被投资单位的重大影响，分别按照《企

业会计准则第22号——金融工具确认和计量》或《企业会计准则第2号——长期股权投资》的规定进行会计处理。

非货币性资产交换中的资产应当符合资产的定义并满足资产的确认条件，且作为资产列报于企业的资产负债表上。因此，通常情况下，换入资产的确认时点与换出资产的确认时点应当相同或相近。

实务中，由于资产控制权转移所必须的运输或转移程序等方面的原因（如资产运输至对方地点所需的合理运输时间、办理股权或房产过户手续等），可能导致换入资产满足确认条件的时点与换出资产满足终止确认条件的时点存在短暂不一致，企业可以按照重要性原则，在换入资产满足确认条件和换出资产满足终止确认条件孰晚的时点进行会计处理。在换入资产的确认时点与换出资产的终止确认时点存在不一致的情形下，在资产负债表日，企业应当按照下列原则进行会计处理：

(1) 换入资产满足资产确认条件，换出资产尚未满足终止确认条件的，在确认换入资产的同时将交付换出资产的义务确认为一项负债，如其他应付款。

(2) 换入资产尚未满足资产确认条件，换出资产满足终止确认条件的，在终止确认换出资产的同时将取得换入资产的权利确认为一项资产，如其他应收款。

（二）非货币性资产交换的计量

在非货币性资产交换的情况下，不论是一项资产换入一项资产、一项资产换入多项资产、多项资产换入一项资产，还是多项资产换入多项资产，换入资产的成本都有两种计量基础，即以公允价值为基础计量的非货币性资产交换和以账面价值为基础计量的非货币性资产交换。

1. 非货币性资产交换的计量原则

非货币性资产交换同时满足下列两个条件的，应当以公允价值为基础计量：第一，该项交换具有商业实质。第二，资产或换出资产的公允价值能够可靠地计量。不满足上述条件的非货币性资产交换，应当以账面价值为基础计量。

这一规定表明，非货币性资产交换的计量规定了两种计量原则：

(1) 以公允价值为基础计量的非货币性资产交换，企业应当以换出资产的公允价值为基础确定换入资产成本，换出资产的公允价值与其账面价值之间的差额计入当期损益，但是换出资产的公允价值不能可靠地计量或有确凿证据表明换入资产的公允价值更加可靠的，企业应当以换入资产的公允价值为基础确定换入资产的初始计量金额。换入资产的公允价值与换出资产账面价值之间的差额计入当期损益。

换入资产和换出资产公允价值均能够可靠计量的，应当以换出资产公允价值作为确定换入资产成本的基础，一般来说，取得资产的成本应当按照所放弃资产的对价来确定，在非货币性资产交换中，换出资产就是放弃的对价，如果其公允价值能够可靠确定，应当优先考虑按照换出资产的公允价值作为确定换入资产成本的基础。但是，如果换出资产的公允价值不能可靠地计量或有确凿证据表明换入资产的公允价值更加可靠的，应当以换入资产公允价值为基础确定换入资产的成本。

对于非货币性资产交换中换入资产和换出资产的公允价值均能够可靠计量的情形，企业在判断是否有确凿证据表明换入资产的公允价值更加可靠时，应当考虑确定公允价值所使用的输入值层次，企业可以参考以下情况：第一层次输入值为公允价值提供了最可靠的证据，第二层次直接或间接可观察的输入值比第三层次不可观察输入值为公允价值提供更确凿的证据。实务中，在考虑了补价因素的调整后，正常交易中换入资产的公允价值和换出资产的公允价值通常是一致的。

（2）以账面价值为基础计量的非货币性资产交换，企业应当以换出资产的账面价值为基础确定换入资产的初始计量金额，换出资产终止确认时不确认损益。

不具有商业实质或者虽然具有商业实质，但换入和换出资产的公允价值均不能可靠计量的非货币性资产交换，企业应当以账面价值为基础计量。即应当按照换出资产的账面价值和应支付的相关税费，作为换入资产的成本，无论是否支付补价，均不确认损益；收到或支付的补价作为确定换入资产成本的调整因素。

2. 商业实质的判断

满足下列条件之一的非货币性资产交换具有商业实质：

第一，换入资产的未来现金流量在风险、时间分布和金额方面与换出资产显著不同。

第二，使用换入资产所产生的预计未来现金流量现值与继续使用换出资产所产生的未来现金流量现值不同，且其差额与换入资产和换出资产的公允价值相比是重大的。

在判断资产交换是否具有商业实质时，企业应重点考虑由于发生了该项资产交换预计使企业未来现金流量发生变动的程度。只有当换入资产所产生的预计未来现金流量与继续使用换出资产所产生的未来现金流量相比发生较大变化，或使用换入资产进行经营和继续使用换出资产进行经营所产生的未来现金流量现值之间的差额较大时，才表明该交易的发生使企业经济状况发生了显著改变，交换才具有商业实质。企业应遵循实质重于形式的原则，判断非货币性资产交换是否具有商业实质。

（1）判断条件如下所述：

第一，换入资产的未来现金流量在风险、时间分布和金额方面与换出资产显著不同。

企业应当对比考虑换入资产和换出资产的未来现金流量在风险、时间分布或金额的三个方面，对非货币性资产交换是否具有商业实质进行综合判断。通常情况下，只要换入资产和换出资产的未来现金流量在风险、时间和金额中的某个方面存在显著不同，即表明满足商业实质的判断条件。

未来现金流量的时间、金额相同，风险不同。风险不同是指企业获得现金流量的不确定性程度存在差异。比如，A企业以其用于经营出租的一幢公寓楼，与B企业同样用于经营出租的一幢公寓楼进行交换，两幢公寓楼的租期、每期租金及租金总额均相等。其中，A企业用于交换的公寓楼是租给一家财务信用状况比较良好的企业用作职工宿舍，B企业用于交换的公寓楼是租给散户使用。相比较而言，A企业取得租金的风险较小，B企业由于租给散户，租金的取得依赖于各单个租户的财务和信用状况。因此，两者现金流量流入的风险或不确定性程度存在明显差异，则两幢公寓楼的未来现金流量显著不同，进而可判断该两项资产的交换具有商业实质。

未来现金流量的风险、金额相同，时间分布不同。换入资产和换出资产产生的未来现金流量总额相同，获得这些现金流量的风险相同，但现金流量流入企业的时间不同。比如，某企业以一项生产用的设备换入一批存货，设备作为固定资产要在较长的时间内为企业带来现金流量，而存货流动性强，能够在较短的时间内产生现金流量。两者产生现金流量的时间相差较大，即使假定两者产生未来现金流量的风险和总额均相同，可以认定固定资产与存货产生的未来现金流量显著不同，因而交换具有商业实质。

未来现金流量的风险、时间分布相同，金额不同。换入资产和换出资产的现金流量总额相同，预计为企业带来现金流量的时间跨度相同，但各年产生的现金流量金额存在明显差异。比如，某企业以其商标权换入另一企业一项专利技术，预计两项无形资产的使用寿命相同，在使用寿命内预计为企业带来的现金流量总额相同，但是换入的专利技术是新开发的，预计在使用该专利技术初期产生的未来现金流量明显少于后期，而该企业拥有的商标每年产生的现金流量比较均衡，两者产生的现金流量金额差异明显，上述商标权与专利技术的未来现金流量显著不同。因而该两项资产的交换具有商业实质。

第二，使用换入资产所产生的预计未来现金流量现值与继续使用换出资产所产生的未来现金流量现值不同，且其差额与换入资产和换出资产的公允价值相比是重大的。

企业如按照上述所言，即可根据第二个条件，通过计算换入资产和换出资产的预计未来现金流量现值进行比较后判断。本章所指的资产预计未来现金流量现值，应当按照资产在持续使用过程和最终处置时预计产生的税后未来现金流量现值，根据企业自身而不是市场参与者对资产特定风险的评价，选择恰当的折现率对预计未来现金流量折现后的金额加以确定，以体现资产对企业自身的特定价值。

从市场参与者的角度分析，换入资产和换出资产的未来现金流量在风险、时间和金额等方面可能相同或相似。但是，对于企业自身而言，鉴于换入资产的性质和换入企业经营活动的特征等因素，换入资产与换入企业其他现有资产相结合，能够比换出资产产生更大的作用，使换入企业受该换入资产影响的经营活动部分产生的现金流量与换出资产明显不同，进而使用换入资产进行相关经营的预计未来现金流量现值与继续使用换出资产进行相关经营的预计未来现金流量现值存在重大差异，当其差额与换入资产和换出资产的公允价值相比是重大的，则表明交换具有商业实质。

比如，甲企业以持有的某非上市公司 A 企业的 10%股权换入乙企业拥有的一项专利权。假定从市场参与者来看，该项股权与该项专利权的公允价值相同，两项资产未来现金流量的风险、时间和金额亦相似。根据第一项判断条件难以得出交易是否具有商业实质的结论。根据第二项判断条件，对于换入专利权的甲企业来讲，换入的专利权能够解决生产中的技术难题，使其未来的生产产量成倍增长，从而产生的预计未来现金流量现值与换出的股权投资有较大差异，且其差额与换入资产和与换出资产的公允价值相比是重大的，因而认为该两项资产的交换具有商业实质。对于换入股权的乙企业而言，其取得甲企业换出的 A 企业的 10%的股权后，对 A 企业的投资关系由重大影响变为控制，从而产生的预计未来现金流量现值与换出的专利权有较大差异，且其差额与换入资产和与换出资产的公允价值相比是重大的，因而认为该交换具有商业实质。

(2) 判断商业实质时对资产类别的考虑。企业在判断非货币性资产交换是否具有商业实质时，通常还可以考虑资产是否属于同一类别来进行分析。同类别的资产是指在资产负债表中列示为同一报表项目的资产；不同类别的资产是指在资产负债表中列示为不同报表项目的资产，存货、固定资产、无形资产、投资性房地产、长期股权投资等等都是不同类别的非货币性资产。一般来说，不同类别的非货币性资产产生经济利益的方式不同，其产生的未来现金流量在风险、时间和金额方面也可能不相同。不同类别的非货币性资产之间的交换是否具有商业实质，通常较易判断；而同类别的非货币性资产之间的交换（如固定资产中间、长期股权投资之间的交换等）是否具有商业实质，则通常较难判断，需要根据上项判断条件综合判断。

例如，企业将一项用于出租的投资性房地产，与另一企业的厂房进行交换，换入的厂房作为自用固定资产，属于不同类别的非货币性资产之间的交换。在该交换交易下，换出的投资性房地产的未来现金流量为每期的租金，换入的固定资产的未来现金流量为该厂房独立产生、或包括该厂房的资产组协同产生的现金流量。通常情况下，由定期租金带来的现金流量与用于生产经营的固定资产产生的现金流量在风险、时间或金额方面显著不同，因而两项资产的交换具有商业实质。

又如，企业将其拥有的一幢建筑物，与另一企业拥有的在同一地点的另一幢建筑物进行交换，两幢建筑物的建造时间、建造成本等均相同，属于同类别的非货币性资产之间的交换。在该交换交易下，两幢建筑物未来现金流量的风险、时间和金额可能相同，也可能不同。如果其中一幢建筑物可以立即出售，企业管理层也打算将其立即出售，而另一幢建筑物难以出售或只能在一段较长的时间内出售，则可以表明两项资产未来现金流量的风险、时间或金额显著不同，因而这两项资产的交换具有商业实质。

此外，需要说明的是，从事相同经营业务的企业之间相互交换具有类似性质和相等价值的商品，以便在不同地区销售，这种同类别的非货币性资产之间的交换不具有商业实质。实务中，这种交换通常发生在某些特定商品上，常见的例子如石油和牛奶等。

第二节　非货币性资产交换的核算

一、以公允价值为基础计量的非货币性资产交换的核算

非货币性资产交换具有商业实质，且换入资产和换出资产的公允价值能够可靠计量的，企业应当以公允价值为基础计量。实务中，企业以非货币性资产交换时，相关换入资产和换出资产的公允价值通常会在合同中约定；对于合同中没有约定的，应当按照合同开始日（合同生效日）的公允价值确定。

根据准则的规定，以公允价值计量为基础的非货币性资产交换中，换入资产和换出资产的计量分别按下列核算原则进行会计处理。

（一）以公允价值为基础计量的非货币性资产交换的核算原则

（1）对于换入资产，企业应当以换出资产的公允价值和应支付的相关税费作为换入资产的成本进行初始计量。换出资产的公允价值不能够可靠计量，或换入资产和换出资产公允价值均能够可靠计量，但有确凿证据表明换入资产的公允价值更加可靠的，应当以换入资产的公允价值和应支付的相关税费作为换入资产的初始计量金额。

其中，计入换入资产的应支付的相关税费应当符合相关会计准则对资产初始计量成本的规定。例如，换入资产为存货的，包括相关税费、使该资产达到目前场所和状态所发生的运输费、装卸费、保险费以及可归属于该资产的其他成本。换入资产为投资性房地产的，包

括相关税费以及直接归属于该项资产的其他支出。换入资产为固定资产的，包括相关税费、使该资产达到预定可使用状态前所发生的可归属于该资产的运输费、装卸费、安装费和专业人员服务费等。换入资产为长期股权投资的，包括与取得该资产直接相关的费用、税金和其他直接支出。换入资产为无形资产的，包括相关税费以及直接归属于使该项资产达到预定用途所发生的其他支出。上述税费均不包括准予从增值税销项税额中抵扣的进项税额。

(2) 对于换出资产，应当在终止确认时，将换出资产的公允价值与账面价值之间的差额计入当期损益。换出资产公允价值不能可靠计量，或者换入资产和换出资产的公允价值均能可靠计量但有确凿证据表明换入资产的公允价值更加可靠的，应当在终止确认时，将换入资产的公允价值与换出资产账面价值之间的差额计入当期损益。

其中，计入当期损益的会计处理视换出资产类别的不同而有所区别：

如果换出资产是固定资产、在建工程、生产性生物资产和无形资产，计入当期损益的部分通过“资产处置损益”科目核算，在利润表“资产处置收益”项目中列示。

如果换出资产是投资性房地产，按换出资产公允价值或换入资产公允价值确认“其他业务收入”，按换出资产账面价值结转“其他业务成本”，两者之间的差额计入当期损益，两者分别在利润表“营业收入”和“营业成本”项目中列示。

如果换出资产是长期股权投资，计入当期损益的部分通过“投资收益”科目核算，在利润表“投资收益”项目中列示。

(二) 以公允价值计量的非货币性资产交换的核算

1. 不涉及补价的情形

【例 4-1】 A 公司和 B 公司均为增值税一般纳税人，适用的增值税税率为 13%。20×0 年 9 月 30 日，经协商，A 公司和 B 公司签订资产交换合同，当日生效。合同约定，A 公司以生产经营过程中使用的一台 T 设备与 B 公司生产的一批打印机进行交换，用于交换的设备和打印机当日的公允价值均为 100 万元。合同签订日，设备的账面原价为 150 万元，已计提累计折旧为 45 万元。打印机的账面价值为 101 万元。换入的打印机作为固定资产管理使用和管理，B 公司换入的设备作为固定资产管理使用和管理。A 公司和 B 公司开具的增值税专用发票注明的计税价格均为 100 万元，增值税额为 13 万元。交易过程中，A 公司以银行存款支付设备清理费 1 万元。

假设 A 公司和 B 公司此前没有为上述资产计提资产减值准备，B 公司生产的打印机质量很好，据历史销售资料统计，打印机销售的退货率为零。整个交易过程中没有发生增值税以外的其他税费。

分析：整个资产交换过程没有涉及收付货币性资产，交换的资产为办公用具和设备，属于非货币性资产交换。

对于 A 公司而言，换入的打印机作为固定资产使用和管理，但其未来现金流量是通过员工的使用来实现，而换出的设备的未来现金流量是通过生产产品并对外销售而产生，两者产生的现金流量在风险、时间和金额方面存在明显差异，两项资产的交换具有商业实质。同时，两项资产的公允价值都能够可靠地计量，符合以公允价值计量的条件。假设没有确凿证据表明换入资产的公允价值更加可靠，则 A 公司以换出资产的公允价值为基础确定换入资产的成本，并确认换出资产产生的损益。

A公司的账务处理如下：

借：固定资产清理	1 190 000	
累计折旧	450 000	
贷：固定资产——T设备		1 500 000
银行存款		10 000
应交税费——应交增值税(销项税额)		130 000
借：固定资产——打印机	1 000 000	
应交税费——应交增值税(进项税额)	130 000	
资产处置损益	60 000	
贷：固定资产清理		1 190 000

假设换出存货的交易符合收入确认的条件，B公司的账务处理如下：

借：固定资产——T设备	1 000 000	
应交税费——应交增值税(进项税额)	130 000	
贷：主营业务收入		1 000 000
应交税费——应交增值税(销项税额)		130 000
借：主营业务成本	1 010 000	
贷：库存商品——打印机		1 010 000

【例4-2】 20×0年10月15日，甲公司为了提高产品质量，需要乙公司的一项专利权。经协商，甲公司与乙公司签订合同，甲公司以其持有的对其联营企业丙公司的20%的股权作为对价，购买乙公司一项液晶电视屏专利权。合同开始日，甲公司持有的长期股权投资和乙公司专利权的公允价值均为650万元。专利权的过户手续于20×0年10月29日完成，正式转移至甲公司。乙公司取得丙公司的20%股权后，能够对丙公司实施重大影响。丙公司成为乙公司的联营企业，丙公司的股权过户董事更换、相关董事会决议和章程修订等相关手续于10月30日前完成。20×0年10月30日，甲公司的长期股权投资账面价值为630万元，其中，投资成本610万元，损益调整20万元。乙公司专利权的账面价值为680万元，其中，账面原价700万元，累计摊销20万元。

假设甲公司和乙公司此前没有为上述资产计提资产减值准备。丙公司自成立以来未发生其他综合收益变动。整个交易过程中没有发生相关税费。

分析：该项资产交换没有涉及收付货币性资产，交换的资产为长期股权投资和无形资产，属于非货币性资产交换。

对甲公司而言，换入专利权能够大幅度改善产品质量，通过生产高质量的产品对外销售而产生现金流量，相对于换出的对丙公司长期股权投资通过获得股利产生现金流量相比，其预计未来现金流量时间、金额与风险均不相同，因而交换具有商业实质。

对乙公司而言，换入对丙公司长期股权投资，使丙公司成为其联营企业并可通过参与乙公司的财务和经营政策等方式对其施加重大影响，由此从丙公司活动中获取现金流量，与换出的专利权预计产生未来现金流量在时间、风险与金额方面都有所不同。因此，该两项资产交换具有商业实质。

同时，两项资产公允价值都能够可靠地计量，符合以公允价值计量条件。假设没有确凿的证据表明换入资产的公允价值更加可靠，则甲公司和乙公司均以换出资产的公允价值为基础确定换入资产的成本，并确认换出资产产生的损益。

因专利权和股权过户等原因导致换入资产和换出资产满足确认条件和终止时点存在短暂不一致，甲公司和乙公司按照重要性原则，在20×0年10月30日进行会计处理。

甲公司账务处理如下：

借：无形资产——专利权	6 500 000	
贷：长期股权投资——投资成本（丙公司）		6 100 000
长期股权投资——损益调整（丙公司）		200 000
投资收益		200 000

乙公司账务处理如下：

借：长期股权投资——投资成本（丙公司）	6 500 000	
累计摊销	200 000	
资产处置损益	300 000	
贷：无形资产——专利权		7 000 000

2. 涉及补价的情形

在涉及补价的情况下，对于支付补价方而言，作为补价的货币性资产构成换入资产所放弃对价的一部分。对于收到补价方而言，作为补价的货币性资产构成换入资产的一部分。在以公允价值确定换入资产成本的情况下，发生补价的，支付补价方和收到补价方应当分别情况处理：

（1）支付补价方以换出资产的公允价值为基础计量的，应当以换出资产的公允价值，加上支付补价的公允价值和应支付的相关税费，作为换入资产的成本，换出资产的公允价值与其账面价值之间的差额计入当期损益。

有确凿证据表明换入资产的公允价值更加可靠的，即以换入资产的公允价值为基础计量的，应当以换入资产的公允价值和应支付的相关税费作为换入资产的初始计量金额，换入资产的公允价值减去支付补价的公允价值，与换出资产账面价值之间的差额，计入当期损益。

（2）收到补价方以换出资产的公允价值为基础计量的，应当以换出资产的公允价值，减去收到补价的公允价值，加上应支付的相关税费，作为换入资产的成本，换出资产的公允价值与其账面价值之间的差额计入当期损益。

有确凿证据表明换入资产的公允价值更加可靠的，即以换入资产的公允价值为基础计量的，应当以换入资产的公允价值和应支付的相关税费作为换入资产的初始计量金额，换入资产的公允价值加上收到补价的公允价值，与换出资产账面价值之间的差额计入当期损益。

【例4-3】 沿用[例4-1]的资料，假设其他条件不变，合同约定：A公司用于交换的M设备当日的公允价值为100万元。B公司用于交换的打印机公允价值为105万元。A公司以银行存款向乙公司支付补价5万元。A公司开具的增值税专用发票注明的计税价格均为100万元，增值税额13万元。B公司开具的增值税专用发票注明的计税价格均为105万元，增值税额为13.65万元。交易过程中，A公司以银行存款向支付B公司增值税差额0.65万元。

该项资产交换涉及收付货币性资产，即补价 5 万元。

对 A 公司而言，支付的补价 5 万元÷换入资产的公允价值 105 万元＝4.76％＜25％，属于非货币性资产交换。

对 B 公司而言，收到的补价 5 万元÷换入资产的公允价值 105 万元(换入股票投资公允价值 100 万元＋收到的补价 5 万元)＝4.76％＜25％，属于非货币性资产交换。

A 公司的账务处理如下：

借：固定资产清理	1 190 000	
累计折旧	450 000	
贷：固定资产——M 设备		1 500 000
银行存款		10 000
应交税费——应交增值税(销项税额)		130 000
借：固定资产——打印机	1 050 000	
应交税费——应交增值税(进项税额)	136 500	
资产处置损益	60 000	
贷：固定资产清理		1 190 000
银行存款		56 500

假设换出存货的交易符合收入确认的条件，B 公司的账务处理如下：

借：固定资产——M 设备	1 000 000	
应交税费——应交增值税(进项税额)	130 000	
银行存款	56 500	
贷：主营业务收入		1 050 000
应交税费——应交增值税(销项税额)		136 500
借：主营业务成本	1 050 000	
贷：库存商品——打印机		1 050 000

【例 4-4】 沿用[例 4-2]的资料，假设其他条件不变，丙公司是上市公司，按照合同开始日的股票价格计算，丙公司 20％的股权的公允价值为 700 万元。乙公司专利权的公允价值为 650 万元，系第三方报价机构使用乙公司自身数据通过评估值技术确定的。由于甲公司迫切需要该专利权来提高产品质量，同意乙公司以银行存款支付补价 50 万元。20×0 年 10 月 30 日，丙公司可辨认净资产公允价值为 3 200 万元。

该项资产交换涉及收付货币性资产即补价 50 万元，应当计算货币性资产占整个资产交换的比例。

对甲公司而言，收到的补价 50 万元÷换入资产的公允价值 700 万元(换入专利权公允价值 650 万元＋收到的补价 50 万元)＝7.14％＜25％，属于非货币性资产交换。

对乙公司而言，收到的补价 50 万元÷换入资产的公允价值 700 万元＝7.14％＜25％，属于非货币性资产交换。

由于用于交换的两项资产公允价值均能够可靠地计量，应当考虑是否有确凿证据表明换入资产的公允价值更加可靠的。丙公司是上市公司，丙公司 20％的股权的公允价值是基于合同开始日的股票价格计算的，其公允价值输入值的层次为第一层次，即活跃市场上未经评估的报价。乙公司专利权的公允价值是基于估值技术的评估值，其公允价值输入值的层次为第三层次。因此，对于甲公司来说，应当以换出资产丙公司20%的股权的公允价值700万元减去收到的补价50万元作为换入资产专利权的成本。换出资产的公允价值和账面价值之间的差额计入当期损益。对于乙公司而言，有确凿证据表明换入资产丙公司20%的股权的公允价值更可靠，应当以换入丙公司20%的股权的公允价值700万元作为初始计量金额，换入资产的公允价值减去支付的补价与换出资产专利权的账面价值之间的差额计入当期损益。

甲公司账务处理如下：

借：无形资产——专利权	6 500 000	
银行存款	500 000	
贷：长期股权投资——投资成本(丙公司)		6 100 000
长期股权投资——损益调整(丙公司)		200 000
投资收益		700 000

乙公司账务处理如下：

借：长期股权投资——投资成本(丙公司)	7 000 000	
累计摊销	200 000	
资产处置损益	300 000	
贷：无形资产——专利权		7 000 000
银行存款		500 000

（三）涉及换入多项资产或换出资产的情形

企业以一项非货币性资产同时换入另一企业的多项非货币性资产，或同时以多项非货币性资产换入另一企业的一项非货币性资产，或以多项非货币性资产同时换入多项非货币性资产，也可能涉及补价。涉及多项资产的非货币性资产交换，企业无法将换出的某一资产与换入的某一特定资产相对应。与单项非货币性资产之间的交换一样，涉及多项资产的非货币性资产交换的计量，企业也应当首先判断是否符合以公允价值计量的两个条件，分别情况确定各项换入资产的成本以及各项资产终止确认的相关损益。涉及换入多项资产或换出多项资产的非货币性资产交换符合以公允价值为基础计量的，通常可以分为以下两种情形。

1. 以换出资产的公允价值为基础计量的

(1) 对于同时换入的多项资产，由于通常无法将换入资产与换出的某项特定资产相对应，应当按照各项换入资产的公允价值的相对比例(换入资产的公允价值不能够可靠计量的，可以按照各项换入资产的原账面价值的相对比例或其他合理的比例)，将换出资产公允价值总额(涉及补价的，加上支付补价的公允价值或减去收到补价的公允价值)分摊至各项换入资产，以分摊额和应支付的相关税费作为各项换入资产的成本进行初始计量。需要说明的是，如果同时换入的多项非货币性资产中包含由金融工具确认和计量准则规范的金融资产，应当按照金融工具确认和计量准则的规定进行会计处理，在确定换入的其他多项资产的初始计量金额时，应当将金融资产公允价值从换出资产公允价值总额中扣除。

(2) 对于同时换出的多项资产，应当将各项换出资产的公允价值与其账面价值之间的差额，在各项换出资产终止确认时计入当期损益。

2. 以换入资产的公允价值为基础计量的

(1) 对于同时换入的多项资产，应当以各项换入资产的公允价值和应支付的相关税费作为各项换入资产的初始计量金额。

(2) 对于同时换出的多项资产，由于通常无法将换入资产与换出的某项特定资产相对应，应当按照各项换出资产的公允价值的相对比例(换出资产的公允价值不能够可靠计量的，可以按照各项换出资产的账面价值的相对比例)，将换入资产的公允价值总额(涉及补价的，减去支付补价的公允价值或加上收到补价的公允价值)分摊至各项换出资产，分摊额与各项换出资产账面价值之间的差额，在各项换出资产终止确认时计入当期损益。需要说明的是，如果同时换出的多项非货币性资产中包含由金融工具确认和计量准则规范的金融资产，该金融资产应当按照金融工具确认和计量准则和金融资产转移准则的规定判断换出的该金融资产是否满足终止确认条件并进行终止确认的会计处理。在确定其他各项换出资产终止确认的相关损益时，应当将终止确认的金融资产公允价值从换入资产公允价值总额中扣除。

【例 4-5】 甲公司和乙公司均为增值税一般纳税人，适用的增值税税率为 13%。20×0年 9 月 25 日，经协商，甲公司和乙公司签订资产交换合同，当日生效。合同约定，甲公司用于交换的资产包括一间生产用厂房，公允价值为 120 万元，一幢自购入时就全部用于经营出租的写字楼，公允价值为 380 万元。乙公司用于交换的资产包括一块土地的使用权，公允价值为 240 万元；经营过程中使用的 10 辆货车，公允价值为 300 万元。甲公司以银行存款向乙公司支付补价 40 万元。双方于 20×0 年 11 月 1 日完成了资产交接手续。交换当日，甲公司的厂房的账面价值为 130 万元，其中，账面原价为 150 万元，已计提折旧 20 万元；作为成本计量模式计量的投资性房地产的公寓楼的账面价值为 350 万元，其中，账面原价为 400 万元，已计提折旧 50 万元。乙公司的土地使用权的账面价值为 210 万元，其中，成本为 220 万元，累计摊销额 10 万元；10 辆货车的账面价值 400 万元，累计折旧 80 万元。甲公司开具两张增值税专用发票，分别注明厂房的计税价格 120 万元、增值税额 10.8 万元，公寓楼的计税价格 380 万元、增值税额 34.2 万元。乙公司开具两张增值税专用发票，分别注明土地使用权的计税价格 240 万元、增值税额 21.6 万元；10 辆货车的计税价格 300 万元、增值税额 39 万元。甲公司以银行存款向乙公司支付增值税差额 15.6 万元。交易过程中，甲公司用银行存款支付了土地使用权的契税及过户费 5 万元，乙公司用银行存款分别支付了厂房和公寓楼的契税以及过户费用 3 万元和 10 万元。

假设甲公司和乙公司此前未对上述资产计提减值准备，上述资产交换后的用途不发生改变，不考虑其他税费。

分析：本例中，资产交换涉及收付货币性资产即补价 40 万元，应当计算货币性资产占整个资产交换的比例。补价 40 万元占整个资产交换金额 540 万元的比例为 7.41%＜25%，属于非货币性资产交换。

用于交换的厂房是通过在厂房使用寿命内于其他资产协同生产产品并对外销售而产生现金流量，公寓楼通过经营出租并定期收取租金而产生稳定均衡的现金流量，土地使用权通过在其上建造房屋后与房屋共同产生现金流量，货车是通过使用或提供服务而产生独立的现金流量，各项支出的预计未来现金流量时间、金额与风险均明显不相同，因而交换具有商业实质。

同时，各项资产公允价值都能够可靠地计量，符合以公允价值为基础的计量条件。假设均没有确凿的证据表明换入资产的公允价值更加可靠，则甲公司和乙公司均以换出资产的公允价值为基础确定换入资产的成本，并确认各项换出资产产生的损益。

甲公司的会计处理如下：

（1）确定各项换入资产的初始计量金额，如表 4-1 所示。

表 4-1

各项换入资产初始计量金额计算表

单位：元

换入资产	公允价值	换出资产公允价值总额＋补价	分摊额	相关税费	初始计量金额
无形资产——土地使用权	2 400 000	不适用	2 400 000	50 000	2 450 000
固定资产——货车	3 000 000	不适用	3 000 000	0	3 000 000
合　计	5 400 000	5 400 000	5 400 000	50 000	5 450 000

（2）确定各项换出资产终止确认的相关损益，如表 4-2 所示。

表 4-2

各项换出资产终止确认损益计算表

单位：元

换出资产	账面价值	公允价值	处置损益
固定资产——厂房	1 300 000	1 200 000	－100 000
投资性房地产	3 500 000	3 800 000	300 000
合　计	4 800 000	5 000 000	200 000

（3）甲公司的账务处理如下：

① 终止确认的厂房，转入固定资产清理。

借：固定资产清理	1 408 000	
累计折旧	200 000	
贷：固定资产——厂房		1 500 000
应交税费——应交增值税（销项税额）		108 000

② 确认换入的土地使用权和货车，同时确认换出资产相关损益。

借：固定资产——货车	3 000 000	
无形资产——土地使用权	2 400 000	
应交税费——应交增值税（进项税额）	606 000	
资产处置损益	100 000	
贷：固定资产清理		1 408 000
其他业务收入		3 800 000
银行存款		556 000
应交税费——应交增值税（销项税额）		342 000

③ 确认换入的土地使用权的相关税费。

借：无形资产——土地使用权　　50 000

　贷：银行存款　　50 000

④ 终止确认换出的投资性房地产，结转其他业务成本。

借：其他业务成本　　3 500 000

　　投资性房地产累计折旧　　500 000

　贷：投资性房地产——写字楼　　4 000 000

乙公司的会计处理如下：

(1) 确定各项换入资产的初始计量金额，如表 4-3 所示。

表 4-3　　**确定各项换入资产的初始计量金额**

金额单位：元

换入资产	公允价值	换出资产公允价值总额＋补价	分摊额	相关税费	初始计量金额
固定资产——厂房	1 100 000	不适用	1 100 000	30 000	1 130 000
投资性房地产	3 900 000	不适用	3 900 000	100 000	4 000 000
合　计	5 000 000	5 000 000	5 400 000	130 000	5 130 000

(2) 确定各项换出资产终止确认的相关损益，如表 4-4 所示。

表 4-4　　**确定各项换出资产终止确认的相关损益**

金额单位：元

换出资产	账面价值	公允价值	处置损益
无形资产——土地使用权	2 100 000	2 400 000	300 000
固定资产——货车	3 200 000	3 000 000	－200 000
合　计	5 300 000	5 400 000	100 000

(3) 乙公司的账务处理如下：

① 终止确认换出的 10 辆货车，转入固定资产清理。

借：固定资产清理　　3 590 000

　　累计折旧——货车　　800 000

　贷：固定资产——货车　　4 000 000

　　　应交税费——应交增值税(销项税额)　　390 000

② 确认换入的土地使用权和货车，同时确认换出资产相关损益。

借：固定资产——厂房　　1 200 000

　　投资性房地产 ——写字楼　　3 800 000

　　应交税费——应交增值税(进项税额)　　450 000

　　累计摊销　　100 000

　　银行存款　　556 000

贷：无形资产——土地使用权　　2 200 000
　　应交税费——应交增值税（销项税额）　　216 000
　　资产处置损益　　100 000
　　固定资产处理　　3 590 000

③ 确认换入的厂房和公寓楼的相关税费。

借：固定资产——厂房　　30 000
　　投资性房地产——写字楼　　100 000
贷：银行存款　　130 000

【例 4-6】 沿用[例 4-5]的资料，假设其他条件不变，合同约定甲公司用于交换的资产还包括一项对 P 公司的股票投资，甲公司将该投资作为交易性金融资产核算。该股票投资在 20×0 年 9 月 25 日的公允价值为 30 万元，账面价值 25 万元。由于该股票有较好的前景，按合同约定甲公司向乙公司支付补价 8 万元。

分析：本例中，沿用[例 4-5]的分析，甲公司和乙公司均以换出资产的公允价值为基础确定各项换入资产的成本，并确认各项换出资产产生的损益。另外，甲公司和乙公司用于交换的非货币性资产中包含交易性金融资产。

甲公司的会计处理如下：

(1) 确定各项换入资产的初始计量金额，如表 4-5 所示。

表 4-5

各项换入资产初始计量金额计算表

金额单位：元

换入资产	公允价值	换出资产公允价值总额＋补价	分摊额	相关税费	初始计量金额
无形资产——土地使用权	2 400 000	不适用	2 391 111①	50 000	2 441 111
固定资产——货车	3 000 000	不适用	2 988 889②	0	2 988 889
合　计	5 400 000	5 380 000	5 380 000	50 000	5 430 000

注：① 2 400 000÷5 400 000×5 380 000＝2 391 111（元）
　　② 3 000 000÷5 400 000×5 380 000＝2 988 889（元）（四舍五入）

(2) 确定各项换出资产终止确认的相关损益，如表 4-6 所示。

表 4-6

各项换出资产终止确认损益计算表

金额单位：元

换出资产	账面价值	公允价值	处置损益
交易性金融资产——股票（P 公司）	250 000	300 000	50 000
固定资产——厂房	1 300 000	1 200 000	－100 000
投资性房地产	3 500 000	3 800 000	300 000
合　计	5 050 000	5 300 000	250 000

(3) 甲公司的账务处理略。

乙公司的会计处理如下：

(1) 确定各项换入资产的初始计量金额。乙公司换入的多项资产中包含交易性金融资产,应当按照《企业会计准则第22号——金融工具确认和计量》的规定进行会计处理。乙公司在确定换入的其他多项资产的初始计量金额时,应当将该金融资产公允价值从换出资产公允价值总额中扣除,涉及补价的,加上支付补价的公允价值或者减去收到补价的公允价值。

用于分摊的金额计算如下：

换出资产的公允价值:	无形资产——土地使用权	2 400 000
	固定资产——货车	3 000 000
换出资产的公允价值总额		5 400 000
减:收到的补价		−80 000
		5 320 000
减:换入金融资产的公允价值		−300 000
用于分摊的金额		5 020 000

分摊的计算,如表4-7所示。

表4-7

各项换入资产初始计量金额计算表

金额单位:元

换入资产	公允价值	用于分摊的金额	分摊金额	相关税费	初始计量金额
固定资产——厂房	1 200 000	不适用	1 204 800①	30 000	1 234 800
投资性房地产	3 800 000	不适用	3 815 200②	100 000	3 915 200
合　计	5 000 000	5 020 000	5 020 000	130 000	5 150 000
交易性金融资产——P公司股票	300 000	不适用	不适用	0	300 000

注:① 1 200 000÷5 000 000×5 020 000=1 204 800(元)

② 3 800 000×÷5 00 0000×5 000 0002=3 815 200(元)(四舍五入)

(2) 确认各项换出资产的相关损益。同[例4-5],此处略。

(3) 乙公司的账务处理略。

二、以账面价值为基础计量的非货币性资产交换的核算

当非货币性资产交换不满足公允价值为基础计量的条件时,不具有商业实质或者虽然具有商业实质,但是换入和换出资产的公允价值均不能可靠计量的非货币性资产交换企业应当以账面价值为基础计量。

(一) 不涉及补价的情形

(1) 对于换入资产,应当以换出资产的账面价值和应支付的相关税费作为换入资产的初始计量金额。

(2) 对于换出资产,终止确认时不确认损益。

【例 4-7】 甲公司是一家制药公司,因经营战略发生重大改变,将专注于疫苗的生产和销售,其拥有的一项生产抗生素的专利权难以满足新的经营战略。乙公司也是一家制药公司,正在开展一系列抗生素方面的新业务。20×0 年 7 月 30 日,甲公司和乙公司协商后决定,甲公司将其抗生素的专利权转让给乙公司,作为交换,乙公司将其刚申请专利的一项传染病疫苗配方转让给甲公司,由其进行生产推广。当日,甲公司换出的抗生素专利权的账面价值为 90 万元,其中,账面原价为 120 万元,累计摊销 30 万元;乙公司刚申请的传染病疫苗已经转为无形资产核算,账面价值为 100 万元,尚未进行摊销。假设两项专利权的公允价值不能可靠计量。

假设整个交易过程中没有发生相关税费。双方取得专利权后仍分别作为无形资产核算。

分析:本例中,整个资产交换过程没有涉及收付货币性资产,交换的资产为无形资产,属于非货币性资产交换。由于用于交换的两项药物专利权的公允价值不能可靠地计量,因此,甲公司和乙公司均应当以换出资产的账面价值为基础确定换入资产的初始计量金额,换出资产不确认损益。

甲公司的账务处理如下:

借:无形资产——传染病疫苗专利权	900 000	
累计摊销——抗生素专利权	300 000	
贷:无形资产——抗生素专利权		1 200 000

乙公司的账务处理如下:

借:无形资产——抗生素专利权	1 000 000	
贷:无形资产——传染病疫苗专利权		1 000 000

(二) 涉及补价的情形

对于以账面价值为基础计量的非货币性资产交换,涉及补价的,应当将补价作为确定换入资产初始计量金额的调整因素,分别下列情况进行处理:

(1) 支付补价方。应当以换出资产的账面价值,加上支付补价的账面价值和应支付的相关税费,作为换入资产的初始计量金额,不确认损益。

(2) 收到补价方。应当以换出资产的账面价值,减去收到补价的公允价值,加上应支付的相关税费,作为换入资产的初始计量金额,不确认损益。

(三) 涉及换入多项资产或换出资产的情形

对于以账面价值为基础计量的非货币性资产交换,如涉及换入多项资产或换出多项资产,或者同时换入和换出多项资产的,应当分别对换入的多项资产、换出的多项资产进行会计处理。

(1) 对于换入的多项资产,由于通常无法将换出资产与换入的某项特定资产相对应,应当按照各项换入资产的公允价值的相对比例(换入资产的公允价值不能够可靠计量的,也可以按照各项换入资产的原账面价值的相对比例或其他合理的比例),将换出资产的账面价值总额(涉及补价的,加上支付补价的账面价值或减去收到补价的公允价值)分摊至各项换入资产，加上应支付的相关税费，作为各项换入资产的初始计量金额。

(2) 对于同时换出的多项资产，各项换出资产终止确认时均不确认损益。

【例 4-8】 沿用[例 4-7]的资料，假设其他条件不变，合同约定甲公司和乙公司进行专利权交换的同时，甲公司还将一套抗生素生产专用设备转移给乙公司，乙公司将一套专门用于传染病疫苗存储的设备转移给甲公司。20×0 年 9 月 30 日，甲公司换出的专用设备的账面价值为 840 万元，其中，账面原价为 1 000 万元，已计提折旧 160 万元；乙公司换出的疫苗存储设备账面价值为 800 万元，其中，账面原价为 1 100 万元，已计提折旧 300 万元。假设两项设备均为自行研究制造的专用设备，其公允价值不能可靠计量。

分析：本例中，由于用于交换的两项药物专利和两套设备的公允价值均不能可靠计量，因此，甲公司和乙公司均应当以换出资产的账面价值为基础确定换入资产的初始计量金额，换出资产不确认损益。对于同时换入的多项资产，由于换入资产的公允价值不能可靠地计量，甲公司和乙公司均按照各项换入资产的原账面价值的相对比例，将换出资产的账面价值总额分摊至各项换入资产，作为各项换入资产的初始计量金额。对于同时换出的多项资产，终止确认时按照账面价值转销，不确认损益。

甲公司的会计处理如下：

(1) 确定各项换入资产的初始计量金额，如表 4-8 所示。

表 4-8

各项换入资产初始计量金额计算表

金额单位：元

换入资产	在换出方的原账面价值	换出资产账面价值	初始计量金额
无形资产——传染病疫苗专利权	1 000 000	不适用	1 033 333①
固定资产——疫苗存储设备	8 000 000	不适用	8 266 667②
合　计	9 000 000	9 300 000	9 300 000

注：① 1 000 000÷9 000 000×9 300 000=1 033 333(元)

② 8 000 000÷9 000 000×9 300 000=8 266 667(元)(四舍五入)

或者：② 9 300 000－1 033 333=8 266 667(元)

(2) 甲公司的账务处理如下：

对于同时换出的多项资产，终止确认时按账面价值转销，不确认相关损益。

借：固定资产清理　　8 400 000
　　累计折旧——抗生素专用设备　　1 600 000
　贷：固定资产——抗生素专用设备　　10 000 000

确认换入的传染病疫苗专利权和疫苗存储设备。

借：无形资产——传染病疫苗专利权　　1 033 333
　　固定资产——疫苗存储设备　　8 266 667
　　累计摊销——抗生素专利权　　300 000
　贷：无形资产——抗生素专利权　　1 200 000
　　　固定资产清理　　8 400 000

乙公司的会计处理如下：

(1) 确定各项换入资产的初始计量金额，如表 4-9 所示。

表 4-9

各项换入资产初始计量金额计算表

金额单位:元

换入资产	在换出方的原账面价值	换出资产账面价值	初始计量金额
无形资产——抗生素专利权	900 000	不适用	870 967①
固定资产——抗生素专用设备	8 400 000	不适用	8 129 033②
合　计	9 300 000	9 000 000	9 000 000

注:① 900 000÷9 300 000×9 000 000＝870 967(元)(四舍五入)
② 8 400 000÷9 300 000×9 000 000＝8 129 033(元)
或者 9 300 000－8 400 000＝8 129 033(元)(尾差倒挤计入)

(2) 乙公司的账务处理如下：

对于同时换出的多项资产，终止确认时按账面价值转销，不确认相关损益。

借：固定资产清理　　8 000 000
　　累计折旧——疫苗存储设备　　3 000 000
　贷：固定资产——疫苗存储设备　　11 000 000

确认换入的抗生素专利权和抗生素专用设备车。

借：无形资产——抗生素专利权　　870 967
　　固定资产——抗生素专用设备　　8 129 033
　贷：无形资产——传染病疫苗专利权　　1 000 000
　　　固定资产清理　　8 000 000

第三节　非货币性资产交换的披露

非货币性资产交换与常见的货币性资产交换有很大区别，披露非货币性资产交换相关信息对于会计信息使用者全面了解企业财务状况、经营成果和现金流量的影响因素，把握和预测企业的发展趋势都有着重要的意义。我国企业会计准则要求，企业应在财务会计报告中披露与非货币性交换相关的信息。企业应当在附注中披露与非货币性资产交换有关的下列信息：

(1) 非货币性资产交换是否具有商业实质及其原因。

(2) 换入资产、换出资产的类别。

(3) 换入资产初始计量金额的确定方式。

(4) 换入资产、换出资产的公允价值以及换出资产的账面价值。

(5) 非货币性资产交换确认的损益。

需要说明的是，在披露非货币性资产交换是否具有商业实质的原因时，如果通过定性分析即可得出结论认定换入资产的未来现金流量在风险、时间或金额方面与换出资产显著不同,交换因而具有商业实质,则应当披露定性分析中所考虑的相关因素和相关结论。在这种情况下,不需要进一步披露使用换入资产和继续使用换出资产所产生的预计未来现金流量现值,以及通过计算进行的定量分析。如果难以通过定性分析直接得出结论认定非货币性资产交换具有商业实质,则应当披露使用换入资产进行相关经营的预计未来现金流量现值和继续使用换出资产进行相关经营的预计未来现金流量现值,以及相关的定量分析和结论。

注:本章节的编写依据为《照企业会计准则第7号——非货币性资产交换》(2019修订),新准则自2019年6月10日起施行,新旧准则衔接如下:

(1) 企业对2019年1月1日至新准则施行日之间发生的非货币性资产交换,应按新准则进行调整,即视同2019年1月1日开始执行。

(2) 企业对2019年1月1日之前发生的非货币性资产交换,不需要按照新准则的规定进行追溯调整。

本章小结

1. 非货币性资产交换是指企业主要以固定资产、无形资产、投资性房地产和长期股权投资等非货币性资产进行的交换。该交换不涉及或只涉及少量的货币性资产(即补价)。

2. 非货币性资产交换中对于换入资产,企业应当在换入资产符合资产定义并满足资产确认条件时予以确认;对于换出资产,企业应当在换出资产满足资产终止确认条件时终止确认。

3. 判断非货币性资产交换是否具有商业实质,重点是看由于发生了该项资产交换预计使企业未来现金流量发生变动的程度,只有当变动程度较大时,交换才有商业实质。认定具有商业实质的两个条件是换入资产的未来现金流量在风险、时间分布或金额方面与换出资产显著不同,或使用换入资产所产生的预计未来现金流量现值与继续使用换出资产不同,且其差额与换入资产和换出资产的公允价值相比是重大的。满足其中一个条件即可。

4. 非货币性资产交换同时满足该项交换具有商业实质和换入资产或换出资产的公允价值能够可靠地计量的,应当以公允价值为基础计量。换入资产和换出资产的公允价值均能够可靠计量的,应当以换出资产的公允价值为基础计量,但有确凿证据表明换入资产的公允价值更加可靠的除外。

5. 以公允价值为基础计量的非货币性资产交换,对于换入资产,应当以换出资产的公允价值和应支付的相关税费作为换入资产的成本进行初始计量;对于换出资产,应当在终止确认时,将换出资产的公允价值与其账面价值之间的差额计入应当期损益。有确凿证据表明换入资产的公允价值更加可靠的,对于换入资产,应当以换入资产的公允价值和应支付的相关税费作为换入资产的初始计量金额;对于换出资产,应当在终止确认时,将换入资产的公允价值与换出资产账面价值之间的差额计入应当以公允价值为基础计量的非货币性资产交换期损益。以公允价值为基础计量的非货币性资产交换,涉及补价时,对于支付补价的一方,以换出资产的公允价值,加上支付补价的公允价值和应支付的相关税费,作为换入资产的成本,换出资产的公允价值与其账面价值之间的差额计入当期损益。有确凿证据表明换入资产的公允价值更加可靠的，以换入资产的公允价值和应支付的相关税费作为换入资产的初始计量金额，换入资产的公允价值减去支付补价的公允价值，与换出资产账面价值之间的差额计入当期损益。收到补价的一方，以换出资产的公允价值，减去收到补价的公允价值，加上应支付的相关税费，作为换入资产的成本，换出资产的公允价值与其账面价值之间的差额计入当期损益。

6. 以公允价值为基础计量的非货币性资产交换，对于同时换入的多项资产，按照换入的金融资产以外的各项换入资产公允价值相对比例，将换出资产公允价值总额（涉及补价的，加上支付补价的公允价值或减去收到补价的公允价值）扣除换入金融资产公允价值后的净额进行分摊，以分摊至各项换入资产的金额，加上应支付的相关税费，作为各项换入资产的成本进行初始计量。有确凿证据表明换入资产的公允价值更加可靠的，以各项换入资产的公允价值和应支付的相关税费作为各项换入资产的初始计量金额。对于同时换出的多项资产，将各项换出资产的公允价值与其账面价值之间的差额，在各项换出资产终止确认时计入当期损益。

7. 非货币性资产交换以账面价值为基础计量时，对于换入资产，企业应当以换出资产的账面价值和应支付的相关税费作为换入资产的初始计量金额；对于换出资产，终止确认时不确认损益。以账面价值为基础计量的非货币性资产交换，支付补价的一方，以换出资产的账面价值，加上支付补价的账面价值和应支付的相关税费，作为换入资产的初始计量金额，不确认损益。收到补价的一方，以换出资产的账面价值，减去收到补价的公允价值，加上应支付的相关税费，作为换入资产的初始计量金额，不确认损益。

8. 以账面价值为基础计量的非货币性资产交换，同时换入或换出多项资产时，对于同时换入的多项资产，按照各项换入资产的公允价值的相对比例，将换出资产的账面价值总额（涉及补价的，加上支付补价的账面价值或减去收到补价的公允价值）分摊至各项换入资产，加上应支付的相关税费，作为各项换入资产的初始计量金额。换入资产的公允价值不能够可靠计量的，可以按照各项换入资产的原账面价值的相对比例或其他合理的比例对换出资产的账面价值进行分摊。对于同时换出的多项资产，各项换出资产终止确认时均不确认损益。

9. 企业应当在附注中披露与非货币性资产交换有关的信息：非货币性资产交换是否具有商业实质及其原因；换入资产、换出资产的类别；换入资产初始计量金额的确定方式；换入资产、换出资产的公允价值以及换出资产的账面价值；非货币性资产交换确认的损益。

复习思考题

1. 什么是非货币性资产交换？
2. 判断非货币性资产交换是否具有商业实质。
3. 确认以公允价值为基础计量的非货币性资产交换的条件有哪些？
4. 确认以账面价值为基础计量的非货币性资产交换的条件有哪些？
5. 以公允价值为基础计量的非货币性资产交换，如何确定换入资产的初始计量金额？

6. 以账面价值为基础计量的非货币性资产交换,如何确定换入资产的初始计量金额?

7. 简述非货币性资产交换应披露的内容。

练 习 题

1. A、B公司均为增值税一般纳税人,适用的增值税税率为13%。A公司为了更新打印设备,以生产经营过程中使用的一台设备交换B公司生产的一批打印机,换入的打印机作为固定资产管理。经协商,20×0年9月13日,A公司与B公司签订合同,A公司将持有的设备作为对价,换取B公司的打印机。B公司换入A公司的设备是生产打印机过程中需要使用的设备。A公司设备的账面原价为150万元,累计折旧为45万元。B公司打印机的账面价值为110万元。交换当日,A公司开具1张增值税专用发票,注明设备的计税价格90万元,增值税额21.7万元。B公司开具1张增值税专用发票,注明打印机的计税价格90万元,增值税额21.7万元。假设A公司此前没有为该项设备计提资产减值准备,在合同签订当天,以银行存款支付运杂费15 000元。B公司生产的打印机质量很好,据历史销售资料统计,打印机销售后退货率为零。库存打印机未计提存货跌价准备,其在整个交易过程中没有发生除增值税以外的其他税费。

要求:作出A、B公司的相关会计处理。

2. 甲公司和乙公司均为增值税一般纳税人,适用的增值税税率为13%。经协商,20×0年9月25日,甲公司和乙公司签订资产交换合同,当日生效。合同约定,甲公司以其拥有的用于经营出租目的的一幢公寓楼与乙公司持有的其联营企业丙公司的20%的股权交换。合同开始日,甲公司的公寓楼作为成本计量模式计量的投资性房地产的账面价值为9 000万元,已提折旧1 500万元,未计提减值准备,在交换日的公允价值为8 000万元;乙公司持有的长期股权投资账面价值7 550万元,其中投资成本7 000万元,损益调整550万元。在交换日的公允价值为7 550万元,由于甲公司急于处理该幢公寓楼,乙公司仅支付了450万元给甲公司。甲公司取得丙公司的20%股权后,能够对丙公司实施重大影响。丙公司成为甲公司的联营企业,丙公司的股权过户董事更换、相关董事会决议和章程修订等相关手续于9月30日前完成。乙公司换入公寓楼后用于经营出租。交易过程中,乙公司用银行存款支付了公寓楼的契税以及过户费用80万元和240万元。甲公司开具1张增值税专用发票,注明公寓楼的计税价格8 000万元,增值税额720万元。

假设甲公司和乙公司此前没有为上述资产计提资产减值准备。丙公司自成立以来未发生其他综合收益变动。整个交易过程中没有发生增值税以外的其他税费。

要求:作出甲、乙公司的相关会计处理。

3. 甲公司和乙公司均为增值税一般纳税人,适用的增值税税率为13%。经协商,20×0年10月25日,甲公司和乙公司签订资产交换合同,当日生效。合同约定,甲公司决定以其专有设备交换乙公司的专利权,该专有设备是生产某种产品必须的设备。甲公司拥有的这台专有设备账面原价450万元,已计提折旧330万元。乙公司的专利权账面价值90万元,两项资产均未计提减值准备。乙公司以银行存款支付了20万元补价给甲公司。由于甲公司的专有设备系当时专门制造、性质特殊,其公允价值不能可靠计量;乙公司专利权公允价值也不能可靠计量。假定交易中没有涉及其他相关税费。

要求:作出甲、乙公司的相关会计处理。

4. 甲公司和乙公司均为增值税一般纳税人,适用的增值税税率均为13%。经协商,20×0年10月19日,甲公司和乙公司签订资产交换合同,当日生效。合同约定,为适应业务发展的需要,甲公司决定以生产经营过程中使用的厂房、设备以及库存商品换入乙公司生产经营过程中使用的办公楼、小汽车、客运汽车。甲公司厂房的账面原价为1 500万元,累计折旧为300万元;设备的账面原价为600万元,累计折旧为480万元;库存商品的账面余额为300万元。乙公司办公楼的账面原价为2 000万元,累计折旧为1 000万元;小汽车的账面原价为300万元,累计折旧为190万元;客运汽车的账面原价为300万元,累计折旧为180万元。乙公司另外向甲公司支付银行存款100万元。甲公司开具3张增值税专用发票,分别注明厂房的计税价格1 000万元,增值税额90万元;设备的计税价格100万元,增值税额13万元;库存商品的计税价格350万元,增值税额45.5万元。乙公司开具3张增值税专用发票,分别注明办公楼的计税价格1 100万元,增值税额99万元,小汽车的计税价格100万元,增值税额13万元,客运汽车的计税价格150万元,增值税额19.5万元。假定甲公司和乙公司都没有为换出资产计提减值准备;整个交易过程中没有发生除增值税以外的其他相关税费;甲公司换入乙公司的办公楼、小汽车、客运汽车均作为固定资产使用和管理;乙公司换入甲公司的厂房、设备作为固定资产使用和管理,换入的库存商品作为原材料使用和管理。

要求:作出甲、乙公司的相关会计处理。

5. 甲公司和乙公司均为增值税一般纳税人,适用的增值税税率均为13%。经协商,20×0年5月18日,甲公司和乙公司签订资产交换合同,当日生效。合同约定,甲公司因经营战略发生较大转变,产品结构发生较大调整,原生产其产品的专有设备、生产该产品的专利技术等已不符合生产新产品的需要,将其专用设备连同专利技术与乙公司正在建造过程中的一幢建筑物,对丙公司20%的长期股权投资进行交换。甲公司换出专有设备的账面原价为1 200万元,已提折旧750万元;专利技术账面原价为450万元,已摊销金额为270万元。乙公司在建工程截止交换日的成本为525万元,对丙公司的长期股权投资账面余额为150万元,其中投资成本140万元,损益调整10万元。由于甲公司持有的专有设备和专利技术市场上已不多见,因此,公允价值不能可靠计量。乙公司的在建工程因完工程度难以合理确定,其公允价值不能可靠计量,乙公司取得丙公司的20%股权后,能够对丙公司实施重大影响。丙公司成为乙公司的联营企业,丙公司的股权过户董事更换、相关董事会决议和章程修订等相关手续于5月30日前完成。由于丙公司不是上市公司,乙公司对丙公司长期股权投资的公允价值也不能可靠计量。假定甲、乙公司均未对上述资产计提减值准备,丙公司自成立以来未发生其他综合收益变动。

要求:作出甲、乙公司相关的会计处理。

第五章

债 务 重 组

【本章学习目的】

通过本章的学习，学生应了解债务重组概念和债务重组方式；熟练掌握债权和债务的终止确认、债务重组会计处理的一般原则；熟练各种情况下债务重组的债权人和债务人的会计处理。

【本章关键词】

债务重组　债务重组日　债务重组的核算　债务重组的披露

第一节　债务重组概述

一、债务重组的概念

债务重组是指在不改变交易对手方的情况下，经债权人和债务人协定或法院裁定，就清偿债务的时间、金额或方式等重新达成协议的交易。

(一) 关于交易对手方

债务重组是在不改变交易对手方的情况下进行的交易。实务中经常出现第三方参与相关交易的情形。例如，某公司以不同于原合同条款的方式代债务人向债权人偿债。又如，新组建的公司承接原债务人的债务，与债权人进行债务重组。再如，资产管理公司从债权人处购得的债权，再与债务人进行债务重组。

债务重组不强调在债务人发生财务困难的背景下进行，也不论债权人是否作出让步。也就是说，无论何种原因导致债务人未按原定条件偿还债务，也无论双方是否同意债务人以低于债务的金额偿还债务，只要债权人和债务人就债务条款重新达成了协议，就符合债务重组的概念。例如，债权人在减免债务人部分债务本金的同时提高剩余债务的利息，或者债权人同意债务人用等值库存商品抵偿到期债务等，均属于债务重组。

(二) 关于债权和债务的范围

债务重组涉及的债权和债务，是指《企业会计准则第 22 号——金融工具确认和计量》规范的债权和债务，包括针对租赁应收款和租赁应付款的债务重组，但不包括针对合同资产、合同负债和预计负债等进行的交易安排。

二、债务重组的方式

债务重组的方式主要包括债务人以资产清偿债务、将债务转为权益工具、修改其他条款，以及前述一种以上方式的组合。这些债务重组方式都是通过债权人和债务人重新协定或者法院裁定达成的，与原来约定的偿债方式不同。

（一）债务人以资产清偿债务

债务人以资产清偿债务，是指债务人转让其资产给债权人以清偿债务的债务重组方式。债务人用于偿债的资产通常是已经在资产负债表中确认的资产，如现金、应收账款、长期股权投资、投资性房地产、固定资产、在建工程、生物资产和无形资产等。债务人以日常活动产出的商品或服务清偿债务的，用于偿债的资产可能体现为存货等资产。

在受让上述资产后，按照相关会计准则要求及本企业会计核算要求，债权人核算相关受让资产的类别可能与债务人不同。例如，债务人以作为固定资产核算的房产清偿债务，债权人可能将受让的房产作为投资性房地产核算；债务人以部分长期股权投资清偿债务，债权人可能将受让的投资作为金融资产核算；债务人以存货清偿债务，债权人可能将受让的资产作为固定资产核算等。

除上述已经在资产负债表中确认的资产外，债务人也可能以不符合确认条件而未予确认的资产清偿债务。例如，债务人以未确认的内部产生品牌偿还债务，债权人在获得的商标权符合无形资产确认条件的前提下作为无形资产核算。在少数情况下，债务人还可能以处置组（即一组资产和这些资产直接相关的负债）清偿债务。

（二）债务人将债务转为权益工具

债务人将债务转为权益工具，其中权益工具是指根据《企业会计准则第 37 号——金融工具列报》分类为“权益工具”的金融工具，会计处理上体现为“股本”“实收资本”“资产公积”等科目。

实务中，有些债务重组名义上采用“债转股”的方式，但同时附加相关条款，如约定债务人在未来某个时点有义务以某一金额回购股权，或债权人持有的股份享有强制分红权等。对于债务人，这些“股权”可能并不是根据《企业会计准则第 37 号——金融工具列报》分类为权益工具的金融工具，从而不属于债务人将债务转为权益工具的债务重组方式。债权人和债务人还可能协议以一项同时包含金融负债成分和权益工具成分的复合金融工具替换原债权债务，这类交易也不属于债务人将债务转为权益工具的债务重组方式。

（三）修改其他条款

修改债权和债务的其他条款，是债务人不以资产清偿债务，也不将债务转为权益工具，而是改变债权和债务的其他条款的债务重组方式，如调整债务本金、改变债务利息和变更还款期限等。经修改其他条款的债权和债务分别形成重组债权和重组债务。

（四）组合方式

组合方式是采用债务人以资产清偿债务、债务人将债务转为权益工具和修改其他条款三种方式中一种以上方式的组合清偿债务的债务重组方式。例如，债权人和债务人约定，由债务人以机器设备清偿部分债务，将另一部分债务转为权益工具，调减剩余债务的本金，但利率和还款期限不变。再如，债务人以现金清偿部分债务，同时将剩余债务展期等。

三、债权和债务的终止确认

债权人在收取债权现金流量的合同权利终止时终止确认债权，债务人在债务的现时义务解除时终止确认债务。

由于债权人与债务人之间进行的债务重组涉及债权和债务的认定，以及清偿方式和期限等的协商，通常需要经历较长时间，如破产重整中进行的债务重组。只有在符合上述终止确认条件时，才能终止确认相关债权和债务，并确认债务重组相关损益。对于在报告期间已经开始协商，但在报告期资产负债表日后的债务重组，不属于资产负债表日后调整事项。

对于终止确认的债权，债权人应当结转已计提的减值准备中对应该债权终止确认部分的金额。对于终止确认的分类为以公允价值计量且其变动计入其他综合收益的债权，之前计入其他综合收益的累计利得或损失应当从其他综合收益中转出，记入“投资收益”科目。

（一）债务人以资产清偿债务或将债务转为权益工具

对于以资产清偿债务或将债务转为权益工具方式进行的债务重组，由于债权人在拥有或控制相关资产时，通常其收取债权现金流量的合同权利也同时终止，债权人一般可以终止确认该债权。同样地，由于债务人通过交付资产或权益工具解除了其清偿债务的现时义务，债务人一般可以终止确认该债务。

（二）修改其他条款

对于债权人，债务重组通过调整债务本金、改变债务利息、变更还款期限等修改合同条款方式进行的，合同修改前后的交易对手方没有发生改变，合同涉及的本金、利息等现金流量很难在本息之间及债务重组前后作出明确分割，即很难单独识别合同的特定可辨认现金流量。因此，通常情况下，应当整体考虑是否对全部债权的合同条款作出了实质性修改。如果作出实质性修改，或者债权人与债务人之间签订了协议，以获取实质上不同的新金融资产方式替换债权，应当终止确认原债权，并按照修改后的条款或新协议确认新金融资产。

对于债务人，如果对债务或部分债务的合同条款作出实质性修改形成重组债务，或者债权人或债务人之间签订协议，以承担实质上不同的重组债务方式替换债务，债务人应当终止原债务，同时按照修改后的条款确认一项新金融负债。其中，如果重组债务未来现金流量(包括支付和收取的某些费用)现值与原债务的剩余期间现金流量之间的差异超过10%，则意味着新的合同条款进行了实质性修改或者重组债务是实质上不同的，有关现值的计算均采用原债务的实际利率。

（三）组合方式

对于债权人，与上述“修改其他条款”部分的分析类似，通常情况下，应当整体考虑是否终止确认全部债权。由于组合方式涉及多种债务重组方式，一般可以认为对全部债权的合同条款作出了实质性修改，从而终止确认全部债权，并按照修改后的条款确认新金融资产。

对于债务人，组合中以资产清偿债务或者将债务转为权益工具方式进行的债务重组，如果债务人清偿该部分债务的现时义务已经解除，应当终止确认该部分债务。组合中，以修改其他条款方式进行的债务重组，需要根据具体情况，判断对应的部分债务是否满足终止确认条件。

第二节 债务重组的核算

一、债务重组的会计处理原则

(一) 债务人的会计处理

1. 债务人以资产清偿债务

债务重组采用以资产清偿债务方式进行的,债务人应当将所清偿债务账面价值与转让资产账面价值之间的差额计入当期损益。

(1) 债务人以金融资产清偿债务。债务人以单项或多项金融资产清偿债务的,债务的账面价值与偿债金融资产账面价值的差额,记入“投资收益”科目。偿债金融资产已计提减值准备的,应结转已计提的减值准备。对于以分类为以公允价值计量且其变动计入其他综合收益的债务工具投资清偿债务的,之前计入其他综合收益的累计利得或损失应当从其他综合收益中转出,记入“投资收益”科目。对于以指定为以公允价值计量且其变动计入其他综合收益的非交易性权益工具投资清偿债务的,之前计入其他综合收益的累计利得或损失应当从其他综合收益中转出,记入“盈余公积”“利润分配——未分配利润”等科目。

(2) 债务人以非金融资产清偿债务。债务人以单项或多项非金融资产(如固定资产、日常活动产出的商品或服务等)清偿债务,或者以包括金融资产和非金融资产在内的多项资产清偿债务的,不需要区分资产处置损益和债务重组损益,也不需要区分不同资产的处置损益,而应将所清偿债务账面价值与转让资产账面价值之间的差额,记入“其他收益——债务重组收益”科目。偿债资产已计提减值准备的,应结转已计提的减值准备。

债务人以包含非金融资产的处置组清偿债务的,应当将所清偿债务和处置组中负债的账面价值之和,与处置组中资产的账面价值之间的差额,记入“其他收益——债务重组收益”科目。处置组所属的资产组或资产组组合按照《企业会计准则第8号——资产减值》分摊了企业合并中取得的商誉的,该处置组应当包含分摊至处置组的商誉。处置组中的资产已计提减值准备的,应结转已计提的减值准备。

2. 债务人将债务转为权益工具

债务重组采用将债务转为权益工具方式进行的,债务人初始确认权益工具时,应当按照权益工具的公允价值计量的,权益工具的公允价值不能可靠计量的,应当按照所清偿债务的公允价值计量。所清偿债务账面价值与权益工具确认金额之间的差额,记入“投资收益”科目。债务人因发行权益工具而支出的相关税费等,应当依次冲减资本溢价、盈余公积和未分配利润等。

3. 修改其他条款

债务重组采用修改其他条款方式进行的,如果修改其他条款导致债务终止确认,债务人应当按照公允价值计量重组债务,终止确认的债务账面价值与重组债务确认金额之间的差额,记入“投资收益”科目。

如果修改其他条款未导致债务终止确认,或者仅导致部分债务终止确认,对于未终止确认的部分债务,债务人应当根据其分类,继续以摊余成本、以公允价值计量且其变动计入当期损益或其他适当方法进行后续计量。对于以摊余成本计量的债务，债务人应当根据重新议定合同的现金流量变化情况，重新计算该重组债务的账面价值，并将相关利得或损失记入“投资收益”科目。重新计算的该重组债务的账面价值，应当根据将重新议定或修改的合同现金流量按债务的原实际利率或按《企业会计准则第 24 号——套期会计》第二十三条规定的重新计算的实际利率(如适用)折现的现值确定。对于修改或重新议定合同所产生的成本或费用，债务人应当调整修改后的重组债务的账面价值，并在修改后重组债务的剩余期限内摊销。

4. 组合方式

债务重组采用以资产清偿债务、将债务转为权益工具、修改其他条款等方式的组合进行的，对于权益工具，债务人应当在初始确认时按照权益工具的公允价值计量，权益工具的公允价值不能可靠计量的，应当按照所清偿债务的公允价值计量。对于采用修改其他条款方式进行的，如果修改其他条款导致债务终止确认，债务人应当按照公允价值计量重组债务；如果修改其他条款未导致债务终止确认，或者仅导致部分债务终止确认，对于未终止确认的部分债务，债务人应当根据其分类，继续以摊余成本、以公允价值计量且其变动计入当期损益或其他适当方法进行后续计量。所清偿债务的账面价值与转让资产的账面价值以及权益工具和重组债务的确认金额之和的差额，记入“其他收益——债务重组收益”或“投资收益”(仅涉及金融工具时)科目。

(二) 债权人的会计处理

1. 以资产清偿债务或将债务转为权益工具

债务重组采用以资产清偿债务或将债务转为权益工具方式进行的，债权人应当在受让的相关资产符合其定义和确认条件时予以确认。

(1) 债权人受让金融资产。债权人受让包括现金在内的单项或多项金融资产的，应当按照《企业会计准则第 22 号——金融工具确认和计量》的规定进行确认和计量。金融资产初始确认时，应当以其公允价值计量。金融资产确认金额与债权终止确认日账面价值之间的差额，记入“投资收益”科目，但收取的金融资产的公允价值与交易价格(即放弃债权的公允价值)存在差异的，应当按照《企业会计准则第 22 号——金融工具确认和计量》第三十四条的规定处理。

(2) 债权人受让非金融资产。债权人初始确认受让的金融资产以外的资产时，应当按照下列原则以成本计量：① 存货的成本，包括放弃债权的公允价值，以及使该资产达到当前位置和状态所发生的可直接归属于该资产的税金、运输费、装卸费和保险费等其他成本。② 对联营企业或合营企业投资的成本，包括放弃债权的公允价值，以及可直接归属于该资产的税金等其他成本。③ 投资性房地产的成本，包括放弃债权的公允价值，以及可直接归属于该资产的税金等其他成本。④ 固定资产的成本，包括放弃债权的公允价值，以及使该资产达到预定可使用状态前所发生的可直接归属于该资产的税金、运输费、装卸费、安装费和专业人员服务费等其他成本。确定固定资产成本时，应当考虑预计弃置费用因素。⑤ 生物资产的成本，包括放弃债权的公允价值，以及可直接归属于该资产的税金、运输费和保险费等其他成本。⑥ 无形资产的成本，包括放弃债权的公允价值，以及可直接归属于使该资产达到预定用途所发生的税金等其他成本。放弃债权的公允价值与账面价值之间的差额，记入“投资收益”科目。

(3) 债权人受让多项资产。债权人受让多项非金融资产，或者包括金融资产、非金融资产在内的多项资产的，应当按照《企业会计准则第22号——金融工具确认和计量》的规定确认和计量受让的金融资产；按照受让的金融资产以外的各项资产在债务重组合同生效日的公允价值比例，对放弃债权在合同生效日的公允价值扣除受让金融资产当日公允价值后的净额进行分配，并以此为基础分别确定各项资产的成本。放弃债权的公允价值与账面价值之间的差额，记入“投资收益”科目。

(4) 债权人受让处置组。债务人以处置组清偿债务的，债权人应当分别按照《企业会计准则第22号——金融工具确认和计量》和其他相关准则的规定，对处置组中的金融资产和负债进行初始计量，然后按照金融资产以外的各项资产在债务重组合同生效日的公允价值比例，对放弃债权在合同生效日的公允价值以及承担的处置组中负债的确认金额之和，扣除受让金融资产当日公允价值后的净额进行分配，并以此为基础分别确定各项资产的成本。放弃债权的公允价值与账面价值之间的差额，记入“投资收益”科目。

(5) 债权人将受让的资产或处置组划分为持有待售类别。债务人以资产或处置组清偿债务，且债权人在取得日未将受让的相关资产或处置组作为非流动资产和非流动资产核算，而是将其划分为持有待售类别的，债权人应当在初始计量时，比较假定其不划分为持有待售类别情况下的初始计量金额和公允价值减去出售费用后的净额，以两者孰低计量。

2. 修改其他条款

债务重组采用以修改其他条款方式进行的，如果修改其他条款导致全部债权终止确认，债权人应当按照修改后的条款以公允价值初始计量重组债权，重组债权的确认金额与债权终止确认日账面价值之间的差额，记入“投资收益”科目。

如果修改其他条款未导致债权终止确认，债权人应当根据其分类，继续以摊余成本、以公允价值计量且其变动计入其他综合收益，或者以公允价值计量且其变动计入当期损益进行后续计量。对于以摊余成本计量的债权，债权人应当根据重新议定合同的现金流量变化情况，重新计算该重组债权的账面余额，并将相关利得或损失记入“投资收益”科目。重新计算的该重组债权的账面余额，应当根据将重新议定或修改的合同现金流量按债权原实际利率折现的现值确定，购买或源生的已发生信用减值的重组债权，应按经信用调整的实际利率折现。对于修改或重新议定合同所产生的成本或费用，债权人应当调整修改后的重组债权的账面价值，并在修改后重组债权的剩余期限内摊销。

3. 组合方式

债务重组采用组合方式进行的，一般可以认为对全部债权的合同条款作出了实质性修改，债权人应当按照修改后的条款，以公允价值初始计量重组债权和受让的新金融资产，按照受让的金融资产以外的各项资产在债务重组合同生效日的公允价值比例，对放弃债权在合同生效日的公允价值扣除重组债权和受让金融资产当日公允价值后的净额进行分配，并以此为基础分别确定各项资产的成本。放弃债权的公允价值与账面价值之间的差额，记入“投资收益”科目。

二、举例

【例 5-1】 20×0 年 5 月 16 日，甲公司向丙公司销售商品一批，应收丙公司款项的入账金额为 104.5 万元。甲公司将该应收款项分类为以摊余成本计量的金融资产。丙公司将该应付账款分类为以摊余成本计量的金融负债。20×0 年 9 月 16 日，双方签订债务重组合同，丙公司以一项作为无形资产核算的非专利技术偿还欠款。该无形资产的账面余额为 110 万元，累计摊销额为 11 万元，已计提减值准备 2.2 万元。9 月 20 日，双方办理完成该无形资产转让手续，甲公司支付评估费用 4.4 万元。当日，甲公司应收款项的公允价值为 95.7 万元，已计提坏账准备 7.7 万元，丙公司应付款项的账面价值仍为 104.5 万元。假设不考虑相关税费。

1. 债权人(甲公司)的会计处理

20×0 年 9 月 20 日，债权人甲公司取得该无形资产的成本为债权公允价值 95.7 万元与评估费用 4.4 万元的合计为 100.1 万元。

甲公司的账务处理如下：

借：无形资产	1 001 000	
坏账准备	77 000	
投资收益	11 000	
贷：应收账款		1 045 000
银行存款		44 000

2. 债务人(丙公司)的会计处理

丙公司 20×0 年 9 月 20 日的账务处理如下：

借：应付账款	1 045 000	
累计摊销	110 000	
无形资产减值准备	22 000	
贷：无形资产		1 100 000
其他收益——债务重组收益		77 000

承[例 5-1]，假设甲公司管理层决议，受让该非专利技术后将在半年内将其出售，当日无形资产的公允价值为 95.7 万元，预计未来出售该非专利技术时将发生 1.1 万元的出售费用，该非专利技术满足持有待售资产确认条件。

分析：9 月 20 日，甲公司对该非专利技术进行初如确认时，按照无形资产入账 100.1 万元与公允价值减出售费用 94.6 万元(95.7－1.1)孰低计量。

债权人甲公司的账务处理如下：

借：持有待售资产——无形资产	946 000	
坏账准备	77 000	
资产减值损失	66 000	
贷：应收账款		1 045 000
银行存款		44 000

【例 5-2】 20×0 年 3 月 12 日，甲公司从丙公司购买一批材料，约定 6 个月后甲公司应结清款项 120 万元(假定无重大融资成分)。丙公司将该应收款项分类为以公允价值计量且其变动计入当期损益的金融资产；甲公司将该应付款项分类为以摊余成本计量的金融负债。20×0 年 9 月 14 日，甲公司因无法支付货款与丙公司协商进行债务重组，双方商定丙公司将该债权转为对甲公司的股权投资。11 月 22 日，丙公司办理完成了对甲公司的增资手续，甲公司和丙公司分别支付手续费等相关费用 1.8 万元和 1.44 万元。债转股后甲公司总股本为 120 万元，丙公司持有的抵债股权占甲公司总股本的 25%，对甲公司具有重大影响，甲公司股权公允价值不能可靠计量。甲公司应付款项的账面价值仍为 120 万元。

20×0 年 6 月 30 日，应收款项和应付款项的公允价值均为 102 万元。

20×0 年 9 月 14 日，应收款项和应付款项的公允价值均为 91.2 万元。

20×0 年 11 月 22 日，应收款项和应付款项的公允价值均为 91.2 万元。

假定不考虑其他相关税费。

1. 债权人(丙公司)的会计处理

丙公司的账务账务处理如下：

(1) 6 月 30 日：

借：公允价值变动损益	180 000	
贷：交易性金融资产——公允价值变动		180 000

(2) 9 月 14 日：

借：公允价值变动损益	108 000	
贷：交易性金融资产——公允价值变动		108 000

(3) 11 月 22 日，丙公司对甲公司长期股权投资的成本为应收款项公允价值 91.2 万元与相关税费 1.44 万元的合计 92.64 万元。

借：长期股权投资——甲公司	926 400	
交易性金融资产——公允价值变动	288 000	
贷：交易性金融资产——成本		1 200 000
银行存款		14 400

2. 债务人(甲公司)的会计处理

11 月 22 日，由于甲公司股权的公允价值不能可靠计量，初始确认权益工具公允价值时应当按照所清偿债务的公允价值 91.2 万元计量，并扣除因发行权益工具支出的相关税费1.8 万元。甲公司的账务处理如下：

借：应付账款	1 200 000	
贷：实收资本		300 000
资本公积——资本溢价		594 000
银行存款		18 000
投资收益		288 000

【例 5-3】 20×0 年 10 月 4 日，甲公司向丙公司赊购一批材料，含税价为 280.8 万元。

20×1年8月9日，甲公司因发生财务困难，无法按合同约定偿还债务，双方协商进行债务重组。丙公司同意甲公司用其生产的商品、作为固定资产管理的机器设备和一项债券投资抵偿欠债。当日，该债权的公允价值为252万元，甲公司用于抵债的商品市价(不含增值税)为108万元，抵债设备的公允价值为90万元，用于抵债的债券投资市价为28.26万元。

抵债资产于20×1年8月19日转让完毕，甲公司发生设备运输费用0.78万元，丙公司发生设备安装费用1.8万元。

丙公司以摊余成本计量该项债权。20×1年8月19日，丙公司对该债权已计提坏账准备22.8万元，债券投资市价为25.2万元。丙公司将受让的商品、设备和债券投资分别作为低值易耗品、固定资产和以公允价值计量且其变动计入当期损益的金融资产核算。

甲公司以摊余成本计量该项债务。20×1年8月19日，甲公司用于抵债的商品成本为84万元；抵债设备的账面原价为180万元，累计折旧为48万元，已计提减值准备21.6万元；甲公司以摊余成本计量用于抵债的债券投资，债券票面价值总额为18万元，票面利率与实际利率一致，按年付息，假定甲公司尚未对债券确认利息收入。当日，该项债务的账面价值仍为280.8万元。

甲、丙公司均为增值税一般纳税人，适用增值税率为13%，经税务机关核定，该项交易中商品和设备的计税价格分别为108万元和90万元。不考虑其他相关税费。

1. 债权人(丙公司)的会计处理

$$低值易耗品可抵扣增值税 = 108 \times 13\% = 14.04(万元)$$
$$设备可抵扣增值税 = 90 \times 13\% = 11.7(万元)$$

低值易耗品和固定资产的成本应当以其公允价值比例(108∶90)对放弃债权公允价值扣除受让金融资产公允价值后的净额进行分配后的金额为基础确定。

$$低值易耗品的成本 = 108/(108+90) \times (252-28.26-14.04-11.7) = 108(万元)$$
$$固定资产的成本 = 90/(108+90) \times (252-28.26-14.04-11.7) = 90(万元)$$

20×1年8月19日，丙公司的账务处理如下：

(1) 结转债务重组相关损益：

借：周转材料——低值易耗品	1 080 000	
在建工程——在安装设备	900 000	
应交税费——应交增值税(进项税额)	257 400	
交易性金融资产	252 000	
坏账准备	228 000	
投资收益	90 600	
贷：应收账款——甲公司		2 808 000

(2) 支付安装费用：

借：在建工程——在安装设备	18 000	
贷：银行存款		18 000

(3) 安装完毕达到可使用状态：

借：固定资产——××设备　　918 000
　贷：在建工程——在安装设备　　918 000

2. 债务人(甲公司)的会计处理

甲公司 8 月 19 日的账务处理如下：

借：固定资产清理　　1 104 000
　　累计折旧　　480 000
　　固定资产减值准备　　216 000
　贷：固定资产　　1 800 000
借：固定资产清理　　7 800
　贷：银行存款　　7 800
借：应付账款　　2 808 000
　贷：固定资产清理　　1 111 800
　　　库存商品　　840 000
　　　应交税费——应交增值税(销项税额)　　257 400
　　　债权投资——面值　　180 000
　　　其他收益——债务重组收益　　418 800

【例 5-4】 A 公司为上市公司，20×0 年 1 月 1 日，A 公司取得 B 银行贷款 6 000 万元，约定贷款期限为 4 年(即 20×3 年 12 月 31 日到期)，年利率 6%，按年付息，A 公司已按时支付所有利息。20×3 年 12 月 31 日，A 公司出现严重资金周转问题，多项债务违约，信用风险增加，无法偿还贷款本金。20×4 年 1 月 10 日，B 银行同意与 A 公司就该项贷款重新达成协议，新协议规定：① A 公司将一项作为固定资产核算的房产转让给 B 银行，用于抵偿债务本金 1 200 万元，该房产账面原值 1440 万元，累计折旧 480 万元，未计提减值准备；② A 公司向 B 银行增发股票 600 万股，面值 1 元/股，占 A 公司股份总额的 1%，用于抵偿债务本金 2 400 万元，A 公司股票于 20×4 年 1 月 10 日的收盘价为 4 元/股；③ 在 A 公司履行上述偿债义务后，B 银行免除 A 公司 600 万元债务本金，并将尚未偿还的债务本金 1 800 万元展期至 20×4 年 12 月 31 日，年利率 8%；如果 A 公司未能履行①②所述偿债义务，B 银行有权终止债务重组协议，尚未履行的债权调整承诺随之失效。

B 银行以摊余成本计量该贷款，已计提贷款损失准备 360 万元。该贷款于 20×4 年 1 月 10 日的公允价值为 5 520 万元，予以展期的贷款的公允价值为 1 800 万元。20×4 年 3 月 2 日，双方办理完成房产转让手续，B 银行将该房产作为投资性房地产核算。20×4 年 3 月 31 日，B 银行为该笔贷款补提了 120 万元的损失准备。20×4 年 5 月 9 日，双方办理完成股权转让手续，B 银行将该股权投资分类为以公允价值计量且其变动计入当期损益的金融资产，A 公司股票当日收盘价为 4.02 元/股。

A 公司以摊余成本计量该贷款，截至 20×4 年 1 月 10 日，该贷款的账面价值为 6 000 万元。不考虑相关税费。

1. 债权人(B 银行)的会计处理

A 公司与 B 银行以组合方式进行债务重组，同时涉及以资产清偿债务、将债务转为权益工具、包括债务豁免的修改其他条款等方式，可以认为对全部债权的合同条款作出了实质性修改，债权人在收取债权现金流量的合同权利终止时应当终止确认全部债权，即在20×4年5月9日该债务重组协议的执行过程和结果不确定性消除时，可以确认债务重组相关损益，并按照修改后的条款确认新金融资产。

债权人B银行的账务处理如下：

(1) 3月2日：

$$\text{投资性房地产成本} = \text{放弃债权公允价值 } 5\,520(6\,000-360-120) - \text{受让股权公允价值 } 2\,400 - \text{重组债权公允价值 } 1\,800 = 1\,320(\text{万元})$$

借：投资性房地产　　13 200 000

　贷：贷款——本金　　13 200 000

(2) 3月31日：

借：信用减值损失　　1 200 000

　贷：贷款损失准备　　1 200 000

(3) 5月9日：

$$\text{受让股权的公允价值} = 4.02\times600 = 2\,412(\text{万元})$$

借：交易性金融资产　　24 120 000

　　贷款——本金　　18 000 000

　　贷款损失准备　　4 800 000

　贷：贷款——本金(60 000 000－13 200 000)　　46 800 000

　　　投资收益　　120 000

2. 债务人(A公司)的会计处理

该债务重组协议的执行过程和结果不确定性于20×4年5月9日消除时，债务人清偿该部分债务的现时义务已经解除，可以确认债务重组相关损益，并按照修改后的条款确认新金融负债。

债务人A公司的账务处理如下：

(1) 3月2日：

借：固定资产清理　　9 600 000

　　累计折旧　　4 800 000

　贷：固定资产　　14 400 000

借：长期借款——本金　　9 600 000

　贷：固定资产清理　　9 600 000

(2) 5月9日(以万元或%为单位的，均保留2位小数)：

$$\text{借款的新现金流量现值} = 1\,800\times(1+8\%)\div(1+6\%) = 1\,833.96(\text{万元})$$

$$\text{现金流变化} = (1\,833.96-1\,800)\div1\,800 = 1.89\% < 10\%$$

因此，针对1 800万元本金部分的合同条款的修改不构成实质性修改，不终止确认该部分负债。

借：长期借款——本金(60 000 000－9 600 000)　　50 400 000
　贷：股本　　6 000 000
　　　资本公积　　18 120 000
　　　长期借款——本金　　18 339 600
　　　其他收益——债务重组收益　　7 940 400

本例中，即使没有“A公司未能履行①②所述偿债义务，B银行有权终止债务重组协议，尚未履行的债权调整承诺随之失效”的条款，债务人仍然应当谨慎处理，考虑在债务的现时义务解除时终止确认原债务。

第三节 债务重组的披露

一、债权人应当在附注中披露与债务重组有关的下列信息

(1) 根据债务重组方式。分组披露债权账面价值和债务重组相关损益。分组时，债权人可以按照以资产清偿债务方式、将债务转为权益工具方式、修改其他条款方式、组合方式为标准分组，也可以根据重要性原则以更细化的标准分组。

(2) 债务重组导致的对联营企业或合营企业的权益性投资增加额，以及该投资占联营企业或合营企业股份总额的比例。

二、债务人应当在附注中披露与债务重组有关的下列信息

(1) 根据债务重组方式，分组披露债务账面价值和债务重组相关损益。分组的标准与对债权人的要求类似。

(2) 债务重组导致的股本等所有者权益的增加额。

三、报表使用者可能关心与债务重组相关的其他信息

(1) 债权人和债务人是否具有关联方关系。

(2) 如何确定债务转为权益工具方式中的权益工具以及修改其他条款方式中的重组债权或重组债务等的公允价值。

(3) 是否存在与债务重组相关的或有事项等，企业应当根据《企业会计准则第13号——或有事项》《企业会计准则第22号——金融工具确认和计量》《企业会计准则第36号——关联方披露》《企业会计准则第37号——金融工具列报》和《企业会计准则第39号——公允价值计量》等准则规定，披露相关信息。

本章小结

债务重组是指在不改变交易对手方的情况下，经债权人和债务人协定或法院裁定，就清偿债务的时间、金额或方式等重新达成协议的交易。

债务重组的方式主要包括：债务人以资产清偿债务、将债务转为权益工具、修改其他条

款，以及前述一种以上方式的组合。这些债务重组方式都是通过债权人和债务人重新协定或者法院裁定达成的，与原来约定的偿债方式不同。

1. 债务人以资产清偿债务

债务人以资产清偿债务，是指债务人转让其资产给债权人以清偿债务的债务重组方式。债务人用于偿债的资产通常是已经在资产负债表中确认的资产，如：现金、应收账款、长期股权投资、投资性房地产、固定资产、在建工程、生物资产、无形资产等。债务人以日常活动产出的商品或服务清偿债务的，用于偿债的资产可能体现为存货等资产。

在受让上述资产后，按照相关会计准则要求及本企业会计核算要求，债权人核算相关受让资产的类别可能与债务人不同。例如，债务人以作为固定资产核算的房产清偿债务，债权人可能将受让的房产作为投资性房地产核算；债务人以部分长期股权投资清偿债务，债权人可能将受让的投资作为金融资产核算；债务人以存货清偿债务，债权人可能将受让的资产作为固定资产核算等。

除上述已经在资产负债表中确认的资产外，债务人也可能以不符合确认条件而未予确认的资产清偿债务。例如，债务人以未确认的内部产生品牌债务，债权人在获得的商标权符合无形资产确认条件的前提下作为无形资产核算。在少数情况下，债务人还可能以处置组(即一组资产和这些资产直接相关的负债)清偿债务。

2. 债务人将债务转为权益工具

债务人将债务转为权益工具，其中权益工具是指根据《企业会计准则第 37 号——金融工具列报》分类为“权益工具”的金融工具，会计处理上体现为“股本”“实收资本”“资产公积”等科目。

实务中，有些债务重组名义上采用“债转股”的方式，但同时附加相关条款，如约定债务人在未来某个时点有义务以某一金额回购股权，或债权人持有的股份享有强制分红权等。对于债务人，这些“股权”可能并不是根据《企业会计准则第 37 号——金融工具列报》分类为权益工具的金融工具，从而不属于债务人将债务转为权益工具的债务重组方式。债权人和债务人还可能协议以一项同时包含金融负债成分和权益工具成分的复合金融工具替换原债权债务，这类交易也不属于债务人将债务转为权益工具的债务重组方式。

3. 修改其他条款

修改债权和债务的其他条款，是债务人不以资产清偿债务，也不将债务转为权益工具，而是改变债权和债务的其他条款的债务重组方式，如调整债务本金、改变债务利息、变更还款期限等。经修改其他条款的债权和债务分别形成重组债权和重组债务。

4. 组合方式

组合方式，是采用债务人以资产清偿债务、债务人将债务转为权益工具、修改其他条款三种方式中一种以上方式的组合清偿债务的债务重组方式。例如，债权人和债务人约定，由债务人以机器设备清偿部分债务，将另一部分债务转为权益工具，调减剩余债务的本金，但利率和还款期限不变；再如，债务人以现金清偿部分债务，同时将剩余债务展期等。

复习思考题

1. 举例说明债务重组的含义。

2. 债务重组的方式有哪些?

3. 各种方式下的债务重组,债权人与债务人分别应当如何进行会计处理?债务人和债权人在进行会计处理时应注意哪些问题?

练习题

1. 20×0年3月16日,A公司向B公司销售商品一批,应收B公司款项的入账金额为125.4万元。A公司将该应收款项分类为以摊余成本计量的金融资产。B公司将该应付账款分类为以摊余成本计量的金融负债。20×0年7月16日,双方签订债务重组合同,B公司以一项作为无形资产核算的非专利技术偿还欠款。该无形资产的账面余额为132万元,累计摊销额为13.2万元,已计提减值准备2.64万元。7月20日,双方办理完成该无形资产转让手续,A公司支付评估费用5.28万元。当日,A公司应收款项的公允价值为114.84万元,已计提坏账准备9.24万元,B公司应付款项的账面价值仍为125.4万元。假设不考虑相关税费。

要求:根据以上资料,分别对债务人和债权人进行账务处理。

2. 20×0年2月12日,A公司从B公司购买一批材料,约定6个月后A公司应结清款项144万元(假定无重大融资成分)。B公司将该应收款项分类为以公允价值计量且其变动计入当期损益的金融资产;A公司将该应付款项分类为以摊余成本计量的金融负债。20×0年8月14日,A公司因无法支付货款与B公司协商进行债务重组,双方商定B公司将该债权转为对A公司的股权投资。10月22日,B公司办理完成了对A公司的增资手续,A公司和B公司分别支付手续费等相关费用2.16万元和1.728万元。债转股后A公司总股本为144万元,B公司持有的抵债股权占A公司总股本的25%,对A公司具有重大影响,A公司股权公允价值不能可靠计量。A公司应付款项的账面价值仍为144万元。

20×0年6月30日,应收款项和应付款项的公允价值均为122.4万元。

20×0年8月14日,应收款项和应付款项的公允价值均为109.44万元。

20×0年10月22日,应收款项和应付款项的公允价值均为109.44万元。

假定不考虑其他相关税费。

要求:根据以上资料,分别对债务人和债权人进行账务处理。

3. 20×0年9月4日,A公司向B公司赊购一批材料,含税价为421.2万元。20×1年7月9日,A公司因发生财务困难,无法按合同约定偿还债务,双方协商进行债务重组。B公司同意A公司用其生产的商品、作为固定资产管理的机器设备和一项债券投资抵偿欠债。当日,该债权的公允价值为252万元,A公司用于抵债的商品市价(不含增值税)为162万元,抵债设备的公允价值为135万元,用于抵债的债券投资市价为42.39万元。

抵债资产于20×1年7月19日转让完毕,A公司发生设备运输费用1.17万元,B公司发生设备安装费用2.7万元。

B公司以摊余成本计量该项债权。20×1年7月19日,B公司对该债权已计提坏账准备34.2万元,债券投资市价为37.8万元。B公司将受让的商品、设备和债券投资分别作为低值易耗品、固定资产和以公允价值计量且其变动计入当期损益的金融资产核算。

A 公司以摊余成本计量该项债务。20×1 年 7 月 19 日，A 公司用于抵债的商品成本为 126 万元；抵债设备的账面原价为 270 万元，累计折旧为 72 万元，已计提减值准备 32.4 万元；A 公司以摊余成本计量用于抵债的债券投资，债券票面价值总额为 27 万元，票面利率与实际利率一致，按年付息，假定 A 公司尚未对债券确认利息收入。当日，该项债务的账面价值仍为 421.2 万元。

A、B 公司均为增值税一般纳税人，适用增值税税率为 13%，经税务机关核定，该项交易中商品和设备的计税价格分别为 162 万元和 135 万元。不考虑其他相关税费。

要求：根据以上资料，分别对债务人和债权人进行账务处理。

第六章

所得税会计

【本章学习目的】

通过本章的学习，学生应理解并掌握资产负债表债务法、计税基础和暂时性差异的含义；准确区分暂时性差异的类别；掌握资产负债表法下所得税会计的会计处理原则和方法。

【本章关键词】

资产负债表债务法　计税基础　暂时性差异

第一节　所得税会计概述

一、所得税会计的概念

财务会计和税收分别遵循不同的原则，服务于不同的目的。财务会计核算必须遵循一般会计原则，其目的是为了真实、完整地反映企业的财务状况、经营业绩以及财务状况变动的全貌，为投资者、债权人、企业管理者以及其他会计报表使用者提供决策有用的信息。税法是以课税为目的，根据经济合理、公平税负、促进竞争的原则，依据有关的税收法规，确定一定时期内纳税人应交纳的税额。从所得税角度考虑，主要确定企业的应税所得，以对企业的经营所得以及其他所得进行征税。税法是国家调节经济活动，为宏观经济服务的一种必要的手段。

财务会计原则和税收法规的区别在于确认资产和负债的入账价值不同。由于财务会计是按照会计准则核算资产、负债的账面价值，税法是按照税收法规确认资产、负债的计税基础。所得税会计是从资产负债表出发，通过比较资产负债表上列示的资产、负债等项目，按照企业会计准则规定确定的账面价值与按照税法规定确定的计税基础，对于两者之间的差额分别应纳税暂时性差异与可抵扣暂时性差异，确认相关的递延所得税负债与递延所得税资产，并在此基础上确定每个期间利润表中的所得税费用。企业应采用资产负债表债务法核算所得税。

二、所得税会计的特点

资产负债表债务法是从资产负债表出发，通过比较资产负债表上列示的资产、负债等项目，按照企业会计准则规定确定的账面价值与按照税法规定确定的计税基础，对于两者之间的差额分别应纳税暂时性差异与可抵扣暂时性差异，确认相关的递延所得税负债与递延所得税资产。

递延所得税资产和递延所得税负债的确认体现了交易或事项发生以后，对未来期间计税的影响，即会增加未来期间的应交所得税或是减少未来期间应交所得税的情况，在所得税会计核算方面贯彻了资产、负债等基本会计要素的界定。例如，从资产负债表角度考虑，一项资产的账面价值小于其计税基础的，两者之间的差额对未来期间计税产生影响。假定一项资产的账面价值为300万元，计税基础为340万元，根据资产、负债的账面价值与计税基础的经济含义分析，表明该项资产于未来期间在会计上扣除的金额300万元低于按照税法规定允许税前扣除的金额340万元，产生可抵减未来期间应纳税所得额的因素，减少未来期间以应交所得税的方式流出企业的经济利益，从其产生时点看，对企业是经济利益流入的概念，应确认为资产；反之，一项资产的账面价值大于其计税基础的，如一项资产的账面价值为300万元，计税基础为240万元，两者之间的差额将会于未来期间产生应税金额60万元，增加未来期间的应纳税所得额及应交所得税，对企业形成经济利益流出的义务，应确认为负债。

三、所得税会计核算的一般程序

采用资产负债表债务法核算所得税的情况下，企业一般应于每一资产负债表日进行所得税的核算。发生特殊交易或事项时，如企业合并，在确认因交易或事项产生的资产、负债时，即应确认相关的所得税影响。企业进行所得税核算一般应遵循以下程序：

(1) 按照相关企业会计准则规定，确定资产负债表中除递延所得税负债和递延所得税资产以外的其他资产和负债项目的账面价值。其中，资产和负债项目的账面价值，是指企业按照相关会计准则的规定进行核算后在资产负债表中列示的金额。例如，企业持有的应收账款账面余额为300万元，企业对该应收账款计提了20万元的坏账准备，其账面价值为280万元，即该项应收账款在资产负债表中的列示金额。

(2) 按照企业会计准则中对于资产和负债计税基础的确定方法，以适用的税收法规为基础，确定资产负债表中有关资产、负债项目的计税基础。

(3) 比较资产、负债的账面价值与其计税基础，对于两者之间存在差异的，分析其性质，除企业会计准则中规定的特殊情况外，分别应纳税暂时性差异与可抵扣暂时性差异，并乘以所得税税率，确定该资产负债表日与应纳税暂时性差异及可抵扣暂时性差异相关的递延所得税负债或递延所得税资产的应有金额，并将该金额与期初递延所得税负债和递延所得税资产的余额相比，确定当期应予进一步确认的递延所得税负债和递延所得税资产的金额或应予转销的金额，作为构成利润表中所得税费用的递延所得税。

(4) 确定当期应交所得税。按照适用的税法规定计算确定当期应纳税所得额，将应纳税所得额与适用的所得税税率计算的结果确认为当期应交所得税，作为利润表中应予确认的所得税费用的组成部分。

(5) 确定利润表中的所得税费用。利润表中的所得税费用包括当期所得税和递延所得税两个组成部分，其中，当期所得税是指当期发生的交易或事项按照适用的税法规定计算确定的当期应交所得税；递延所得税是当期确认的递延所得税资产和递延所得税负债金额或予以转销的金额的综合结果。

第二节 计税基础和暂时性差异

一、资产、负债计税基础

（一）资产的计税基础

资产的计税基础是指企业收回资产账面价值的过程中，计算应纳税所得额时，按照税法规定可以自应税经济利益中抵扣的金额。如果这些经济利益不需要纳税，那么该资产的计税基础即为其账面价值。

资产的计税基础为某一项资产在未来期间计税时可以税前扣除的金额。从税收的角度考虑，资产的计税基础是假定企业按照税法规定进行核算所提供的资产负债表中资产的应有金额。

资产在初始确认时，其计税基础一般为取得成本。从所得税角度考虑，某一单项资产产生的所得是指该项资产产生的未来经济利益流入扣除其取得成本之后的金额。一般情况下，税法认定的资产取得成本为购入时实际支付的金额。在资产持续持有的过程中，可在未来期间税前扣除的金额是指资产的取得成本减去以前期间按照税法规定已经税前扣除的金额后的余额。例如，固定资产、无形资产等长期资产在某一资产负债表日的计税基础，是指其成本扣除按照税法规定已在以前期间税前扣除的累计折旧额或累计摊销额后的金额。

企业应当按照适用的税收法规，规定计算确定资产的计税基础。例如，固定资产、无形资产等的计税基础可确定如下所述。

1. 固定资产

以各种方式取得的固定资产，初始确认时入账价值基本上是被税法认可的，即取得时其账面价值一般等于计税基础。

固定资产在持有期间进行后续计量时，会计上的基本计量模式是“成本—累计折旧—固定资产减值准备”。会计与税收处理的差异主要来自折旧方法、折旧年限的不同以及固定资产减值准备的提取。

(1) 折旧方法、折旧年限产生的差异。企业会计准则规定，企业可以根据消耗固定资产经济利益的方式合理选择折旧方法，如可以按直线法计提折旧，也可以按照双倍余额递减法、年数总和法等计提折旧，前提是有关的方法能够反映固定资产为企业带来经济利益的消耗情况。税法一般会规定固定资产的折旧方法，除某些按照规定可以加速折旧的情况外，基本上可以税前扣除的是按照直线法计提的折旧。

另外，税法还会规定每一类固定资产的折旧年限，而会计处理时按照企业会计准则规定，折旧年限是由企业按照固定资产能够为企业带来经济利益的期限估计确定的。因为折旧年限的不同，也会产生固定资产账面价值与计税基础之间的差异。

(2) 因计提固定资产减值准备产生的差异。持有固定资产的期间内，在对固定资产计提了减值准备以后，因税法规定按照会计准则规定计提的减值准备在资产发生实质性损失前不允许税前扣除，也会造成其账面价值与计税基础的差异。

【例 6-1】 企业于 20×0 年 12 月 20 日取得的某项环保用固定资产，原价为 500 万元，使用年限为 10 年，会计上采用直线法折旧，净残值为零。假定税法规定类似环保用固定资产采用加速折旧法计提的折旧可予税前扣除，该企业在计税时采用双倍余额递减法计提折旧，净残值为零。20×2 年 12 月 31 日，固定资产可收回金额为 380 万元。

20×2 年 12 月 31 日，该项固定资产的账面价为 380 万元(500－50×2－20)。

20×2 年 12 月 31 日，该项固定资产的计税基础为 320 万元(500－500×20%－400×20%)。

该项固定资产账面价值 380 万元与其计税基础 320 万元之间产生的差额 60 万元，意味着企业将于未来期间增加应纳税所得额和应交所得税，属于应纳税暂时性差异，应确认相应的递延所得税负债。

【例 6-2】 长江股份有限公司于 20×0 年年末以 200 万元购入一项生产用固定资产，按照该项固定资产的预计使用情况，预计使用寿命为 10 年，计税时，按适用税法规定，其折旧年限为 20 年，假定会计与税法均按直线法折旧，净残值为零。20×1 年该项固定资产按 12 个月折旧。(假定未发生减值)

该项固定资产在 20×1 年 12 月 31 日的账面价值为 180 万元(200－200÷10)。

该项固定资产在 20×1 年 12 月 31 日的计税基础为 190 万元(200－200÷20)。

该项固定资产的账面价值为 180 万元与其计税基础 190 万元之间产生的差额 10 万元，因其在未来期间会减少企业的应纳税所得额和应交所得税，为可抵扣暂时性差异，符合确认条件的情况下，应确认与其相关的递延所得税资产。

2. 无形资产

除内部研究开发形成的无形资产以外，以其他方式取得的无形资产，初始确认时，其入账价值与税法规定的成本之间一般不存在差异。

(1) 对于内部研究开发形成的无形资产，企业会计准则规定，有关研究开发支出区分两个阶段，研究阶段的支出应当费用化计入当期损益，而开发阶段符合资本化条件的支出应当计入所形成无形资产的成本；税法规定，自行开发的无形资产，以开发过程中该项资产符合资本化条件后至达到预定用途前发生的支出为计税基础。对于研究开发费用，税法中规定可以加计扣除，即企业为开发新技术、新产品、新工艺发生的研究开发费用，未形成无形资产计入当期损益的，在据实扣除的基础上，再按照研究开发费用的 75%加计扣除；形成无形资产的，按照无形资产成本的 175%摊销。

内部研究开发形成的无形资产，一般情况下，按照会计准则规定，初始确认时形成的成本与其计税基础应当是一致的。对于享受税收优惠的研究开发支出，在形成无形资产时，按会计准则规定，以研究开发过程中符合资本化条件后至达到预定用途前发生的支出为其成本，因税法规定按照无形资产成本的 175%摊销，则其计税基础应在会计入账价值基础上加计 75%，因而产生账面价值与计税基础在初始确认时的差异，但如果该无形资产的确认不是因企业合并交易而产生，同时在确认时既不影响会计利润也不影响应纳税所得额，按照所得税会计准则的规定，不确认该暂时性差异的所得税影响。

(2) 无形资产在后续计量时，会计与税收的差异主要产生于对无形资产是否需要摊销及无形资产减值准备的提取。

企业会计准则规定，应根据无形资产的使用寿命情况，区分使用寿命有限的无形资产与使用寿命不确定的无形资产分别处理。对于使用寿命不确定的无形资产，不要求摊销，在会计期末应进行减值测试。税法规定，企业取得的无形资产成本，应在一定期限内摊销，合同、法律未明确规定摊销期限的，应按不少于10年的期限摊销。对于使用寿命不确定的无形资产在持有期间，因摊销规定的不同，会造成其账面价值与计税基础的差异。

在对无形资产计提减值准备的情况下，因税法对按会计准则规定计提的减值准备不允许税前扣除，也会造成其账面价值与计税基础的差异。

【例6-3】 长江股份有限公司20×0年发生研究开发支出计800万元，其中，研究阶段支出200万元，开发阶段符合资本化条件前发生的支出为200万元，符合资本化条件后发生的支出为400万元。该企业开发形成的无形资产在当期期末已达到预定用途，但尚未摊销。

企业当期发生的研究开发支出中，按照会计规定应予费用化的金额为400万元，形成无形资产的成本为400万元，即期末所形成无形资产的账面价值为400万元。

企业当期发生的800万元研究开发支出，可在税前扣除的金额为700万元。有关支出全部在发生当期扣除后，其于未来期间就所形成的无形资产可税前扣除的金额为零，即计税基础为零。按会计准则规定形成的无形资产部分，税法规定按照无形资产成本的175%作为计算未来期间摊销额的基础，即该项无形资产在初始确认时的计税基础为700万元。该项无形资产的账面价值400万元与计税基础700万元之间的差额300万元将在未来期间税前扣除，产生可抵扣暂时性差异。

【例6-4】 长江股份有限公司于20×0年1月1日取得的某项无形资产，取得成本为300万元，企业根据各方面情况判断，无法合理预计其为企业带来未来经济利益的期限，将其视为使用寿命不确定的无形资产。20×0年年末，对该项无形资产进行减值测试表明未发生减值。企业在计税时，对该项无形资产按照10年的期间摊销，有关金额允许税前扣除。

会计上将该项无形资产作为使用寿命不确定的无形资产，在未发生减值的情况下，其于20×0年年末的账面价值为300万元。

该项无形资产在20×0年的计税基础为270万元(300－30)。

该项无形资产的账面价值300万元与其计税基础270万元之间的差额30万元将计入未来期间的应纳税所得额，产生未来期间企业以应交所得税方式流出经济利益的增加，属于应纳税暂时性差异，其所得额影响应确认为递延所得税负债。

3. 以公允价值计量且其变动计入当期损益的金融资产

按照《企业会计准则第22号——金融工具确认和计量》的规定，对于以公允价值计量且其变动计入当期损益的金融资产，某一会计期末的账面价值为公允价值；而税法规定有关金融资产在某一会计期末的计税基础为其取得成本，按照企业会计准则确认的公允价值变动损益在计税时不予考虑，因此，会造成该类金融资产账面价值与其计税基础之间的差异。

【例6-5】 20×0年11月15日，长江股份有限公司从公开市场取得一项权益性投资，支付价款600万元，作为以公允价值计量且其变动计入当期损益的金融资产核算。20×0年12月31日，该项权益性投资的市价为620万元。

该项以公允价值计量且其变动计入当期损益的金融资产的账面价值620万元与其计税基础600万元之间产生了20万元的暂时性差异，该暂时性差异在未来期间转回时会增加未来期间的应纳税所得额，导致企业应交所得税的增加，为应纳税暂时性差异。

4. 其他资产

因企业会计准则规定与税法规定不同，企业持有的其他资产，可能造成其账面价值与计税基础之间存在差异。

(1) 投资性房地产。对于采用公允价值模式进行后续计量的投资性房地产，其期末账面价值为公允价值，而按税法规定其计税基础应以取得时的成本为基础计算确定，从而会造成账面价值与计税基础之间的差异。

【例 6-6】 长江股份有限公司于 20×0 年 1 月 1 日签订一项租赁合同，将某自用房屋建筑物对外出租，该房屋建筑物的成本为 300 万元，预计使用年限为 20 年。转为投资性房地产之前，已使用 4 年，企业按照直线法计提折旧，预计净残值为零。转为投资性房地产核算后，因能够持续可靠地取得该投资性房地产的公允价值，采用公允价值对该投资性房地产进行后续计量。假定对该房屋建筑物，税法规定的折旧方法、折旧年限及净残值与会计规定相同。同时，假定税法规定资产在持有期间公允价值的变动不计入应纳税所得额，待处置时一并计算确定应计入应纳税所得额的金额。该项投资性房地产在 20×0 年 12 月 31 日的公允价值为 320 万元。

企业选择对该项投资性房地产采用公允价值进行了后续计量，其在 20×0 年 12 月 31 日公允价值为 320 万元。

按税法规定的计税基础为按照取得成本扣除按照税法规定允许税前扣除的折旧额后的金额，即该项投资性房地产在 20×0 年 12 月 31 日的计税基础 225 万元(300－300÷20×5)。

该项投资性房地产的账面价值 320 万元与其计税基础 225 万元之间产生了 95 万元的暂时性差异，因其会增加企业在未来期间的应纳税所得额和应交所得税，为应纳税暂时性差异。

(2) 其他计提了资产减值准备的各项资产。有关资产计提了减值准备以后，其账面价值会随之下降，而按照税法规定，资产的减值在转化为实质性损失之前，不允许税前扣除，即其计税基础不会因减值准备的提取而发生变化，从而造成资产的账面价值与其计税基础之间的差异。

【例 6-7】 长江股份有限公司 20×0 年 12 月 31 日应收账款余额为 4 000 万元，该公司期末对应收账款计提了 200 万元的坏账准备。假定该企业期初应收账款及坏账准备的余额均为零。

该项应收账款在 20×0 年的资产负债表日的账面价值为 3 800 万元(4 000－200)。其计税基础为 4 000 万元，该计税基础与其账面价值 3 800 万元之间产生了 200 万元暂时性差异，会减少未来期间的应纳税所得额和应交所得税，为可抵扣暂时性差异。

(二) 负债的计税基础

负债的计税基础是指负债的账面价值减去未来期间计算应纳税所得额时按照税法规定可予抵扣的金额。

负债的账面价值大于其计税基础时，产生可抵扣暂时性差异。负债产生的暂时性差异实质上是税法规定就该项负债可以在未来应税经济利益中扣除的金额。一项负债的账面价值大于其计税基础，意味着未来期间按照税法规定构成负债的全部或部分金额可以自未来应税经济利益中扣除，减少未来期间的应纳税所得额和应交所得税。例如，企业因预计将发生的产品保修费用确认预计负债200万元，但税法规定有关保修费用在实际发生前不允许扣除，其计税基础为零，企业确认预计负债的当期相关费用在实际发生前不允许扣除，但在以后期间费用实际发生时允许税前扣除，使得未来期间的应纳税所得额和应交所得税降低，产生可抵扣暂时性差异。

负债账面价值小于其计税基础时，产生应纳税暂时性差异。一项负债的账面价值为企业预计在未来期间清偿该项负债时的经济利益流出，而其计税基础代表的是账面价值在扣除税法规定未来期间允许税前扣除的金额之后的差额。因负债的账面价值与其计税基础不同产生的暂时性差异，实质上是税法规定就该项负债在未来期间可以税前扣除的金额。负债账面价值小于其计税基础，则意味着就该项负债在未来期间可以税前抵扣的金额为负数，即应在未来期间应纳税所得额的基础上调增，增加应纳税所得额和应交所得税金额，产生应纳税暂时性差异。

负债的确认与偿还一般不会影响企业的损益，也不会影响其应纳税所得额，未来期间计算应纳税所得额时按照税法规定可予抵扣的金额为零，计税基础即账面价值。例如，企业的短期借款、应付账款等。但是，某些情况下，负债的确认可能会影响企业的损益，进而影响不同期间的应纳税所得额，使得其计税基础与账面价值之间产生差额，如按照会计规定确认的某些预计负债。

1. 企业因销售商品提供售后服务等原因确认的预计负债

按照《企业会计准则第13号——或有事项》的规定，企业应将预计提供售后服务发生的支出在销售当期确认为费用，同时确认预计负债。税法规定，有关的支出应于发生时税前扣除，由于该类事项产生的预计负债在期末的计税基础为其账面价值与未来期间可税前扣除的金额之间的差额，因有关的支出实际发生时可全部税前扣除，其计税基础为零。

【例6-8】 长江股份有限公司20×0年年末预计负债账面金额为70万元(预提产品保修费用)，税法规定产品保修费用在实际支付时抵扣。该预计负债计税基础为零，即负债计税基础等于负债账面价值减去在未来期间计算应税利润时可予抵扣的金额的余额70万元(70—0)。

该预计负债的账面价值70万元与其计税基础零之间形成暂时性差异70万元，该暂时性差异在未来期间转回时，会减少企业的应纳税所得额，使企业于未来期间以应交所得税的方式流出的经济利益减少，为可抵扣暂时性差异，在其产生期间，符合有关确认条件时，应确认相关的递延所得税资产。

因其他事项确认的预计负债，应按照税法规定的计税原则确定其计税基础。在某些情况下，因有些事项确认的预计负债，如果税法规定无论是否实际发生均不允许税前扣除，即未来期间按照税法规定可予抵扣的金额为零，其账面价值与计税基础相同。

2. 合同负债

企业在收到客户预付的款项时，因不符合收入确认条件，会计上将其确认为负债。税法中对于收入的确认原则一般与会计规定相同，即会计上未确认收入时，计税时一般亦不计入应纳税所得额，该部分经济利益在未来期间计税时可予税前扣除的金额为零，计税基础等于账面价值。

如果不符合企业会计准则规定的收入确认条件，但按照税法规定应计入当期应纳税所得额时，有关合同负债的计税基础为零。

3. 应付职工薪酬

会计准则规定，企业为获得职工提供的服务给予的各种形式的报酬以及其他相关支出均应作为企业的成本、费用，在未支付之前确认为负债。税法规定合理的职工薪酬允许税前扣除，因此，应付职工薪酬负债的账面价值等于计税基础。

4. 其他负债

其他负债，如企业应交的罚款和滞纳金等，在尚未支付之前按照会计规定确认为费用，同时作为负债反映。税法规定，罚款和滞纳金不得税前扣除，其计税基础为账面价值减去未来期间计税时可予税前扣除的金额零之间的差额，即计税基础等于账面价值。

【例 6-9】 长江股份有限公司 20×0 年 12 月因违反税法规定，接到税务部门处罚通知，要求其支付罚款 20 万元。税法规定，企业因违反税法支付的税收罚款和滞纳金，计算应纳税所得额时不允许税前扣除。至 20×0 年 12 月 31 日尚未支付。

按照税法规定，企业因违反税法支付的税收罚款和滞纳金不允许税前扣除，即该项负债在未来期间计税时按照税法规定准予税前扣除的金额为零，则其计税基础等于账面价值减去未来期间计算应纳税所得额时按照税法规定可予抵扣的金额的余额 200 万元(200—0)。

该项负债的账面价值 200 万元与其计税基础 200 万元相同，不形成暂时性差异。

（三）特殊交易或事项中产生资产、负债计税基础的确定

(1) 某些交易或事项发生以后，因为不符合资产、负债的确认条件而未体现在资产负债表中的资产或负债，但按照税法规定能够确定其计税基础的，其账面价值零与其计税基础之间的差异也构成暂时性差异。

【例 6-10】 长江股份有限公司发生了 500 万元的筹建费用，该费用在发生时计入当期损益。按税法规定，企业在筹建期间发生的费用，允许在开始正常生产经营之后 5 年内分期计入应纳税所得额。

该项费用支出因按照企业会计准则规定在发生时直接计入当期损益，不体现为资产负债表中的资产，即如果将其视为资产，其账面价值为零。

按照税法规定，该费用可以在开始正常生产经营活动后分 5 年分期计入应纳税所得额，假定企业在 20×0 年开始正常生产经营活动，当期税前扣除了 100 万元，则与该笔费用相关，其于未来期间可税前扣除金额为 400 万元，即其在 20×0 年 12 月 31 日的计税基础为 400 万元。

该项资产的账面价值零与其计税基础 400 万元之间产生了 400 万元的暂时性差异，该暂时性差异在未来期间可减少企业的应纳税所得额，为可抵扣暂时性差异，符合相关确认条件时，应确认相关的递延所得税资产。

(2) 对于按照税法规定可以结转以后年度的未弥补亏损及税款抵减，虽不是因资产、负债的账面价值与计税基础不同产生的，但本质上可抵扣亏损和税款抵减与可抵扣暂时性差异具有同样的作用，均能够减少未来期间的应纳税所得额，进而减少未来期间的应交所得税，在会计处理上，与可抵扣暂时性差异的处理相同，符合条件的情况下，应确认与其相关的递延所得税资产。

【例 6-11】 长江股份有限公司 20×0 年发生经营亏损 200 万元，按照税法规定，该亏损可以在以后连续 5 年弥补(即抵减以后年度的应纳税所得额)。该公司预计其未来 5 年期间能够产生足够的应纳税所得额弥补经营亏损。

该经营亏损虽不是因比较资产、负债的账面价值与其计税基础产生的，但从其性质上来看，可以减少未来期间能够产生足够的应纳税所得额和应交所得税，属于可抵扣暂时性差异。在企业预计未来期间能够产生足够的应纳税所得额利用该可抵扣亏损时，应确认相关的递延所得税资产。

二、暂时性差异

暂时性差异是指资产或负债的账面价值与其计税基础之间的差额。其中，账面价值是指按照企业会计准则规定确定的有关资产、负债在企业的资产负债表中应列示的金额。由于资产、负债的账面价值与其计税基础不同，产生了在未来收回资产或清偿负债的期间内，应纳税所得额增加或减少并导致未来期间应交所得税增加或减少的情况，在这些暂时性差异发生的当期，应当确认相应的递延所得税负债或递延所得税资产。根据暂时性差异对未来期间应税金额影响的不同，分为应纳税暂时性差异和可抵扣暂时性差异。

某些不符合资产、负债的确认条件，未作为财务会计报告中资产、负债列示的项目，如果按照税法规定可以确定其计税基础，该计税基础与其账面价值之间的差额也属于暂时性差异。

(一) 应纳税暂时性差异

应纳税暂时性差异是指在确定未来收回资产或清偿负债期间的应纳税所得额时，将导致产生应税金额的暂时性差异。该差异在未来期间转回时，会增加转回期间的应纳税所得额，即在未来期间不考虑该事项影响的应纳税所得额的基础上，由于该暂时性差异的转回，会进一步增加转回期间的应纳税所得额和应交所得税金额。在该暂时性差异产生当期，应当确认相关的递延所得税负债。应纳税暂时性差异通常产生于以下情况。

1. 资产的账面价值大于其计税基础

一项资产的账面价值代表的是企业在持续使用及最终出售该项资产时会取得的经济利益的总额，而计税基础代表的是一项资产在未来期间可予税前扣除的总金额。资产的账面价值大于其计税基础，该项资产未来期间产生的经济利益不能全部税前抵扣，两者之间的差额需要交税，产生应纳税暂时性差异。

【例 6-12】 长江股份有限公司 20×0 年年末长期股权投资账面余额为 220 万元，其中原始投资成本为 200 万元，按权益法确认投资收益 20 万元，没有计提减值准备。

则长期投资账面价值为 220 万元；按税法规定，可以在税前抵扣的是初始投资成本，其计税基础为 200 万元。因此，长期投资账面价值 220 万元与计税基础 200 万元的差额，形成暂时性差异为 20 万元；因资产的账面价值大于其计税基础，形成应纳税暂时性差异。

【例 6-13】 长江股份有限公司 20×0 年年末固定资产账面原值为 1 000 万元，会计上按直线法已提折旧为 200 万元，固定资产净值为 800 万元。

固定资产账面价值为 800 万元；税法按年数总和法计提折旧，应计提折旧额为 250 万元，即固定资产将来可抵扣的金额(计税基础)为 750 万元(1 000－250)。因此，固定资产账面价值 800 万元与计税基础 750 万元的差额，形成暂时性差异为 50 万元；因资产的账面价值大于其计税基础，形成应纳税暂时性差异。

【例 6-14】 长江股份有限公司 20×0 年年末无形资产（土地使用权）账面余额为 4 000 万元，其中原账面余额为 3 000 万元，在企业改制评估中增值 1 000 万元。

按税法规定，评估增值不能抵税，可抵税的是原始成本，即无形资产的计税基础为 3 000 万元。因此，无形资产账面价值 4 000 万元与计税基础 3 000 万元的差额，形成暂时性差异为 1 000 万元，因资产的账面价值大于其计税基础，形成应纳税暂时性差异。

2. 负债的账面价值小于其计税基础

一项负债的账面价值为企业预计在未来期间清偿该项负债时的经济利益流出，而其计税基础代表的是账面价值在扣除税法规定未来期间允许税前扣除的金额之后的差额。因负债的账面价值与其计税基础不同产生的暂时性差异实质上是税法规定就该项负债在未来期间可以税前扣除的金额。负债的账面价值小于其计税基础，则意味着就该项负债在未来期间可以税前抵扣的金额为负数，即应在未来期间应纳税所得额的基础上调增，增加应纳税所得额和应交所得税金额，产生应纳税暂时性差异。

（二）可抵扣暂时性差异

可抵扣暂时性差异是指在确定未来收回资产或清偿负债期间的应纳税所得额时，将导致产生可抵扣金额的暂时性差异。该差异在未来期间转回时会减少转回期间的应纳税所得额，减少未来期间的应交所得税。在该暂时性差异产生当期，应当确认相关的递延所得税资产。

1. 资产的账面价值小于其计税基础

从经济含义来看，资产在未来期间产生的经济利益少，按照税法规定允许税前扣除的金额多，则企业在未来期间可以减少应纳税所得额并减少应交所得税，形成可抵扣暂时性差异。

【例 6-15】 长江股份有限公司 20×0 年年末应收账款账面余额 500 万元，已提坏账准备 100 万元。

则应收账款账面价值为 400 万元；因在确认应收账款时已作为收入交纳所得税，在收回应收账款时不用再交税，即可抵扣 500 万元，其计税基础为 500 万元。账面价值 400 万元与计税基础 500 万元的差额，形成暂时性差异为 100 万元；因资产的账面价值小于其计税基础，形成可抵扣暂时性差异。

【例 6-16】 长江股份有限公司 20×0 年年末存货账面余额 100 万元，已提存货跌价准备 10 万元，则存货账面价值为 90 万元；存货在出售时按历史成本可以抵税 100 万元，其计税基础为 100 万元。因此，存货账面价值 90 万元与计税基础 100 万元的差额，形成暂时性差异为 10 万元；因资产的账面价值小于其计税基础，形成可抵扣暂时性差异。现将资产价值、计税基础、暂时性差异比较如下：

2. 负债的账面价值大于其计税基础

负债产生的暂时性差异实质上是税法规定就该项负债可以在未来期间税前扣除的金额。一项负债的账面价值大于其计税基础，意味着未来期间按照税法规定构成负债的全部或部分金额可以自未来应税经济利益中扣除，减少未来期间的应纳税所得额和应交所得税，产生可抵扣暂时性差异。

【例 6-17】 长江股份有限公司 20×0 年预计负债账面金额为 100 万元(预提产品保修费用),假设产品保修费用在实际支付时抵扣。

该预计负债计税基础为零(负债账面价值 100－其在未来期间计算应税利润时可予抵扣的金额 100)。因此,预计负债账面价值 100 万元与计税基础零的差额,形成暂时性差异 100 万元;因负债的账面价值大于其计税基础,形成可抵扣暂时性差异。现将负债账面价值、计税基础、暂时性差异比较如下:

(三) 特殊项目产生的暂时性差异

1. 未作为资产、负债确认的项目产生的暂时性差异

某些交易或事项发生以后,因为符合资产、负债的确认条件而未反映为资产负债表中的资产或负债,但按照税法规定能够确定其计税基础的,其账面价值零与计税基础之间的差异也构成暂时性差异。例如,企业发生的符合条件的职工教育经费支出,除另有规定外,不超过工资薪金总额 8%的部分,准予扣除;超过部分,准予在以后纳税年度结转扣除。该类支出在发生时按照会计准则即计入当期损益,不形成资产负债表中的资产,但按税法规定可以确定其计税基础,两者之间的差异也形成暂时性差异。

【例 6-18】 长江股份有限公司 20×0 年发生职工教育经费 55 万元,税法规定,企业发生的职工教育经费不超过工资总额 8%的部分允许税前扣除,超过部分允许结转以后年度扣除。

长江股份有限公司 20×0 年工资总额为 500 万元。因职工教育经费支出形成的资产的账面价值为零,其计税基础为 15 万元(55－500×8%)。职工教育经费支出形成的资产的账面价值为零与其计税基础 15 万元之间形成 15 万元可抵扣暂时性差异。

2. 以后年度的未弥补亏损及税款抵减

对于按照税法规定可以结转以后年度的未弥补亏损及税款抵减,虽不是因资产、负债的账面价值与计税基础不同产生的,但本质上可抵扣亏损和税款抵减与可抵扣暂时性差异具有同样的作用,均能够减少未来期间的应纳税所得额,进而减少未来期间的应交所得税,在会计处理上,视同可抵扣暂时性差异,符合条件的情况下,应确认与其相关的递延所得税资产。

第三节 所得税会计处理方法

一、资产负债表债务法

2006 年 2 月,财政部发布了新的会计准则体系,包括所得税准则在内的 38 项具体会计准则,《企业会计准则第 18 号——所得税》要求一律采用资产负债表债务法。资产负债表债务法是以估计转回年度的所得税税率为依据,计算递延税款的一种所得税会计处理方法。在债务法下,应将暂时性差异对未来所得税的影响金额确认为递延所得税资产或递延所得税负债。

二、递延所得税资产与负债的确认与计量

(一) 递延所得税资产的确认与计量

1. 确认递延所得税资产一般原则

资产、负债的账面价值与其计税基础不同产生可抵扣暂时性差异的,在估计未来期间能

够取得足够的应纳税所得额用以利用该可抵扣暂时性差异时，应当以很可能取得用来抵扣可抵扣暂时性差异的应纳税所得额为限，确认相关的递延所得税资产。

(1) 递延所得税资产的确认应以未来期间可能取得的应纳税所得额为限。在可抵扣暂时性差异转回的未来期间内，企业无法产生足够的应纳税所得额用以抵减可抵扣暂时性差异的影响，使得与递延所得税资产相关的经济利益无法实现的，该部分递延所得税资产不应确认；企业有明确的证据表明其于可抵扣暂时性差异转回的未来期间能够产生足够的应纳税所得额，进而利用可抵扣暂时性差异的，则应以可能取得的应纳税所得额为限，确认相关的递延所得税资产。

考虑到可抵扣暂时性差异转回的期间内可能取得应纳税所得额的限制，因无法取得足够的应纳税所得额而未确认相关的递延所得税资产的，应在会计报表附注中披露。

【例 6-19】 长江股份有限公司 20×0 年年末存货账面余额 100 万元，已提存货跌价准备 10 万元。则存货账面价值为 90 万元，存货的计税基础为 100 万元，形成可抵扣暂时性差异为 10 万元(未来有足够的应纳税所得额)。假设甲公司所得税税率为 25%：

$$递延所得税资产 = 可抵扣暂时性差异 \times 所得税税率 = 10 \times 25\% = 2.5(万元)$$

(2) 按照税法规定可以结转以后年度的未弥补亏损和税款抵减，应视同可抵扣暂时性差异处理。在预计可利用可弥补亏损或税款抵减的未来期间内能够取得足够的应纳税所得额时，应当以很可能取得的应纳税所得额为限，确认相应的递延所得税资产，同时减少确认当期的所得税费用。与可抵扣亏损和税款抵减相关的递延所得税资产，其确认条件与可抵扣暂时性差异产生的递延所得税资产相同。

【例 6-20】 长江股份有限公司 20×0 年发生亏损 400 万元，假设可以由以后年度税前弥补，所得税税率为 25%，则对于能够结转以后年度的未弥补亏损，应视同可抵扣暂时性差异，以很可能获得用来抵扣该部分亏损的未来应纳税所得额为限，确认相应的递延所得税资产：

$$递延所得税资产 = 可抵扣暂时性差异 \times 所得税税率 = 400 \times 25\% = 100(万元)$$

(3) 对于与子公司、联营企业和合营企业等投资相关的可抵扣暂时性差异，如果有关的暂时性差异在可预见的未来很可能转回，并且企业很可能获得用来抵扣该可抵扣暂时性差异的应纳税所得额时，应确认相关的递延所得税资产。

对于与联营企业、合营企业等的投资相关的可抵扣暂时性差异，通常产生于因联营企业或合营企业发生亏损，投资企业按持股比例确认应予承担的部分而减少投资的账面价值，但税法规定投资应以其成本作为计税基础，从而形成可抵扣暂时性差异，该差异在满足确认条件时应确认相应的递延所得税资产。

【例 6-21】 长江股份有限公司所得税税率为 25%，20×0 年年末，长期股权投资账面余额为 150 万元，其中原始投资成本为 200 万元，按权益法确认投资损失 50 万元。则长期投资账面价值为 150 万元与计税基础 200 万元之间的差额，形成可抵扣暂时性差异，应确认为递延所得税资产：

$$递延所得税资产 = 可抵扣暂时性差异 \times 所得税税率 = 50 \times 25\% = 12.5(万元)$$

(4) 企业合并中,按照会计规定确定的合并中取得各项可辨认资产、负债的入账价值与其计税基础之间形成可抵扣暂时性差异的,应确认相应的递延所得税资产,并调整合并中应予确认的商誉等。

【例 6-22】 长江股份有限公司所得税税率为 25%,20×0 年通过购买与其没有关联关系的乙公司 100%的股份,使得乙公司成为甲公司的一个分公司,不再保留单独的法人地位。在企业合并中取得的各项可辨认资产的账面价值为 800 万元,可辨认资产的公允价值为 900 万元。假设税法不允许按照公允价值调整。则资产账面价值小于资产计税基础的差额,形成可抵扣暂时性差异,应确认相应的递延所得税资产:

递延所得税资产 = 可抵扣暂时性差异 × 所得税税率 = 100 × 25% = 25(万元)

(5) 与直接计入所有者权益的交易或事项相关的可抵扣暂时性差异,相应的递延所得税资产应计入所有者权益。如其他权益工具投资或其他债权投资公允价值下降而应确认的递延所得税资产。

【例 6-23】 长江股份有限公司持有丙公司股票,这些股票被指定为其他权益工具投资。购买该股票时的公允价值为 300 万元,20×0 年年末,该股票的公允价值为 260 万元。按照《企业会计准则第 22 号——金融工具确认和计量》的规定,其他权益工具投资公允价值变动形成的利得或损失,除获得股利计入当期损益外,其他相关的利得或损失(包括汇兑损益)均应当计入其他综合收益且后续不得转入当期收益。按照税法规定,成本在持有期间保持不变。由于资产账面价值 260 万元与资产计税基础 300 万元之间的差额,形成可抵扣暂时性差异,应确认相应的递延所得税资产:

递延所得税资产 = 可抵扣暂时性差异 × 所得税税率 = 40 × 25% = 10(万元)

2. 不确认递延所得税资产的特殊情况

某些情况下,如果企业发生的某项交易或事项不是企业合并,并且交易发生时既不影响会计利润,又不影响应纳税所得额,且该项交易中产生的资产、负债的初始确认金额与其计税基础不同,产生可抵扣暂时性差异的,企业会计准则中规定在交易或事项发生时不确认相应的递延所得税资产。其原因在于,如果确认递延所得税资产,则需调整资产、负债的入账价值,对实际成本进行调整将有违会计核算中的历史成本计量属性,影响会计信息的可靠性,该种情况下不确认相应的递延所得税资产。

3. 递延所得税资产的计量

(1) 适用税率的确定。确认递延所得税资产时,应估计相关可抵扣暂时性差异的转回时间,采用转回期间适用的所得税税率为基础计算确定。无论相关的可抵扣暂时性差异转回期间如何,递延所得税资产均不予折现。

(2) 递延所得税资产的减值。资产负债表日,企业应当对递延所得税资产的账面价值进行复核。如果未来期间很可能无法取得足够的应纳税所得额用以利用递延所得税资产的利益,应当减记递延所得税资产的账面价值。递延所得税资产的账面价值减记以后,以后期间根据新的环境和情况判断能够产生足够的应纳税所得额利用可抵扣暂时性差异,使得递延所得税资产包含的经济利益能够实现的,应相应恢复递延所得税资产的账面价值。

(二) 递延所得税负债的确认与计量

应纳税暂时性差异在转回期间将增加未来期间的应纳税所得额和应交所得税，导致企业经济利益的流出，从其发生当期看，形成企业应支付税收的义务，应作为递延所得税负债确认。

1. 确认递延所得税负债的一般原则

企业在确认因应纳税暂时性差异产生的递延所得税负债时，应遵循以下原则：

除企业会计准则中明确规定可不确认递延所得税负债的情况以外，企业对于所有的应纳税暂时性差异均应确认相关的递延所得税负债。除直接计入所有权益的交易或事项以及企业合并外，在确认递延所得税负债的同时，应增加利润表中的所得税费用。

确认应纳税暂时性差异产生的递延所得税负债时，交易或事项发生时影响到会计利润或应纳税所得额的，相关的所得税影响应作为利润表中所得税费用的组成部分；与直接计入所有者权益的交易或事项相关的，其所得税影响应增加或减少所有者权益；企业合并产生的，相关的递延所得税影响应调整购买日确认的商誉或是计入当期损益的金额。

【例 6-24】 长江股份有限公司于 20×0 年 1 月 1 日开始计提折旧的某项设备，原价为 500 万元，使用年限为 10 年，会计上采用直线法折旧，净残值为零。计税时按加速折旧法计提的折旧，使用年限及净残值与会计相同。企业适用所得税税率为 25%。假定该企业不存在其他会计与其他与税收处理的差异，该项固定资产在期末未发生减值。

20×0 年 12 月 31 日，该项固定资产的账面价值 = 500 − 50 × 2 = 400(万元)
该项固定资产的计税基础 = 500 − 500 × 20% − 400 × 20% = 320(万元)

该项固定资产账面价值 400 万元与其计税基础 320 万元之间产生的差额 80 万元，意味着企业将于未来期间增加应纳税所得额和应交所得税，属于应纳税暂时性差异，应确认相应的递延所得税负债。

借：所得税费用(80×25%)　　200 000
　贷：递延所得税负债　　200 000

【例 6-25】 长江股份有限公司于 20×0 年 12 月 31 日购入价值 100 万元的管理用设备，预计使用 5 年，无残值。采用直线法折旧，税法允许采用双倍余额递减法计提折旧。未扣除此项折旧费用前的税前利润总额每年均为 1 000 万元，适用所得税税率为 25%。除该设备折旧外，不存在其他纳税调整项目。则该公司每年因固定资产账面价值与计税基础不同应予确认的递延所得税情况，如表 6-1 所示。

表 6-1

应予确认的递延所得税情况

金额单位：万元

年份	20×0	20×1	20×2	20×3	20×4	20×5
扣除折旧后的税前会计利润	1 000	980	980	980	980	980
固定资产原值	100	100	100	100	100	100
减：累计折旧(直线法)	0	20	40	60	80	100

(续表)

年份	20×0	20×1	20×2	20×3	20×4	20×5
固定资产净值	100	80	60	40	20	0
减:减值准备	0	0	0	0	0	0
固定资产净额(账面价值)	100	80	60	40	20	0
税法计算的累计折旧	0	40	64	78.4	89.2	100
计税基础	100	60	36	21.6	10.8	0
应纳税暂时性差异	0	20	24	18.4	9.2	0
应纳税所得额	1 000	960	976	985.6	989.2	989.2
税率	25%	25%	25%	25%	25%	25%
递延所得税负债余额	0	5	6	4.6	2.3	0
应交所得税	250	240	244	246.4	247.3	247.3
所得税费用	250	245	245	245	245	245

各年会计分录如下：

20×0 年年末：

借：所得税费用	2 500 000	
贷：应交税费		2 500 000

20×1 年年末：

借：所得税费用	2 450 000	
贷：应交税费		2 400 000
递延所得税负债		50 000

20×2 年年末：

借：所得税费用	2 450 000	
贷：应交税费		2 440 000
递延所得税负债		10 000

20×3 年年末：

借：所得税费用	2 450 000	
递延所得税负债	14 000	
贷：应交税费		2 464 000

20×4 年年末：

借：所得税费用	2 450 000	
递延所得税负债	23 000	
贷：应交税费		2 473 000

20×5 年年末：

借：所得税费用　　2 450 000
　　递延所得税负债　　23 000
　贷：应交税费　　2 473 000

【例 6-26】 续用[例 6-25]资料，假定其他条件不变，但 20×3 年起适用所得税税率调整为 20%。则有关计算与会计处理，如表 6-2 所示。

表 6-2

应予确认的递延所得税情况

金额单位：万元

年份	20×0	20×1	20×2	20×3	20×4	20×5
扣除折旧后的税前会计利润	1 000	980	980	980	980	980
固定资产原值	100	100	100	100	100	100
减：累计折旧(直线法)	0	20	40	60	80	100
固定资产净值	100	80	60	40	20	0
减：减值准备	0	0	0	0	0	0
固定资产净额(账面价值)	100	80	60	40	20	0
税法计算的累计折旧	0	40	64	78.4	89.2	100
计税基础	100	60	36	21.6	10.8	0
应纳税暂时性差异	0	20	24	18.4	9.2	0
应纳税所得额	1 000	960	976	985.6	989.2	989.2
税率	25%	25%	25%	20%	20%	20%
递延所得税负债余额	0	5	6	3.68	1.84	0
应交所得税	250	240	244	197.12	197.84	197.84
所得税费用	250	245	245	194.8	196	196

各年会计分录如下：

20×0 年年末：

借：所得税费用　　2 500 000
　贷：应交税费　　2 500 000

20×1 年年末：

借：所得税费用　　2 450 000
　贷：应交税费　　2 400 000
　　　递延所得税负债　　50 000

20×2 年年末：

借：所得税费用　　2 450 000
　贷：应交税费　　2 440 000
　　　递延所得税负债　　10 000

20×3 年年末：

借：所得税费用　　　　　　　　　　　　　　1 948 000

　　递延所得税负债　　　　　　　　　　　　232 000

　贷：应交税费　　　　　　　　　　　　　　　1 971 200

20×4 年年末：

借：所得税费用　　　　　　　　　　　　　　1 960 000

　　递延所得税负债　　　　　　　　　　　　18 400

　贷：应交税费　　　　　　　　　　　　　　　1 978 400

20×5 年年末：

借：所得税费用　　　　　　　　　　　　　　1 960 000

　　递延所得税负债　　　　　　　　　　　　18 400

　贷：应交税费　　　　　　　　　　　　　　　1 978 400

2. 不确认递延所得税负债的情况

有些情况下，虽然资产、负债的账面价值与其计税基础不同，产生了应纳税暂时性差异，但出于各方面考虑，企业会计准则中规定不确认相应的递延所得税负债，主要包括：

(1) 商誉的初始确认。非同一控制下的企业合并中，企业合并成本大于合并中取得的被购买方可辨认净资产公允价值份额的差额，确认为商誉。因会计与税收的划分标准不同，按照税法规定作为免税合并的情况下，税法不认可商誉的价值，即从税法角度，商誉的计税基础为零，两者之间的差额形成应纳税暂时性差异。但是，确认该部分暂时性差异产生的递延所得税负债，则意味着将进一步增加商誉的价值。因商誉本身即企业合并成本在取得的被购买方可辨认资产、负债之间进行分配后的剩余价值，确认递延所得税负债进一步增加其账面价值会影响到会计信息的可靠性，而且增加了商誉的账面价值以后，可能很快就要计提减值准备，同时，其账面价值的增加还会进一步产生应纳税暂时性差异，使得递延所得税负债和商誉价值量的变化不断循环。因此，对于企业合并中产生的商誉，其账面价值与计税基础不同形成的应纳税暂时性差异，企业会计准则中规定不确认相关的递延所得税负债。

(2) 除企业合并以外的其他交易或事项中，如果该项交易或事项发生时既不影响会计利润，也不影响应纳税所得额，则所产生的资产、负债的初始确认金额与其计税基础不同，形成应纳税暂时性差异的，交易或事项发生时不确认相应的递延所得税负债。该规定主要是考虑到由于交易发生时既不影响会计利润，也不影响应纳税所得额，确认递延所得税负债的直接结果是增加有关资产的账面价值或是降低所确认负债的账面价值，使得资产、负债在初始确认时，违背历史成本原则，影响会计信息的可靠性。

该类交易或事项在我国企业实务中并不多见，一般情况下有关资产、负债的初始确认金额均会为税法所认可，不会产生两者之间的差异。

(3) 与子公司、联营企业、合营企业投资等相关的应纳税暂时性差异，一般应确认相应的递延所得税负债，但同时满足以下两个条件的除外：一是投资企业能够控制暂时性差异转回的时间；二是该暂时性差异在可预见的未来很可能不会转回。满足上述条件时，投资企业可以运用自身的影响力决定暂时性差异的转回，如果不希望其转回，则在可预见的未来该项暂时性差异即不会转回，从而无须确认相应的递延所得税负债。

【例 6-27】 长江股份有限公司 20×0 年 1 月 1 日因持有乙公司 30％的股权，能够参与乙公司的生产经营决策，对该项投资采用权益法核算。购入投资时，本公司支付了 1 000 万元，取得投资当年年末，乙公司实现净利润 300 万元，假定不考虑相关的调整因素，按持股比例计算应享有 90 万元。长江股份有限公司适用的所得税税率为 25％，乙公司适用的所得税税率为 10％。乙公司在会计期末未宣告分配利润，除该事项外，不存在其他会计与税收的差异。

按照权益法的核算原则，取得投资当年年末，长江股份有限公司长期股权投资账面价值增加 90 万元，确认投资收益 90 万元。税法规定长期股权投资的计税基础为初始投资成本，产生应纳税暂时性差异 90 万元。公司确认相应的递延所得税负债 5.4 万元（90÷75％×30％×15％）。

借：所得税费用	54 000	
贷：递延所得税负债		54 000

3. 递延所得税负债的计量

递延所得税负债应以相关应纳税暂时性差异转回期间适用的所得税税率计量。在我国，除享受优惠政策的情况以外，企业适用的所得税税率在不同年度之间一般不会发生变化，企业在确认递延所得税负债时，可以现行适用税率为基础计算确定，递延所得税负债的确认不要求折现。

三、所得税费用的确认与计量

采用资产负债表债务法核算所得税的情况下，利润表中的所得税费用由：当期所得税和递延所得税两个部分组成。

（一）当期所得税

当期所得税是指企业按照税法规定计算确定的针对当期发生的交易和事项，应交纳给税务部门的所得税金额，即应交所得税，应以适用的税收法规为基础计算确定。

企业在确定当期所得税时，对于当期发生的交易或事项，会计处理与税收处理不同的，应在会计利润的基础上，按照适用税收法规的要求进行调整，计算出当期应纳税所得额，按照应纳税所得额与适用所得税税率计算确定当期应交所得税。

$$\text{应交所得税} = \text{应纳税所得额} \times \text{所得税税率}$$

（二）递延所得税

递延所得税是指企业在某一会计期间确认的递延所得税资产及递延所得税负债的综合结果。即按照企业会计准则规定应予确认的递延所得税资产和递延所得税负债在期末应有的金额相对于原已确认金额之间的差额，即递延所得税资产及递延所得税负债的当期发生额，但不包括计入所有者权益的交易或事项对企业所得税影响。用计算公式表示如下：

$$\begin{array}{c}\text{递延}\\\text{所得税}\end{array} = \begin{array}{c}\text{当期递延所得}\\\text{税负债的增加}\end{array} + \begin{array}{c}\text{当期递延所得}\\\text{税资产的减少}\end{array} - \begin{array}{c}\text{当期递延所得}\\\text{税负债的减少}\end{array} - \begin{array}{c}\text{当期递延所得}\\\text{税资产的增加}\end{array}$$

值得注意的是，如果某项交易或事项按照企业会计准则规定应计入所有者权益，由该交易或事项产生的递延所得税资产或递延所得税负债及其变化亦应计入所有者权益，不构成利润表中的递延所得税费用（或收益）。

企业经营过程中以各种方式取得的应税所得适用的所得税税率以及在不同会计期间适用的所得税税率一般不存在差别。某些情况下，适用税率发生变化的，应对已确认的递延所得税资产和递延所得税负债进行重新计量，除直接在所有者权益中确认的交易或者事项产生的递延所得税资产和递延所得税负债以外，应当将其影响数计入变化当期的所得税费用（或收益）。

四、所得税费用

企业在利润表中确认的所得税费用或收益由当期所得税和递延所得税两个部分组成。但应注意，计入当期损益的所得税费用或收益不包括企业合并和直接在所有者权益中确认的交易或事项产生的所得税影响；与直接计入所有者权益的交易或者事项相关的当期所得税和递延所得税，应当计入所有者权益。

在资产负债表债务法下，所得税核算有三个步骤：

1. 计算应交所得税

$$\text{应交所得税} = \text{应税所得} \times \text{所得税率}$$

2. 计算递延所得税资产和负债期末余额

$$\text{递延所得税资产期末余额} = \text{可抵扣暂时性差异期末余额} \times \text{适用所得税税率}$$
$$\text{递延所得税负债期末余额} = \text{应纳税暂时性差异期末余额} \times \text{适用所得税税率}$$

3. 计算所得税费用

$$\begin{matrix}\text{本期所得}\\\text{税费用}\end{matrix} = \begin{matrix}\text{本期应交}\\\text{所得税}\end{matrix} + \left(\begin{matrix}\text{期末递延}\\\text{所得税负债}\end{matrix} - \begin{matrix}\text{期初递延}\\\text{所得税负债}\end{matrix}\right) - \left(\begin{matrix}\text{期末递延}\\\text{所得税资产}\end{matrix} - \begin{matrix}\text{期初递延}\\\text{所得税资产}\end{matrix}\right)$$

下面举例说明所得税核算全过程：

【例 6-28】 长江股份有限公司 20×0 年有关所得税资料如下：

（1）长江股份有限公司所得税采用资产负债表债务法核算，所得税税率为 25%；年初递延所得税资产为 37.5 万元，其中存货项目余额 22.5 万元，未弥补亏损项目余额 15 万元。

（2）本年度实现利润总额 500 万元，其中取得国债利息收入 20 万元，因发生违法经营被罚款 10 万元，因违反合同支付违约金 30 万元（可在税前抵扣），上述收入或支出已全部用现金结算完毕。

（3）年末计提固定资产减值准备 50 万元（年初减值准备为零），使固定资产账面价值比其计税基础小 50 万元；转回存货跌价准备 70 万元，使存货可抵扣暂时性差异由年初余额 90 万元减少到年末的 20 万元。税法规定，计提的减值准备不得在税前抵扣。

（4）年末计提产品保修费用 40 万元，计入销售费用，预计负债余额为 40 万元。税法规定，产品保修费在实际发生时可以在税前抵扣。

（5）至 2017 年年末止，尚有 60 万元亏损没有弥补，其递延所得税资产余额为 15 万元。

(6) 假设除上述事项外，没有发生其他纳税调整事项。

解析：

(1) 上述事项中，年末计提固定资产减值准备，使固定资产账面价值小于其计税基础，形成可抵扣暂时性差异；计提存货跌价准备，使存货的账面价值小于其计税基础，形成可抵扣暂时性差异；计提产品保修费形成的预计负债，账面价值大于其计税基础，形成可抵扣暂时性差异；尚未弥补的亏损，形成可抵扣暂时性差异。

(2) 计算 20×0 年应交所得税。

$$\begin{aligned}\text{20×0 年应交所得税}&=\text{应纳税所得额}\times\text{所得税率}=\Big[\Big(\text{利润总额 500}-\text{国债利息收入 20}+\text{违法经营罚款 10}\\&\quad+\text{计提固定资产减值 50}-\text{转回存货跌价准备 70}+\text{计提保修费 40}\Big)-\text{弥补亏损 60}\Big]\times 25\%\\&=[510-60]\times 25\%=450\times 25\%=112.5\text{(万元)}\end{aligned}$$

(3) 计算 20×0 年年末递延所得税资产和递延所得税负债余额。

$$\begin{aligned}\text{固定资产项目的递延所得税资产年末余额}&=\text{固定资产项目的年末可抵扣暂时性差异}\times\text{税率}\\&=50\times 25\%=12.50\text{(万元)}\end{aligned}$$

$$\begin{aligned}\text{存货项目的递延所得税资产年末余额}&=\text{存货项目的年末可抵扣暂时性差异}\times\text{税率}\\&=20\times 25\%=5\text{(万元)}\end{aligned}$$

$$\begin{aligned}\text{预计负债项目的递延所得税资产年末余额}&=\text{预计负债项目的年末可抵扣暂时性差异}\times\text{税率}\\&=40\times 25\%=10\text{(万元)}\end{aligned}$$

$$\begin{aligned}\text{弥补亏损项目的递延所得税资产年末余额}&=\text{亏损弥补项目的年末可抵扣暂时性差异}\times\text{税率}\\&=0\times 25\%=0\end{aligned}$$

$$\begin{aligned}\text{20×0 年年末递延所得税资产余额}&=\text{固定资产项目的递延所得税资产年末余额 12.50}+\text{存货项目的递延所得税资产年末余额 5}+\text{预计负债项目的递延所得税资产年末余额 10}\\&\quad+\text{弥补亏损项目的递延所得税资产年末余额 0}=27.50\text{(万元)}\end{aligned}$$

(4) 计算 20×0 年所得税费用。

$$\begin{aligned}\text{20×0 年所得税费用}&=\text{本期应交所得税}+\Big(\text{期末递延所得税负债}-\text{期初递延所得税负债}\Big)-\Big(\text{期末递延所得税资产}-\text{期初递延所得税资产}\Big)\\&=112.5+(0-0)-(27.50-37.50)=112.5+0-(-10)=122.50\text{(万元)}\end{aligned}$$

甲公司所得税的账务处理如下：

借：所得税费用	1 225 000	
贷：应交税费——应交所得税		1 125 000
递延所得税资产		100 000

第四节　所得税的列报

企业对所得税的核算结果，除利润表中列示的所得税费用外，在资产负债表中形成的应交税费以及递延所得税资产和递延所得税负债应当遵循准则规定进行列报。其中，递延所得税资产和递延所得税负债一般应当分别作为非流动资产和非流动负债在资产负债表中列示，所得税费用应当在利润表中单独列示，同时还应在附注中披露与所得税有关的信息。

同时满足下列条件时，企业应当将当期所得税资产及当期所得税负债以抵销后的净额列示。

(1) 企业拥有以净额结算的法定权利。

(2) 意图以净额结算或取得资产清偿债务同时进行。

对于当期所得税资产及当期所得税负债以净额列示是指，当企业实际交纳的所得税税款大于按照税法规定计算的应交税时，超过部分在资产负债表中应当列示为“其他流动资产”；当企业实际交纳的所得税税款小于按照税法规定计算的应交税时，差额部分应当作为资产负债表中的“应交税费”项目列示。

同时满足下列条件时，企业应当将递延所得税资产及递延所得税负债以抵销后的净额列示。

(1) 企业拥有以净额结算当期所得税资产及当期所得税负债的法定权利。

(2) 递延所得税资产和递延所得税负债是与同一税收征管部门对同一纳税主体征收的所得税相关或者对不同的纳税主体相关，但在未来每一具有重要性的递延所得税资产和递延所得税负债转回的期间内，涉及的纳税主体意图以净额结算当期所得税资产及当期所得税负债或是同时取得资产、清偿债务。

一般情况下，在个别财务报表中，当期所得税资产与负债及递延所得税资产及递延所得税负债可以以抵销后的净额列示。在合并财务报表中，纳入合并范围的企业中，一方的当期所得税资产或递延所得税资产与另一方的当期所得税负债或递延所得税负债一般不能予以抵销，除非所涉及的企业具有以净额结算的法定权利并且意图以净额结算。

本章小结

1. 资产负债表债务法是从资产负债表出发，通过比较资产负债表上列示的资产、负债等项目按照企业会计准则规定确定的账面价值与按照税法规定确定的计税基础，对于两者之间的差额分别应纳税暂时性差异与可抵扣暂时性差异，确认相关的递延所得税负债与递延所得税资产。

2. 资产的计税基础，是指企业收回资产账面价值的过程中，计算应纳税所得额时按照税法规定可以自应税经济利益中抵扣的金额。如果这些经济利益不需要纳税，那么，该资产的计税基础即其账面价值。

3. 负债的计税基础，是指负债的账面价值减去未来期间计算应纳税所得额时按照税法规定可予抵扣的金额。

4. 暂时性差异是指资产或负债的账面价值与其计税基础之间的差额，分为应纳税暂时性差异与可抵减暂时性差异。

5. 确认递延所得税资产一般原则。资产、负债的账面价值与其计税基础不同产生可抵扣暂时性差异的，在估计未来期间能够取得足够的应纳税所得额用以利用该可抵扣暂时性差异时，应当以很可能取得用来抵扣可抵扣暂时性差异的应纳税所得额为限，确认相关的递延所得税资产。

6. 确认递延所得税负债的一般原则。除企业会计准则中明确规定可不确认递延所得税负债的情况以外，企业对于所有的应纳税暂时性差异均应确认相关的递延所得税负债。除直接计入所有权益的交易或事项以及企业合并外，在确认递延所得税负债的同时，应增加利润表中的所得税费用。

复习思考题

1. 简述暂时性差异的概念及类别。

2. 简述所得税费用的构成内容及计算步骤。

3. 举例说明资产、负债计税基础的确定及其含义。

4. 指出下列项目哪些会形成暂时性差异？若会形成暂时性差异，应确认相关的递延所得税资产还是递延所得税负债？

(1) 以100万元购入一项固定资产，当期会计折旧为10万元，计税时就该项固定资产税前扣除的折旧额为40万元。

(2) 当期购入到期一次还付息的国债利息收入2万元。

(3) 确认应享有联营企业当期实现的净利润12万元，联营企业尚未派发现金股利或利润。投资企业与联营企业适用的所得税税率相同。

练 习 题

1. 天地股份有限公司(以下简称天地公司)所得税执行《企业会计准则第18号——所得税》的规定，20×0年有关业务如下：

(1) 天地公司存货采用先进先出法核算，库存商品年末账面余额为2 000万元，未提存货跌价准备。按照税法规定，存货在销售时可按实际成本在税前抵扣。

(2) 天地公司20×0年年末无形资产账面余额为600万元，已计提无形资产减值准备。按照税法规定，计提的资产减值准备不得在税前抵扣。

(3) 20×0年12月，天地公司收购了丁公司100%的股份(两者不存在关联关系)，完成合并后将其作为天地公司的分公司。合并日，天地公司按取得的各项可辨认资产的公允价值为800万元入账，而原资产账面金额为650万元。按照税法规定，可以在税前抵扣的金额为其账面金额。

要求：分析判断上述业务事项是否形成暂时性差异；如果形成暂时性差异，请指出属于何种暂时性差异，并说明理由。

2. 甲股份公司所得税采用资产负债表债务法核算，所得税税率为25%。20×0年12月购入1台设备，原值为120万元，预计使用年限为3年，预计净残值为零，按直线法折旧。20×0年12月31日，因减值计提固定资产减值准备20万元。计提减值后，原预计使用年限和预计净残值不变。本期扣除减值后的余额为100万元。

要求：根据资料，分析填列表6-3(包括计算折旧、计税基础、可抵扣暂时性差异、递延所得税资产、本期所得税费用等)并作出相应的会计处理。

表6-3

递延所得税及所得税费用计算表

金额单位：万元

年　　份	20×0	20×1	20×2	20×3(已清理)
固定资产原值				
减：累计折旧				
固定资产净值				
减：减值准备				
固定资产净额(账面价值)				
税法计算的累计折旧(直线法)				
计税基础				
可抵扣暂时性差异				
递延所得税资产余额				
本期所得税费用				

第七章

会计政策、会计估计变更和差错更正

【本章学习目的】

通过本章学习，学生应准确地理解和区分会计政策变更与会计估计变更的含义；掌握会计政策变更、会计估计变更及前期差错更正的会计处理原则和方法。

【本章关键词】

会计政策变更　会计估计变更　前期差错　追溯调整法　未来使用法

第一节　会计政策变更

一、会计政策变更的概念与特点

（一）会计政策的概念

1. 会计政策的概念

会计政策是指企业在会计确认、计量和报告中所采用的原则、基础和会计处理方法。可见，会计政策涉及会计原则、会计基础和具体会计处理方法。企业所选用的会计原则、会计基础及会计处理方法共同构成了企业的会计政策体系。

会计原则有一般原则和特定原则。会计政策中所指的会计原则是指某一类会计业务的核算应遵循的特定原则，而不是笼统地指所有的会计原则，更不是指一般会计核算原则。例如，借款费用是费用化还是资本化，就属于特定会计原则；而客观性、相关性、及时性等属于会计信息质量要求，是为了满足会计信息质量要求而制定的统一的一般性原则，它们是不可选择的，不属于特定原则。

会计基础主要是指会计确认基础和会计计量基础。会计确认基础主要有权责发生制和收付实现制。在我国，企业应当采用权责发生制作为会计确认基础。会计计量基础主要包括历史成本、重置成本、可变现净值、现值和公允价值等。企业在进行会计核算时，应当按照国家统一的会计制度选择和使用会计基础。

具体的会计处理方法是指企业从国家统一的会计制度允许选择的诸多会计处理方法中所选择的，适合于本企业某类会计业务具体情况的会计处理方法。例如，《企业会计准则第1号——存货》允许企业在先进先出法、加权平均法和个别计价法之间选择确定发出存货实际成本的方法，这些方法就是具体的会计处理方法。

2. 会计政策的特点

企业会计政策的选择和运用一般具有如下特点：

（1）企业应在国家统一的会计制度规定的会计政策范围内选择适用的会计政策。随着市场经济的发展，企业的经济业务日趋复杂和多样化，某些经济业务可以有多种会计处理方法，如固定资产折旧计提的方法，有年限平均法、工作量法、双倍余额递减法、年数总和法等。对发生的某项经济业务，企业在具体选择会计政策进行核算时，必须在国家统一的会计制度规定的会计原则、会计基础及会计处理方法中，结合自身情况，选择适合企业实际情况的会计政策。会计政策的选择应考虑谨慎、实质重于形式和重要性三个方面，而且不能超出国家统一的会计制度所允许选用的会计政策范围。

（2）企业所采用的会计政策是企业进行会计核算的基础。企业在国家统一的会计制度允许选择的会计政策范围内选择适用的会计原则、会计基础及会计处理方法，是企业进行会计核算的直接依据和基础。也就是说，企业发生的某类业务，一旦选择了政策范围内允许的某一会计原则或会计基础或会计处理方法，就必须按照该会计原则或会计基础或会计处理方法的内在要求来进行会计核算。

（3）会计政策应当保持前后各期的一致性。为了保持企业前后各期提供的会计信息相互可比，以判断企业的财务状况、经营成果和现金流量的趋势，企业一般应该在每期采用相同的会计政策。即企业对同类业务进行核算时，应当以会计信息质量特征为指导，前后各期应当选择相同的具体会计原则、会计基础和会计处理方法进行确认、计量和报告。企业选用的会计政策一旦确定，一般情况下不能也不应当随意变更，以保持会计信息的可比性。

3. 会计政策信息的披露

企业在会计核算中所采纳的会计政策，通常应在会计报表附注中加以披露，需要披露的项目主要有以下几项：

（1）财务报表的编制基础、计量基础和会计政策的确定依据等。

（2）合并政策，是指编制合并财务报表所采纳的原则。例如，母公司与子公司的会计年度不一致的处理原则；合并范围的确定原则；母公司和子公司所采用会计政策不一致时的处理原则等等。

（3）外币折算，是指外币折算所采用的方法以及汇兑损益的处理。例如，外币报表折算是采用现行汇率法，还是采用时态法或其他方法，发生的外币业务汇总损益是计入发生当期的费用，还是资本化计入所购建固定资产的成本。

（4）收入的确认，是指收入确认的原则和方法。例如，建造合同是按完成合同法确认收入，还是按完工百分比法或其他方法确认收入。

（5）存货的计价，是指企业存货的计价方法。例如，企业发出和领用的存货是采用先进先出法，还是采用加权平均法或其他所允许的方法；存货的期末计价是采用历史成本法，还是采用成本与可变现净值孰低法。

（6）长期股权投资的核算，是指长期股权投资的具体处理方法。例如，企业对被投资单位的长期股权投资是采用成本法，还是采用权益法核算。

（7）坏账损失的核算，是指坏账损失的具体会计处理方法。例如，企业的坏账损失采用直接转销法，还是采用备抵法进行核算。

（8）借款费用的处理，是指借款费用的处理方法，即企业发生的借款费用是采用资本化，还是采用费用化。

（二）会计政策变更的概念

会计政策变更是指企业对相同的交易或事项由原来采用的会计政策改用另一会计政策的行为。

《企业会计准则——基本准则》规定，企业提供的会计信息应当具有可比性。同一企业不同时期发生的相同或者相似的交易或者事项，应当采用一致的会计政策，不得随意变更。确需变更的，应当在附注中说明。不同企业发生的相同或者相似的交易或者事项，应当采用规定的会计政策，确保会计信息口径一致，相互可比。因此，一般情况下，企业在不同的会计期间应采用相同的会计政策，不应也不能随意变更会计政策；否则，势必会削弱会计信息的可比性，使财务报告使用者在比较企业的经营成果时发生困难。

会计政策变更，并不意味着以前期间的会计政策是错误的，只是由于情况发生了变化，或者掌握了新的信息、积累了更多的经验，使得变更会计政策能够更好地反映企业的财务状况、经营成果和现金流量。如果以前期间会计政策的选择和运用是错误的，则属于前期差错，应按前期差错更正的会计处理方法进行处理。

二、会计政策变更的条件

企业不得随意变更会计政策并不意味着企业的会计政策在任何情况下均不能变更。只要满足下列条件之一，企业就可以变更会计政策。

（一）法律、行政法规或国家统一的会计制度等要求变更

这种情况是指，由于实施了新的企业会计准则或会计制度，或者修订了原有的企业会计准则和会计制度，要求企业按照新的法规、规章的规定改变原会计政策，按新的会计政策执行。这种变更是国家允许的，并带有一定的强制性。例如，实施《企业会计准则第 8 号——资产减值》的企业，对固定资产、无形资产等计提的资产减值准备不能转回。

（二）会计政策变更能够提供更可靠、更相关的会计信息

企业选择会计政策，还应根据企业当时所处的特定经济环境，以及某类业务的实际情况作出选择。由于经济环境、客观情况的改变，如果继续采用原来的会计政策，已不能恰当地反映企业的财务状况、经营成果和现金流量等情况，因此企业应该改变原有的会计政策按变更后新的会计政策进行核算，以便对外提供更可靠、更相关的会计信息。

需要注意的是，除法律、行政法规或者国家统一的会计制度等要求变更会计政策应当按照规定执行的披露外，企业因为能够提供更可靠、更相关的会计信息而变更会计政策时，必须有充分、合理的证据表明其变更的合理性，并说明变更会计政策后，能够提供关于企业财务状况、经营成果和现金流量等更可靠、更相关的会计信息的理由。对会计政策变更，企业应经股东大会或董事会、经理（厂长）会议或类似机构批准并按照法律、行政法规等的规定报送有关部门备案。如果无充分、合理的证据表明会计政策变更的合理性，或者未重新经股东大会或董事会、经理（厂长）会议或类似机构批准擅自变更会计政策的，或者连续、反复地自行变更会计政策的，视为滥用会计政策，按照前期差错更正的方法进行处理。上市公司的会计政策目录及变更会计政策后重新制定的会计政策目录，除应当按照信息披露的要求对外公布外，还应当报公司上市地交易所备案。未报公司上市地交易所备案的，视为滥用会计政策，按照前期差错更正的方法进行处理。

（三）不属于会计政策变更的情况

1. 本期发生的交易或事项与以前相比具有本质差别而采用新的会计政策

会计政策总是针对特定类型的交易或事项，如果发生的交易或事项与其他交易或事项有本质区别，那么企业实际上是为新的交易或事项选择适当的会计政策，并没有改变原有的会计政策。例如，某公司以往租入设备是为了满足临时经营需要，因此按经营租赁会计处理方法核算。但从本年度起采用融资租赁方法租入新设备，于是对新租入的设备按融资租赁会计处理方法核算。对该公司而言，虽然前后均为租入设备，但经营租赁和融资租赁在租赁性质上有本质差别，因此，在这种情况下改变会计处理方法就不属于会计政策变更。

2. 对初次发生或不重要的交易或事项采用新的会计政策

初次发生的交易或事项采用新的会计政策，对该项交易或事项来说，还是第一次选用某一会计政策，因此根本就谈不上改变了原有的会计政策。例如，企业第一次签订一项建造合同，并对该建造合同采用完工百分比法进行核算，这就不属于会计政策变更。此外，对于不重要的交易或事项采用新的会计政策，不按会计政策变更作出会计处理，并不影响会计信息的可比性，不影响会计信息质量，因此，按照重要性原则可以不作为会计政策变更。

三、会计政策变更的会计处理方法

会计政策变更的会计处理方法一般有两种，即追溯调整法和未来使用法，这两种方法分别适用于不同情形。

（一）追溯调整法

追溯调整法是指对某项交易或事项变更会计政策时，视同该交易或事项初次发生时就开始采用变更后的会计政策，并以此对财务报表相关项目进行调整的方法。

追溯调整法的运用通常由以下几步构成。

1. 计算确定会计政策变更的累积影响数

会计政策变更的累积影响数，是指按变更后的会计政策对以前各期追溯计算的列报前期最早期初留存收益应有金额与现有金额之间的差额。这里的留存收益，包括当年和以前年度的未分配利润以及按照相关法律规定提取累积的盈余公积。

会计政策变更的累积影响数是由于变更会计政策所导致的对净损益的累积影响，以及由此导致的对利润分配及未分配利润的累积影响金额，但不包括分配的利润或股利。

会计政策变更的累积影响数，可以通过以下几个步骤计算获得：

第一步，根据新的会计政策重新计算受影响的前期交易或事项；

第二步，计算两种会计政策下的差异；

第三步，计算差异的所得税影响金额；

第四步，确定以前各期的税后差异；

第五步，计算确定会计政策变更的累积影响数。

2. 进行相关的账务处理，即根据计算好的累积影响数进行调账

在会计政策变更时，采用追溯调整法实质上是为了保证会计上所提供的信息在计算口径上一致，使前后各期指标达到相互可比而采用的一种内部调账方法。也就是说，在

追溯调整法下，只能调整内部账户，而涉及外部的账户（如各种应收应付等往来结算账户）一律不必调整。因为各种应收应付款账户在追溯调整前都是根据实际发生额入账的，也是往来双方单位一致认可的金额，如果企业在追溯调整时私自调整了应收应付金额，对方单位是绝对不可能予以认可的。

在追溯调整法下，企业应计算会计政策变更的累积影响数，并相应调整变更年度期初留存收益以及会计报表的相关项目。其中，调整变更年度期初留存收益，实质上是调整上年度年末留存收益，而影响上年末留存收益的因素主要是被追溯期间的收入、费用及其所得税影响金额和利润分配情况，因此追溯调整法下的调账内容应包括三个方面：

首先是调整被追溯期间涉及损益的事项，即收入、费用事项。在调整时直接通过"利润分配——未分配利润"账户核算。

其次是调整由于调整损益事项而引起的对所得税的影响金额。从会计处理角度看，对所得税的影响金额应全面理解为三个方面，即它既可能影响应交所得税的金额，也可能影响所得税费用的金额，还可能影响递延所得税资产或负债的金额。但是当会计政策变更采用追溯调整法时，由于追溯调整法是一种内部调账方法，因此对所得税的影响金额进行调账时，是不可能调整"应交税费——应交所得税"这一外部科目的。因为企业在进行追溯调整前，应交所得税的金额是根据当时实际发生的应纳税所得额计算确定的，是符合税法规定而得到税务部门认可的金额。在这种情况下，会计政策变更产生的税前差异对所得税的影响，在进行会计处理时就只可能涉及"所得税费用""递延所得税资产"和"递延所得税负债"科目。

最后是调整由此导致的对利润分配的累积影响金额，但不包括分配的利润或股利。也就是说，只需要调整利润分配中涉及提取盈余公积的部分，不需要调整利润分配中分配给投资者的利润或分配给股东的股利。因为分配给投资者的利润或分配给股东的股利已经涉及"应付利润"或"应付股利"这两个外部科目，这就超出了内部调账的范围。对被追溯期间利润分配的累积影响金额进行调整时，直接通过"利润分配——未分配利润"科目核算。

3. 调整财务报表相关项目

一般应调整报告年度资产负债表中有关项目的年初金额以及利润表和所有者权益变动表中有关项目的上年金额。

4. 财务报表附注说明

采用追溯调整法时，会计政策变更的累积影响数应包括在变更当期期初留存收益中。如果提供比较财务报表，对于比较财务报表期间的会计政策变更，应调整各该期间净损益各项目和财务报表其他相关项目，视同该政策在比较财务报表期间上一直采用。对于比较财务报表可比期间以前的会计政策变更的累积影响数，应调整比较财务报表最早期间的期初留存收益，财务报表其他相关项目的数字也应一并调整。因此，追溯调整法，是将会计政策变更的累积影响数调整列报前期最早期初留存收益，而不计入当期损益。

【例 7-1】 A公司 20×0 年以 250 万元的价格从股票市场购入某只以交易为目的的股票（假设不考虑购入股票发生的交易费用）。公司采用成本与市价孰低法对购入股票进行核算。公司从 20×1 年起对其以交易为目的购入的股票由成本与市价孰低法改为以公允价值计量，公司保存的会计资料比较齐备，可以通过会计资料追溯计量，公司适用的所得税税率为25%，公司按净利润的10%提取法定盈余公积，按净利润的5%提取任意盈余公积。公司发行的股票份额为5 000万股。如果税法规定有关金融资产在某一会计期末的计税基础为其取得成本。会计上按两种方法计算的交易性金融资产账面价值，如表7-1所示。

表7-1

两种方法计量的交易性金融资产账面价值

金额单位：元

会计政策 年份	成本	市价	成本与市价孰低法	20×0年年末公允价值
20×0	2 500 000	3 200 000	2 500 000	3 200 000

根据上述资料，A公司的会计处理如下。

1. 计算累积影响数

计算改变交易性金融资产计量方法后的累积影响数，如表7-2所示。

表7-2

改变交易性金融资产计量方法的累积影响数

金额单位：元

年份	公允价值	成本与市价孰低法	税前差异	所得税影响	税后差异
20×0年年末	3 200 000	2 500 000	700 000	175 000	525 000

2. 进行相应的账务处理

(1) 调整因政策变更而涉及的损益的事项：

借：交易性金融资产——公允价值变动	700 000	
贷：利润分配——未分配利润(公允价值变动损益)		700 000

(2) 调整因政策变更对所得税的影响金额：

借：利润分配——未分配利润(所得税费用)	175 000	
贷：递延所得税负债		175 000

(3) 调整利润分配中所提取的盈余公积：

借：利润分配——未分配利润	78 750	
贷：盈余公积		78 750

3. 财务报表的调整和重述

A公司在编制20×1年度的财务报表时，应调整20×1年资产负债表有关项目的年初余额(见表7-3)、利润表和所有者权益变动表有关项目的上年金额(见表7-4和表7-5)。20×1年度资产负债表相关项目的期末余额栏及所有者权益变动表相关项目的本年金额应以调整后的数字为基础编制。

表 7-3

资产负债表(局部)

20×1 年 12 月 31 日　　会企 01 表

编制单位：A 公司　　金额单位：元

资　产	年初余额		负债和所有者权益	年初余额	
	调整前	调整后		调整前	调整后
……	……	……	……		
交易性金融资产	250 000	320 000	递延所得税负债	450 000	625 000
			……		
			盈余公积	620 000	698 750
……	……	……	未分配利润	560 000	1 006 250

表 7-4

利润表(局部)

会企：02 表

编制单位：A 公司　　20×1 年度　　金额单位：元

项　　目	上　年　金　额	
	调　整　前	调　整　后
一、营业收入	30 000 000	30 000 000
……		
加:公允价值变动收益	0	700 000
二、营业利润	12 000 000	12 700 000
……		
三、利润总额	12 500 000	13 200 000
减:所得税费用	4 455 000	4 630 000
四、净利润	8 045 000	8 570 000
五、每股收益		
(一) 基本每股收益	0.1609	0.1714
……		

表 7-5

所有者权益变动表(局部)

会企 04 表

编制单位：A 公司　　20×1 年度　　金额单位：元

项　　目	上　年　金　额			
	……	盈余公积	未分配利润	……
一、上年年末余额		620 000	560 000	
加：会计政策变更		78 750	446 250	

(续表)

项　　目	上　年　金　额			
	……	盈余公积	未分配利润	……
前期差错变更				
二、本年年初余额		698 750	1 006 250	
……				

4. 附注说明

本公司 20×1 年按照企业会计准则规定，对交易性金融资产计量由成本与市价孰低改为以公允价值计量。此项会计政策变更采用追溯调整法，20×1 年比较财务报表已重新表述。20×1 年运用新的方法追溯计算的会计政策变更累积影响数为 525 000 元，会计政策变更对20×0年度财务报表损益的影响为增加净利润 525 000 元，调增盈余公积78 750元，调增未分配利润 446 250 元。

(二) 未来适用法

未来适用法是指将变更后的会计政策应用于变更日及以后发生的交易或者事项，或者在会计估计变更当期和未来期间确认会计估计变更影响数的方法。

在未来适用法下，不需要计算会计政策变更所产生的累积影响数，也无须重编以前年度的财务报表。企业会计账簿记录及财务报表上反映的金额，变更之日仍保留原有的金额，不因会计政策变更而改变以前年度的既定结果，并在现有金额的基础上再按新的会计政策进行核算。企业如果因账簿、凭证超过法定保存期限而销毁或因不可抗力而毁坏、遗失，如火灾、水灾等，或因人为因素，如盗窃、故意毁坏等，也可能使会计政策变更的累积影响数无法计算。在这种情况下，会计政策变更可以采用未来适用法进行处理。

四、会计政策变更的会计处理方法的选择

对于会计政策变更，企业应当根据实际情况，分别采用不同的方法进行处理：

第一，法律、行政法规或者国家统一的会计制度等要求变更的情况下，企业应当分别按以下情况进行处理：

(1) 国家发布相关的会计处理办法，则按照国家发布的相关会计处理规定进行处理。

(2) 国家没有发布相关的会计处理办法，则采用追溯调整法进行会计处理。

第二，在会计政策变更能够提供更可靠、更相关的会计信息的情况下，企业应当采用追溯调整法进行会计处理，将会计政策变更累积影响数调整列报前期最早期初留存收益，其他相关项目的期初金额和列报前期披露的其他比较数据也应当一并调整。

第三，确定会计政策变更对列报前期影响数不切实可行的，应当从可追溯调整的最早期间的期初开始应用变更后的会计政策。在当期期初确定会计政策变更对以前各期累积影响数不切实可行的，应当采用未来适用法处理。

不切实可行是指企业在采用所有合理的方法后，仍然不能获得采用某项规定所必需的相关信息而导致无法采用该项规定，则该项规定在此时是不切实可行的。

对于以下特定前期，对某项会计政策变更应用追溯调整法或进行追溯重述以更正一项

前期差错是不切实可行的：

（1）应用追溯调整法或追溯重述法的累积影响数不能确定。

（2）应用追溯调整法或追溯重述法要求对管理层在该期当时的意图作出假定。

（3）应用追溯调整法或追溯重述法要求对有关金额进行重大估计，并且不可能将提供有关交易发生时存在状况的证据（例如有关金额确认、计量或披露日期存在事实的证据，以及在受变更影响的当期和未来期间确认会计估计变更的影响的证据）和该期间财务报表批准报出时能够取得的信息与其他信息客观地加以区分。

五、会计政策变更的披露

企业应当在会计报表附注中披露与会计政策变更有关的下列信息：

（1）会计政策变更的性质、内容和原因，包括对会计政策变更的简要阐述、变更的日期、变更前采用的会计政策和变更后所采用的新会计政策及会计政策变更的原因。

（2）当期和各个列报前期财务报表中受影响的项目名称和调整金额，包括采用追溯调整法时，计算出的会计政策变更的累积影响数；当期和各个列报前期财务报表中需要调整的净损益及其影响金额，以及其他需要调整的项目名称和调整金额。

（3）无法进行追溯调整的，说明该事实和原因以及开始应用变更后的会计政策的特点、具体应用情况，包括无法进行追溯调整的事实、确定会计政策变更对列报前期影响数不切实可行的原因、开始应用新会计政策的时点和具体应用情况。

需要注意的是，在以后期间的财务报表中，不需要重复披露在以前期间的附注中已披露的会计政策变更的信息。

第二节　会计估计变更

一、会计估计

（一）会计估计的概念

会计估计是指企业对其结果不确定的交易或事项以最近可利用的信息为基础所作的判断。企业为了定期、及时地提供有用的会计信息，必须在会计分期这一核算前提下，按照权责发生制原则对企业的财务状况和经营成果进行定期的确认、计量和报告。为此，企业需要对尚在延续中、其结果尚未确定的交易或事项予以估计入账。当然这种估计不是随心所欲的，而是在大量、最近资料的基础上，进行分析比较后所作出的科学合理的判断。

（二）会计估计的特点

1. 会计估计是由经济活动中内在的不确定因素决定的

在会计核算中，有些经济业务本身具有不确定性，需要根据经验作出估计，同时采用权责发生制原则编制会计报表这一事项本身，也需要对未来交易或事项的影响予以估计入账。因此，会计估计在会计核算和信息披露过程中是不可避免的一项工作。例如，企业对固定资产折旧年限和净残值的确定，就需要根据固定资产消耗方式、性能、技术发展等情况进行估计等等。

2. 会计估计往往以最近可利用的信息或资料为基础

任何科学合理的估计均应以一定的信息或资料为基础，而这些信息或资料往往会随着时间的推移、环境的变化而发生相应的变化。在这一变化过程中，只有最新的信息或资料才是最接近目标的，以其为基础所作的估计也是最接近实际的。因此，企业在进行会计估计时，通常应根据当时的情况和经验，以最近可利用的信息或资料为基础进行估计。

3. 会计估计不会削弱会计核算的可靠性

会计估计不是企业随心所欲进行的，而是企业在掌握确凿证据的前提下，利用最新的信息或资料所作出的最佳估计，是一种科学的合乎情况的判断。因此，企业进行会计估计不会削弱企业会计核算的可靠性，而且进行合理的会计估计也是会计核算中必不可少的部分。

（三）重要的会计估计

企业应当披露重要的会计估计，不具有重要性的会计估计可以不披露。判断会计估计是否重要，应当考虑与会计估计相关项目的性质和金额。企业应当披露的重要会计估计包括：

(1) 存货可变现净值的确定。

(2) 采用公允价值模式下的投资性房地产公允价值的确定。

(3) 固定资产的预计使用寿命与净残值、固定资产的折旧方法。

(4) 生物资产的预计使用寿命与净残值，各类生产性生物资产的折旧方法。

(5) 使用寿命有限的无形资产预计使用寿命与净残值。

(6) 可收回金额按照资产组的公允价值减去处置费用后的净额确定的，确定公允价值减去处置费用后的净额的方法。

可收回金额按照资产组预计未来现金流量的现值确定的，预计未来现金流量及其折现率的确定。

(7) 合同完工进度的确定。

(8) 权益工具公允价值的确定。

(9) 债务人在债务重组中转让的非现金资产的公允价值、由债务转成的股份的公允价值和修改其他债务条件后债务公允价值的确定。

债权人在债务重组中受让的非现金资产的公允价值、由债权转成的股份的公允价值和修改其他债务条件后债权的公允价值的确定。

(10) 预计负债初始计量的最佳估计数的确定。

(11) 金融资产公允价值的确定。

(12) 承租人对未确认融资费用的分摊，出租人对未实现融资收益的分配。

(13) 探明矿区权益、井及相关设施的折耗方法，与油气开采活动相关的辅助设备及设施的折旧方法。

(14) 非同一控制下企业合并成本的公允价值的确定。

(15) 其他重要会计估计。

二、会计估计变更的概念及原因

(一) 会计估计变更的概念

会计估计变更是指由于资产和负债的当前状况及预期经济利益和义务发生了变化，从而对资产或负债的账面价值或者资产的定期消耗金额进行调整。

会计估计变更并不意味着以前期间的会计估计是错误的，只是由于客观经济情况发生了变化，或者掌握了新的信息，积累了更多的经验，客观上需要变更会计估计，才能更好地反映企业的财务状况和经营成果。如果以前期间的会计估计是错误的，则属于会计差错，应按会计差错更正的会计处理方法进行处理。

（二）会计估计变更的原因

企业发生会计估计变更，通常有以下几方面原因：

（1）赖以进行估计的基础发生了变化。企业进行会计估计，总是建立在一定的现实基础之上的，如果其所依赖的基础发生了变化，则会计估计也应作出相应的变化。例如，企业根据当时某项固定资产的性能、质量及科技发展水平等情况，估计该项固定资产的折旧年限为 15 年，后来由于估计基础发生变化，固定资产的使用寿命已不足 15 年，则企业就应相应调减折旧年限。

（2）取得了新的信息，积累了更多的经验。企业进行会计估计是利用最近的信息和资料对未来所作的判断。随着时间的推移，企业有可能取得新的信息，积累更多的经验，在这种情况下，也需要对会计估计作出相应的修订。例如，企业根据当时所取得的有关信息，对应收账款按年末余额的 3%计提坏账准备，后来掌握了新的信息，估计企业不能收回的应收账款比例已达 10%，这时企业就必按 10%的比例计提坏账准备。

三、会计政策变更与会计估计变更的划分

企业应当正确划分会计政策变更与会计估计变更，并按照不同的方法进行相关会计处理。

（一）会计政策变更与会计估计变更的划分基础

1. 以会计确认是否发生变更作为判断基础

《企业会计准则——基本准则》规定了资产、负债、所有者权益、收入、费用和利润六大会计要素的确定标准，是会计处理的首要环节。一般地说，对会计确认的指定或选择是会计政策，其相应的变更也就属于会计政策变更。会计确认的变更一般会引起列报项目的变更。

2. 以计量基础是否发生变更作为判断基础

《企业会计准则——基本准则》规定了历史成本、重置成本、可变现净值、现值和公允价值五项会计计量属性，是会计处理的计量基础。一般地说，对计量基础的指定或选择是会计政策，其相应的变更也就属于会计政策变更。

3. 以列报项目是否发生变更作为判断基础

《企业会计准则第 30 号——财务报表列报》规定了财务报表项目应采用的列报原则。一般地说，对列报项目的指定或选择是会计政策，其相应的变更也就是会计政策变更。当然，在实务中，有时列报项目的变更往往伴随着会计确认的变更或者相反。

4. 根据会计确认计量基础和列报项目所选择的、为取得与该项目有关的金额或数值所采用的处理方法，不是会计政策，而是会计估计，其相应的变更也就属于会计估计变更

财务报表列报的信息并不是企业所能提供的全部信息。例如，虽然企业可以提供某项资产以历史成本和公允价值两种不同计量基础确定的账面金额，但企业的资产负债表中只

能反映两者之一。而财务报表所列报的会计信息和列报方式取决于采用的会计政策，当根据计量基础直接确定与资产或负债项目有关的金额和数值是不可能或不切实可行的，采用会计估计就可以得到适用的近似金额或数值。总之，在单个会计期间，会计政策决定了财务报表所列报的会计信息和列报方式；会计估计是用来确定与财务报表所列报的会计信息有关的金额和数值。

（二）划分会计政策变更和会计估计变更的方法

企业可以采用以下具体方法来划分会计政策变更与会计估计变更，分析并判断该事项是否涉及会计确认、计量基础选择或列报项目的变更。当至少涉及上述一项划分基础变更的，该事项就是会计政策变更；不涉及上述划分基础变更时，该事项可以判断为会计估计变更。

例如，某企业在前期将自行购建的与固定资产相关的一般借款费用计入当期损益，当期根据新的企业会计准则的规定，将符合条件的有关借款费用予以资本化，企业因此将对该事项进行变更。该事项的计量基础未发生变更，即都是以历史成本作为计量基础；但该事项的会计确认发生了变更，即前期将借款费用确认为一项费用，而当期将其确认为一项资产。同时，会计确认的变更导致该事项在资产负债表和利润表相关项目的列报也发生了变更。可见该事项涉及了会计确认和列报的变更，所以属于会计政策变更。又如，企业原采用双倍余额递减法计提固定资产折旧，根据固定资产使用的实际情况，企业决定改用直线法计提固定资产折旧。该事项前后采用的两种计提折旧方法都是以历史成本作为计量基础，对该事项的会计确认和列报项目也未发生变更，只是固定资产折旧、固定资产净值等相关金额发生了变化，因此，该事项属于会计估计变更。

四、会计估计变更的会计处理

会计估计变更应采用未来适用法处理，即在会计估计变更当期及以后期间，采用新的会计估计，不需要计算变更产生的累积影响数，也不需要调整以前期间的报告结果。

具体地讲，会计估计变更如果仅影响变更当期的，其影响数应当在变更当期予以确认；如果既影响变更当期又影响未来期间的，其影响数应当在变更当期和未来期间予以确认。

会计估计变更的影响数应计入变更当期与前期相同的项目中。为了保证不同期间的财务报表具有可比性，会计估计变更的影响如果以前包括在企业日常经营活动的损益中，则以后也应包括在相应的损益类项目中；如果会计估计变更的影响数以前包括在特殊项目中，则以后也相应作为特殊项目反映。

需要注意的是，如果企业通过判断会计政策变更和会计估计变更划分基础仍然难以对某项变更进行区分的，应当将其作为会计估计变更处理。

【例 7-2】 M公司于20×0年12月份购入管理用设备1台，价值123 000元，估计使用年限为10年，预计净残值为3 000元，按直线法计提折旧。20×5年年初，由于新技术发展等原因，将该设备原估计使用年限改为6年，预计净残值改为1 000元。该企业适用所得税税率为25%。M公司对上述会计估计变更的处理方法如下：

(1) 不调整以前各期折旧，也不计算累积影响数。

(2) 变更当期及以后期间改按新的估计提取折旧。

M公司按原估计每年计提折旧额为12 000元，已计提4年，累计折旧为48 000元，固定资产净值为 75 000 元。20×2 年起，改按新的使用年限计提折旧，每年折旧费用为 37 000 元[(75 000－1 000)÷(6－4)]。因此 20×2 年年底 M 公司应编制会计分录如下：

借：管理费用　　37 000

　贷：累计折旧　　37 000

五、会计估计变更的披露

对于会计估计变更，企业除了按未来适用法进行相关会计处理外，还应在会计报表附注中披露以下事项。

(1) 会计估计变更的内容和理由，包括变更的内容、变更的日期以及会计估计变更的原因。

(2) 会计估计变更对当期和未来期间的影响数，包括会计估计变更对当期和未来期间损益的影响金额，以及对其他项目的影响金额。

(3) 会计估计变更的影响数不能确定的，披露这一事实和原因。

【例 7-3】 根据[例 7-2]中 M 公司这一会计估计变更事项，应在会计报表附注中作如下说明：

本公司 1 台管理用设备，原价为 123 000 元，原预计使用年限为 10 年，预计净残值为 3 000 元，按直线法计提折旧，由于新技术发展，该设备已不能继续按原定使用年限计提折旧。本公司从 20×5 年起将该设备折旧年限改为 6 年，预计净残值为 1 000 元。此项会计估计变更使本年净利润减少 18 750 元[(37 000－12 000)×(1－25%)]。

第三节　前期差错更正

一、前期差错的概念

前期差错是指由于没有运用或错误运用下列两种信息，而对前期财务报表造成省略或错报：① 编报前期财务报表时预期能够取得并加以考虑的可靠信息。② 前期财务报告批准报出时能够取得的可靠信息。

前期差错通常包括计算错误、应用会计政策错误、疏忽或曲解事实以及舞弊产生的影响和存货、固定资产盘盈等。

二、前期差错重要性的判断

前期差错按重要性的程度可分为重要的前期差错和不重要的前期差错。重要的前期差错是指足以影响财务报表使用者对企业财务状况、经营成果和现金流量作出正确判断的前期差错。不重要的前期差错是指不足以影响财务报表使用者对企业财务状况、经营成果和现金流量作出正确判断的前期差错。

前期差错的重要性取决于在相关环境下对遗漏或错误表述的规模和性质的判断。前期差错所影响的财务报表项目的金额或性质，是判断该前期差错是否具有重要性的决定性因素。一般地说，前期差错所影响的财务报表项目的金额越大、性质越严重，其重要性程度越大。

三、前期差错更正的会计处理

会计差错产生于财务报表项目的确认、计量、列报或披露的会计处理过程中，如果财务报表中包含重要差错，或者差错不重要，但却是为了便于形成对企业财务状况、经营成果和现金流量等会计信息某种特定形式的列报而故意造成的，就应当认定为该财务报表未遵循企业会计准则的规定进行编报。在当期发现的当期差错应当在财务报表发布之前予以更正。当会计差错直到下一期间才被发现，就形成了前期差错。

企业应当采用追溯重述法更正重要的前期差错，但确定前期差错累积影响数不切实可行的除外。追溯重述法是指在发现前期差错时，视同该项前期差错从未发生过，从而对财务报表相关项目进行更正的方法。

（一）不重要的前期差错的处理

对于不重要的前期差错，企业不需要调整财务报表相关项目的期初数，但应调整发现当期与前期相同的相关项目。属于影响损益的，应直接计入本期与上期相同的净损益项目；属于不影响损益的，应调整本期与前期相同的相关项目。

【例 7-4】 A 公司于 20×0 年 6 月，发现上年度一台管理用设备多计提折旧 2 600 元。这笔折旧费金额较小，属于不重要的前期差错，因此更正时直接调整本期相关项目。会计分录如下：

借：累计折旧	2 600	
贷：管理费用		2 600

（二）重要的前期差错的处理

对于重要的前期差错，企业应当在其发现当期的财务报表中，调整前期比较数据。具体地说，企业应当在重要的前期差错发现当期的财务报表中，通过以下处理对其进行追溯更正：① 追溯重述差错发生期间列报的前期比较金额。② 如果前期差错发生在列报的最早前期之前，则追溯重述列报的最早前期的资产、负债和所有者权益相关项目的期初余额。

对于发生的重要前期差错，如影响损益，应将其对损益的影响数进行调整，财务报表其他相关项目的期初数也应一并调整；如不影响损益，应调整财务报表相关项目的期初数。

在编制比较财务报表时，对于比较财务报表期间的重要的前期差错，应调整各该期间的净损益和其他相关项目，视同该差错在产生的当期已经更正；对于比较财务报表期间以前的重要的前期差错，应调整比较财务报表最早期间的期初留存收益，财务报表其他项目的数字也应一并调整。

确定前期差错影响数不切实可行的，可以从可追溯重述的最早期间开始调整留存收益的期初余额，财务报表其他相关项目的期初余额也应当一并调整，也可以采用未来适用法。当企业确定前期差错对列报的一个或者多个前期比较信息的特定期间的累积影响数不切实可行时，应当追溯重述切实可行的最早期间的资产、负债和所有者权益相关项目的期初余额（可能是当期）；当企业在当期期初确定前期差错对所有前期的累积影响数不切实可行时，应当从确定前期差错影响数切实可行的最早日期开始采用未来适用法追溯重述比较信息；当企业确定所有前期差错（例如，采用错误的会计政策）累积影响数不切实可行时，应当从确定前期差错影响数切实可行的最早日期开始采用未来适用法追溯重述比较信息，为此在该日期之前的资产、负债和所有者权益相关项目的累积重述部分可以忽略不计。

需要注意的是，对于当期发现的，属于当期的会计差错，应调整本期相关项目。对于年度资产负债表日至财务报表批准报出日之间发现的报告年度的会计差错及报告年度前的前期差错，应当作为资产负债表日后调整事项进行会计处理。

企业发生的重要前期差错，在进行会计处理时应分别按以下原则进行：一是涉及损益的事项，应通过“以前年度损益调整”科目核算。“以前年度损益调整”科目主要用来核算企业本年度发生的调整以前年度损益的事项、本年度发现的重要前期差错更正涉及调整以前年度损益的事项以及企业在资产负债表日至财务报告批准报出日之间发生的需要调整报告年度损益的事项。企业调整增加以前年度利润或减少以前年度亏损以及由于以前年度损益调整减少的所得税费用应贷记本科目；企业调整减少以前年度利润或增加以前年度亏损以及由于以前年度损益调整增加的所得税费用应借记本科目。经上述调整后，应将本科目的余额转入“利润分配——未分配利润”科目，本账户结转后应无余额。二是涉及利润分配调整的事项，直接通过“利润分配——未分配利润”科目核算。三是不涉及损益和利润分配的事项，直接调整相关科目。四是通过上述会计处理后，还应同时调整会计报表相关项目的数字，即应调整当年资产负债表相关项目的年初数，利润表和所有者权益（或股东权益）变动表的上年数栏。

【例 7-5】 A 公司 20×1 年 12 月 31 日发现 20×0 年度出售的一批商品在符合收入确认的条件下，只确认了收入，没有结转销售成本，该批商品的销售成本为 200 000 元，在当年的所得税申报表中已扣除了该项销售成本。A 公司适用的所得税税率为 25%，所得税核算采用资产负债表债务法，除该事项外，无其他纳税调整事项。该公司按净利润的 10%提取法定盈余公积。要求作出该项会计差错更正相关的会计处理。

1. 分析差错的影响数

20×0 年少结转销售成本 200 000 元。

多计库存商品	200 000 元
多计净利润	200 000 元
多提法定盈余公积	20 000 元

2. 编制相关的调整分录

(1) 补结转销售成本：

借：以前年度损益调整（调整主营业务成本）　200 000
　贷：库存商品　200 000

(2) 将“以前年度损益调整”科目余额转入未分配利润：

借：利润分配——未分配利润　200 000
　贷：以前年度损益调整　200 000

(3) 因净利润变化，调整提取的盈余公积：

借：盈余公积　20 000
　贷：利润分配——未分配利润　20 000

3. 财务报表调整和重述(财务报表略)

(1) 调整 20×1 年度资产负债表“年初数”栏的有关项目如下：

调减“存货”项目 200 000 元，调减“盈余公积”项目 20 000 元，调减“未分配利润”项目 180 000 元。

(2) 调整 20×1 年度利润表“上年数”栏的有关项目如下：

调增“营业成本”项目 200 000 元，调减净利润 200 000 元。

(3) 调整 20×1 度所有者权益变动表“上年数”栏有关项目如下：

调减“盈余公积”项目下前期差错更正影响数 20 000 元。

此外，20×1 年度资产负债表的期末数栏和利润表及所有者权益变动表的本年累计数栏的年初未分配利润，应该按上述调整后的年初数为基础编制。

四、前期差错更正的披露

企业应当在会计报表附注中披露与前期差错更正有关的下列信息：

(1) 前期差错的性质。

(2) 各个列报前期财务报表中受影响的项目名称和更正金额。

(3) 无法进行追溯重述的，说明该事实和原因以及对前期差错开始进行更正的时点和具体更正情况。

需要注意的是，在以后期间的财务报表中，不需要重复披露在以前期间的附注中已披露的前期差错更正的信息。

【例 7-6】 根据[例 7-5]中 A 公司这一重要的前期差错事项，应在会计报表附注中作如下说明：

本年度发现 20×0 年少结转商品销售成本 200 000 元，在编制20×0年与 20×1 年可比的财务报表时，已对该项差错进行了更正。由于此项错误的影响，20×0 年虚增净利润及留存收益 200 000 元，多计库存商品 200 000 元。

本 章 小 结

1. 会计政策变更是指企业对相同的交易或事项由原来采用的会计政策改用另一会计政策的行为。对于会计政策变更，企业应当根据实际情况，分别采用不同的会计处理方法进行处理：一是法律、行政法规或者国家统一的会计制度等要求变更会计政策的，应当按国家发布的相关会计处理方法进行处理；国家没有发布相关的会计处理办法的，则采用追溯调整法进行会计处理。二是会计政策变更能够提供更可靠、更相关的会计信息的，应当采用追溯调整法处理。三是确定会计政策变更对列报前期影响数不切实可行的，应当从可追溯调整的最早期间期初开始应用变更的会计政策。在当期期初确定会计政策变更对以前各期累积影响数不切实可行的，应当采用未来适用法处理。

2. 会计估计变更是指由于资产和负债的当前状况及预期经济利益和义务发生了变化，从而对资产或负债的账面价值或者资产的定期消耗金额进行调整。对会计估计变更应当采用未来适用法处理。

3. 前期差错根据重要性程度可分为重要的前期差错和不重要的前期差错。对于重要的前期差错企业应当采用追溯重述法更正，但确定前期差错累积影响数不切实可行的除外。对于不重要且非故意造成的前期差错，可采用未来适用法更正。

复习思考题

1. 什么是会计政策？会计政策的特点有哪些？
2. 什么是会计政策变更？会计政策变更的条件有哪些？
3. 什么是会计政策变更的累积影响数？其计算通常包括哪几步？
4. 什么是追溯调整法？追溯调整法的运用通常由哪几步构成？
5. 未来适用法的含义是什么？
6. 会计政策变更的会计处理方法如何选择？
7. 什么是会计估计？其特点有哪些？
8. 什么是会计估计变更？会计估计变更的条件是什么？
9. 如何正确划分会计政策变更与会计估计变更？
10. 什么是前期差错？对前期差错应采用什么样的原则处理？

练 习 题

1. 某企业于20×0年12月11日购入不需安装的设备一台并投入使用。该设备入账价值为1 500万元，设备采用年数总和法计提折旧（税法规定采用平均年限法），折旧年限为5年（与税法规定一致），预计净残值为零（与税法规定一致）。该企业从20×2年1月开始执行41项具体会计准则，将所得税核算方法由应付税款法变更为资产负债表债务法。同时，对该项固定资产改按年限平均法计提折旧。该企业适用的所得税税率为25%。

要求：根据上述资料采用追溯调整法计算政策变更的累积影响数，并作出相关的账务处理。

2. B公司20×0年1月1日起计提折旧的管理用机器设备一台，原价为500 000元，预计使用年限为10年（不考虑净残值因素），按直线法计提折旧。由于技术进步原因，从20×2年1月1日起，决定对原估计的使用年限改为8年。

要求：判断该业务事项属于何种会计变更。应用什么方法进行会计处理？请作出相关的会计分录。

3. 20×1年12月，H公司发现20×0年度漏记了一项管理用固定资产的折旧费用300 000元（属于重要会计差错），但在所得税申报中扣除了该项折旧。该公司适用的所得税税率为25%，采用会计方法计提的折旧额与按照税法规定计提的折旧额相同，除该事项外，无其他纳税调整事项。该公司按净利润的10%提取取法定盈余公积。

要求：对上述会计差错作出相关的账务处理。

第八章

资产负债表日后事项

【本章学习目的】

通过本章学习，学生应理解资产负债表日后事项的内涵；准确区分调整事项与非调整事项；掌握资产负债表日后调整事项与非调整事项的会计处理原则及方法。

【本章关键词】

资产负债表日后事项　调整事项　非调整事项

第一节　资产负债表日后事项概述

一、资产负债表日后事项的概念

资产负债表日后事项，是指资产负债表日至财务报表批准报出日之间发生的有利或不利事项。这一定义具体应从以下几方面理解：

第一，资产负债表日是指会计年度末和会计中期期末。因此，资产负债表日包括年度资产负债表日和中期资产负债表日。在我国，由于《会计法》规定会计年度采用公历年度，即1月1日至12月31日，所以年度资产负债表日是指每年的12月31日，中期资产负债表日是指各会计中期期末，包括月末、季末和半年末。

第二，财务报告批准报出日是指董事会或类似机构批准财务报告报出的日期，通常是指对财务报告的内容负有法律责任的单位或个人批准的财务报告向企业外部公布的日期。

在公司制企业(包括有限责任公司和股份有限公司)董事会有权批准对外公布财务报告，因此财务报告批准报出日就是指董事会批准财务报告报出的日期，不是股东大会审议批准的日期，也不是注册会计师出具审计报告的日期。在非公司制企业，财务报告批准报出日是指经理(厂长)会议或类似机构批准财务报告报出的日期。

第三，资产负债表日后事项涵盖的期间

资产负债表日后事项涵盖的期间是指资产负债表日后至财务报告批准报出日之间。这一期间包括：

(1) 报告年度次年的1月1日或报告期间下一期第一天至董事会或类似机构批准财务报告对外公布的日期，即以董事会或类似机构批准财务报告对外公布的日期为截止日期。

(2) 董事会或类似机构批准财务报告对外公布的日期，与实际对外公布日之间发生的与资产负债表日后事项有关的事项，由此影响财务报告对外公布日期的，应以董事会或类似机构再次批准财务报告对外公布的日期为截止日期。

如果公司管理层由此修改了财务报表，注册会计师应当根据具体情况实施必要的审计程序，并针对修改后的财务报表出具新的审计报告。新的审计报告日期不应早于董事会或类似机构批准修改后的财务报表对外公布的日期。

例如，某上市公司20×0年度的财务报告于20×1年2月25日编制完成，注册会计师签署审计报告的日期为20×1年4月10日，董事会批准可以对外公布的日期为4月15日，实际对外公布的日期为4月18日，股东大会召开日期为20×1年5月15日，则该上市公司资产负债表日后事项涵盖的期间为20×1年1月1日至4月15日。

如果该公司4月15～18日之间又发生重大事项，需要对财务报表相关项目进行调整。假定调整后再经董事会批准对外报出的日期为20×1年4月22日，实际对外公布的日期为4月25日，此时，该公司资产负债表日后事项涵盖的期间应为20×1年1月1日至4月22日。

第四，资产负债表日后事项包括期后发生的需要调整或说明的所有有利事项和不利事项，即对资产负债表日后有利或不利事项的处理原则相同。

资产负债表日后事项，如果属于调整事项，对有利和不利的调整事项均应作出相关的账务处理，并调整报告年度或报告中期的财务报表；如果属于非调整事项，对有利或不利的重要的非调整事项应在报告年度或报告中期的附注中进行披露。

第五，资产负债表日后事项不是在这个特定期间内发生的全部事项，而是与资产负债表日存在状况有关的事项，或虽然与资产负债表日存在状况无关，但对企业财务状况具有重大影响的事项。

例如，资产负债表日正在诉讼的案件在资产负债表日后期间结案；再如，在资产负债表日后期间发行股票、债券等，均属于资产负债表日后事项。

二、资产负债表日后事项的内容

资产负债表日后事项，包括资产负债表日后调整事项和资产负债表日后非调整事项。

（一）资产负债表日后调整事项

资产负债表日后调整事项是指对资产负债表日已经存在的情况提供了新的或进一步证据的事项。调整事项一般具有如下特点：

（1）在资产负债表日已经存在，资产负债表日后得以证实的事项。

（2）对按资产负债表日存在状况编制的财务报表产生重大影响的事项。

（二）资产负债表日后非调整事项

资产负债表日后非调整事项是指表明资产负债表日后发生的情况的事项。资产负债表日后非调整事项虽然不影响资产负债表日的存在情况，但不加以说明将会影响财务报告使用者作出正确估计和决策。它一般具有如下特点：

（1）资产负债表日并未发生或存在，完全是期后才发生的事项。

（2）对理解和分析财务报告有重大影响的事项。

（三）两者的异同

调整事项与非调整事项的共同点在于：调整事项和非调整事项都是在资产负债表日后至财务报告批准报出日之间存在或发生的，对报告年度的财务报告所反映的财务状况、经营成果都将产生重大影响。

两者的区别在于：调整事项是事项存在于资产负债表日或以前，资产负债表日后提供了证据对以前已存在的事项作出进一步说明；而非调整事项是在资产负债表日尚未存在，但在财务报告批准报出日之前才发生的事项。

第二节　资产负债表日后调整事项的会计处理

一、资产负债表日后调整事项的会计处理原则

企业发生的资产负债表日后调整事项，应当调整资产负债表日的财务报表。由于资产负债表日后事项发生在次年，上年度有关科目已经结转，特别是损益类科目在结账后已无余额。因此，资产负债表日后发生的调整事项，应按下列原则进行会计处理：

第一，涉及损益的事项，通过"以前年度损益调整"科目核算。企业调整增加以前年度利润或减少以前年度亏损以及由于以前年度损益调整而减少的所得税费用应贷记本科目；企业调整减少以前年度利润或增加以前年度亏损以及由于以前年度损益调整而增加的所得税费用应借记本科目。

需要注意的是，涉及损益调整的事项如果发生在报告年度（即资产负债表日所属年度）所得税汇算清缴之前，应相应地调整报告年度的应交所得税；如果发生在报告年度所得税汇算清缴之后，应作为本年度（即报告年度次年）的纳税调整事项，相应调整本年度应交所得税。

第二，涉及利润分配调整的事项，直接在"利润分配——未分配利润"科目核算。

第三，不涉及损益以及利润分配的事项，调整相关科目。

第四，进行上述账务处理后，还应同时调整会计报表的相关项目的数字，具体包括：

(1) 资产负债表日编制的财务报表相关项目的期末数或本年发生数。

(2) 当期编制的财务报表相关的期初数或上年数。

(3) 上述调整如果涉及附注内容的，还应当调整报表附注相关项目的数字。

二、资产负债表日后调整事项的具体会计处理

企业发生的资产负债表日后调整事项，通常包括下列各项。

（一）资产负债表日后诉讼案件结案，法院判决证实了企业在资产负债表日已经存在现时义务，需要调整原先确认的与该诉讼案件相关的预计负债，或确认一项新负债

【例 8-1】 A公司因违约，于20×0年12月被B公司告上法庭，要求赔偿违约损失120万元。20×0年12月31日法院尚未判决，A公司于20×0年年末按或有事项准则已确认预计负债80万元，B公司未确认收益。20×1年3月5日，经法院判决A公司应赔偿100万元，A、B公司均服从判决，A公司已向B公司支付赔偿款100万元。假定A、B公司20×0年所得税汇算清缴均在20×1年3月20日完成；同时A、B公司20×0年财务报告批准报出日均为20×1年4月5日；而且两公司适用的所得税税率均为25%，所得税采用资产负债表债务法核算；两公司均按10%提取法定盈余公积。假定按税法规定，上述预计负债产生的损失暂不允许在税前扣除，只有在实际发生支出时才允许。要求：分别作出A、B公司

的有关会计处理。

本例中，A、B两公司间的诉讼案件日前就已经存在，而日后即20×1年3月5日法院的判决进一步证实了A、B公司在资产负债表日分别存在现时义务和获赔权利，因此上述业务对A、B公司而言均属于资产负债表日后调整事项，应按调整事项的处理原则进行会计处理。

1. A公司的会计处理

(1) 记录支付的赔款：

借：以前年度损益调整(调整营业外支出)	200 000	
贷：其他应付款		200 000
借：预计负债	800 000	
贷：其他应付款		800 000
借：其他应付款	1 000 000	
贷：银行存款		1 000 000

需要注意的是，资产负债表日后调整事项如果涉及货币资金收支项目，均不调整报告年度资产负债表的货币资金项目和现金流量表各项目的数字。在本例中，虽然已支付了赔偿款，但在调整报告年度会计报表相关项目数字时，只需要调整上述前两笔分录，第三笔分录应作为20×1年3月份的会计事项处理。

(2) 调整已确认的递延所得税资产。20×0年年末，该项预计负债的账面价值为80万元，而其计税基础为零，从而产生可抵扣暂时性差异80万元，因此A公司在确认预计负债80万元时，也相应地确认了递延所得税资产20万元(80×25%)。该日后事项发生后，预计负债的账面价值和其计税基础均为零，暂时性差异已消失，故应冲销原已确认的递延所得税资产。

借：以前年度损益调整(调整所得税费用)	200 000	
贷：递延所得税资产		200 000

(3) 调整应交所得税。由于该日后调整事项发生在所得税汇算清缴之前，而且A公司的赔偿义务已经实际发生，按税法规定，该赔偿支出可以在税前扣除，因此应调减报告年度应交所得税25万元(100×25%)。

借：应交税费——应交所得税	250 000	
贷：以前年度损益调整(调整所得税费用)		250 000

(4) 将“以前年度损益调整”科目余额转入未分配利润：

借：利润分配——未分配利润	150 000	
贷：以前年度损益调整		150 000

(5) 因净利润变动调整提取的盈余公积：

借：盈余公积	15 000	
贷：利润分配——未分配利润		15 000

(6) 调整报告年度(20×0 年度)会计报表相关项目的数字(会计报表略)：

第一，调整 20×0 年度资产负债表“期末余额”栏有关项目如下：

调减“递延所得税资产”项目 200 000 元，调增“其他应付款”项目1 000 000元，调减“预计负债”项目 800 000 元，调减“应交税费”项目 250 000 元，调减“盈余公积”项目 15 000 元，调减“未分配利润”项目 135 000 元。

第二，调整 20×0 年度利润表“本期金额”栏有关项目如下：

调增“营业外支出”项目200 000元，调减“所得税费用”项目50 000元。

第三，调整20×0年度所有者权益变动表“本年金额”栏有关项目如下：

调减“净利润”项目 150 000 元，调减“提取盈余公积”项目15 000元。

(7) 调整 20×1 年 3 月份资产负债表相关项目的年初数(资产负债表略)。A 公司在编制 20×1 年 3 月份的资产负债表时，按照 20×0 年 12 月 31 日的资产负债表的数字作为资产负债表的年初数。由于发生了资产负债表日后调整事项，A 公司除了调整 20×0 年度资产负债表相关项目的数字外，还应当调整 20×1 年 3 月份资产负债表相关项目的年初数，其年初数按照 20×0 年 12 月 31 日调整后的数字填列。

2. B公司的会计处理

(1) 记录收到的赔偿款：

借：其他应收款	1 000 000	
贷：以前年度损益调整(调整营业外收入)		1 000 000
借：银行存款	1 000 000	
贷：其他应收款		1 000 000

需要注意的是，在调整报告年度会计报表相关项目数字时，只需要调整上述第一、第二笔分录应作为 20×1 年 3 月份的会计事项处理。

(2) 调整应交所得税：

借：以前年度损益调整(调整所得税费用)	250 000	
贷：应交税费——应交所得税		250 000

(3) 将“以前年度损益调整”科目余额转入未分配利润：

借：以前年度损益调整	750 000	
贷：利润分配——未分配利润		750 000

(4) 因净利润变动，调整提取的盈余公积：

借：利润分配——未分配利润	75 000	
贷：盈余公积		75 000

(5) 调整报告年度(20×0 年度)财务报表相关项目的数字(财务报表略)：

第一，调整 20×0 年度资产负债表“期末余额”栏有关项目如下：

调增“其他应收款”项目 1 000 000 元，调增“应交税费”项目250 000元，调增“盈余公积”项目 750 000，调增“未分配利润”项目675 000元。

第二，调整 20×0 年度利润表“本期金额”栏有关项目如下：

调增“营业外收入”项目1 000 000元，调增“所得税费用”项目250 000元。

第三，调整20×0年度所有者权益变动表“本年金额”栏有关项目如下：

调增“净利润”项目750 000元，调增“提取盈余公积”项目75 000元。

(6) 调整20×1年3月份资产负债表相关项目的年初数(资产负债表略)。B公司20×1年3月份资产负债表相关项目的年初数应按上述调整后的数字填列。

(二) 资产负债表日后取得确凿证据，表明某项资产在资产负债表日发生了减值或者需要调整该项资产原先确认的减值金额

这一事项是指在资产负债表日，根据当时的资料判断某项资产可能发生了损失或者减值，但没有最后确定是否会发生，因而按照当时的最佳估计金额反映在财务报表中；但在资产负债表日至财务报告批准报出日之间，所取得的确凿证据能证明该事实成立，即某项资产已经发生了损失或减值，则应对资产负债表日所作的估计予以修正。

【例8-2】 A公司20×0年6月销售给B公司一批产品，含税价款为200万元，双方约定，货款于9月末前支付。但由于B公司财务发生困难，该货款到20×0年年末仍未支付，A公司根据当时的情况对该项应收账款按10%计提了坏账准备。20×1年3月10日，A公司接到B公司通知，B公司已进行破产清算，A公司预计有60%的货款无法收回。本年度除应收B公司账款计提的坏账准备外，无其他纳税调整事项。A公司于20×1年2月20日已完成20×0年度所得税汇算清缴，同时20×0年度财务报告批准对外报出日为20×1年4月5日。A公司适用所得税税率为25%，所得税核算采用资产负债表债务法，A公司按净利润的10%提取法定盈余公积。要求作出A公司相关的会计处理。

对A公司而言，上述业务属于资产负债表日后事项中的调整事项，因此应作如下会计处理：

(1) 补提坏账准备：

应补提的坏账准备＝200×60%－200×10%＝100(万元)

借：以前年度损益调整(调整信用减值损失)　　1 000 000
　贷：坏账准备　　1 000 000

(2) 调整确认递延所得税资产。20×0年年末A公司应收账款的账面价值为180万元(200－200×10%)，而资产(应收账款)的计税基础为200万元，从而产生可抵扣暂时性差异20万元。因此A公司在20×0年年末已确认递延所得税资产5万元(20×25%)。资产负债表日后调整事项发生后，A公司应收账款的账面价值为80万元(200－200×60%)，而资产的计税基础仍然为200万元，从而产生可抵扣暂时性差异120万元，因此A公司在日后期间需要调整确认报告年度的递延所得税资产为25万元(120×25%－5)。

借：递延所得税资产　　250 000
　贷：以前年度损益调整(调整所得税费用)　　250 000

(3) 将“以前年度损益调整”科目余额转入未分配利润：

借：利润分配——未分配利润　　750 000
　贷：以前年度损益调整　　750 000

(4) 因净利润变化，调整提取的盈余公积：

借：盈余公积　　75 000

　贷：利润分配——未分配利润　　75 000

(5) 调整报告年度(20×0 年度)会计报表相关项目的数字(会计报表略)：

第一，调整 20×0 年度资产负债表"期末余额"栏有关项目如下：

调减"应收账款"项目1 000 000 元，调增"递延所得税资产"项目 250 000 元，调减"盈余公积"项目 75 000 元，调减"未分配利润"项目 675 000 元。

第二，调整 20×0 年度利润表"本期金额"栏有关项目如下：

调增"信用减值损失"项目 1 000 000 元，调减"所得税费用"项目 250 000 元。

第三，调整 20×0 年度所有者权益变动表"本年金额"栏有关项目如下：

调减"净利润"项目 750 000 元，调减"提取盈余公积"项目75 000元。

(6) 调整 20×1 年 3 月份资产负债表相关项目的年初数(资产负债表略)。A 公司除了调整 20×0 年度会计报表相关项目的数字外，还应当调整 20×1 年 3 月份资产负债表相关项目的年初数，其年初数应按照上述调整后的数字填列。

(三) 资产负债表日后进一步确定了资产负债表日前购入资产的成本或售出资产的收入

这类调整事项具体包括以下两种情况：

第一，若资产负债表日前购建的资产已经按暂估金额等入账，资产负债表日后获得证据，可以进一步确定该资产的成本，则应该对已入账的资产成本进行调整。

【例 8-3】 A 公司新建的一幢办公大楼于 20×0 年 10 月达到预计可使用状态，按当时确定的价值 540 万元转入固定资产。20×1 年 1 月 15 日该办公大楼竣工结算，实际成本为 600 万元，假定该办公大楼预计使用年限为 20 年，预计净残值为零，而且会计折旧方法、折旧年限与按税法规定的相同。A 公司适用所得税税率为 25%，所得税核算采用资产负债表债务法，20×0 年度所得税汇算清缴于 20×1 年 2 月 20 日完成。A 公司 20×0 年度财务报告批准对外报出日为 20×1 年 4 月 5 日，按净利润的 10%提取法定盈余公积，要求作出 A 公司相关的会计处理。

本例中，A 公司发生的上述事项，属于资产负债表日后事项中的调整事项，应作如下会计处理：

(1) 调整固定资产账面价值：

借：固定资产　　600 000

　贷：应付账款　　600 000

(2) 补提折旧。20×0 年 11 月及 12 月份应补提折旧为 5 000 元(600 000÷20÷12×2)。

借：以前年度损益调整(调整管理费用)　　5 000

　贷：累计折旧　　5 000

(3) 调整应交所得税。由于该调整事项发生在所得税汇算清缴之前，可直接调整报告年度的应交所得税。

借：应交税费——应交所得税　　1 250

　贷：以前年度损益调整(调整所得税费用)　　1 250

(4) 将“以前年度损益调整”科目余额转入未分配利润：

借：利润分配——未分配利润　　3 750

　贷：以前年度损益调整　　3 750

(5) 因净利润变化，调整提取的盈余公积：

借：盈余公积　　375

　贷：利润分配——未分配利润　　375

(6) 调整报告年度(20×0 年度)会计报表相关项目的数字(会计报表略)：

第一，调整 20×0 年度资产负债表“期末余额”栏有关项目如下：

调增“固定资产”项目 595 000 元，调增“应付账款”项目 600 000 元，调减“应交税费”项目 1 250 元，调减“盈余公积”项目 375 元，调减“未分配利润”项目 3 375 元。

第二，调整 20×0 年度利润表“本期金额”栏有关项目如下：

调增“管理费用”项目 5 000 元；调减“所得税费用”项目 1 250 元。

第三，调整 20×0 年度所有者权益变动表“本年金额”栏有关项目如下：

调减“净利润”项目 3 750 元，调减“提取盈余公积”项目 375 元。

(7) 调整 20×1 年 1 月份资产负债表相关项目的年初数(资产负债表略)。A 公司除了调整 20×0 年度会计报表相关项目的数字外，还应调整 20×1 年 1 月份资产负债表相关项目的年初数，其年初数应按上述调整后的数字填列。

第二，企业符合收入确认条件确认资产销售收入，但资产负债表日后获得关于出售资产收入的进一步证据，如发生销售退回等，此时也应调整财务报表相关项目的金额。

发生在资产负债表所属期间(即报告年度)或以前期间所售商品的退回，应作为资产负债表日后调整事项处理。该类事项如果发生与报告年度所得税汇算清缴之前，应调整报告年度利润表的收入、成本等，并相应调整报告年度的应纳税所得额以及报告年度应交的所得税等；如果发生于报告年度所得税汇算清缴之后，应调整报告年度会计报表的收入、成本等，但按税法规定在此期间的销售退回所涉及的应交所得税，应作为本年度的纳税调整事项。

【例 8-4】 A 公司为增值税一般纳税人，20×0 年 11 月销售给 B 公司产品一批，售价为 500 万元，增值税额为 65 万元，销售成本为 380 万元，商品发出后，A 公司按正常情况确认了收入，并结转了成本。该批货款在当年 12 月 31 日尚未收到，A 公司按应收账款的 10%计提了坏账准备。20×1 年 1 月 25 日，接 B 公司通知，由于产品质量问题，该商品全部被退回。根据税法规定，按应收账款余额 5‰范围内计提的坏账准备可以在税前扣除。A 公司适用的所得税税率为 25%，所得税核算采用资产负债表债务法，20×1 年 2 月 20 日完成了 20×0 年所得税汇算清缴，20×1 年 4 月 5 日为 20×1 年度财务报告批准报出日，公司按净利润的 10%提取法定盈余公积。要求作出 A 公司相关的会计处理。(假设该商品上年末确认预负债一应付退货款)

A 公司发生的上述销售退回业务，属于资产负债表日后事项中的调整事项，应作如下会计处理。

(1) 调整销售收入：

借：以前年度损益调整(调整主营业务收入) 5 000 000
　　应交税费——应交增值税(销项税额) 650 000
　贷：应收账款 5 650 000

(2) 调整坏账准备：

借：坏账准备 565 000
　贷：以前年度损益调整(调整信用减值损失) 565 000

(3) 调整销售成本：

借：库存商品 3 800 000
　贷：以前年度损益调整(调整主营业务成本) 3 800 000

(4) 调整应交所得税：

借：应交税费——应交所得税[(5 000 000－3 800 000)×25%] 300 000
　贷：以前年度损益调整(调整所得税费用) 300 000

这里需要注意的是，如果本例中该批商品退回发生在20×1年3月5日，即销售退回发生在所得税汇算清缴之后，则其涉及的应交所得税应作为20×1年度的纳税调整事项，会计分录如下：

借：应交税费——应交所得税 300 000
　贷：所得税费用 300 000

(5) 调整原已确定的递延所得税资产。20×0年年末A公司因该笔业务事项而产生的应收账款账面价值为5 085 000元(5 650 000－5 650 000×10%)，资产的计税基础为5 650 000元，从而产生可抵扣暂时性差异565 000元，因此原已确认的递延所得税资产为141 250元(565 000×25%)，现应将其全部冲回。

借：以前年度损益调整(调整所得税费用) 141 250
　贷：递延所得税资产 141 250

(6) 将"以前年度损益调整"科目余额转入未分配利润：

借：利润分配——未分配利润 476 250
　贷：以前年度损益调整 476 250

(7) 因净利润变化，调整提取的盈余公积：

借：盈余公积 47 625
　贷：利润分配——未分配利润 47 625

(8) 调整报告年度20×0年度会计报表相关项目的数字(会计报表略)：

第一，调整20×0年度资产负债表"期末余额"栏有关项目如下：

调减"应收账款"项目5 085 000元，调增"存货"项目3 800 000元，调减"应交税费"项目950 000元，调减"盈余公积"项目47 625元，调减"未分配利润"项目428 625元。

第二，调整20×0年度利润表"本期金额"栏有关项目如下：

调减“营业收入”项目 5 000 000 元，调减“营业成本”项目 3 800 000 元，调减“信用减值损失”项目 565 000 元，调减“所得税费用”项目158 750元。

第三，调整 20×0 年度所有者权益变动表“本年金额”栏有关项目如下：

调减“净利润”项目476 250元，调减“提取盈余公积”项目47 625元。

(9) 调整 20×1 年 1 月份资产负债表相关项目的年初数(资产负债表略)。A 公司除了调整 20×0 年度会计报表相关项目的数字外，还应调整 20×1 年 1 月初资产负债表相关项目的年初数，其年初数应按上述调整后的数字填列。

(四) 资产负债表日后发现了财务舞弊或差错

一般地说，财务舞弊均是重要事项，而发生的差错，可能是重要差错，也可能是非重要差错。企业在资产负债表日后期间发现的属于资产负债表所属期间或以前期间存在的财务舞弊和差错(不论是重大差错，还是非重大差错)，均应当作为资产负债表日后调整事项，调整报告年度的年度财务报告或中期财务报告相关项目的数字。具体会计处理与“第七章会计政策、会计估计变更和差错更正”中前期会计差错更正的有关会计处理相同。

第三节　资产负债表日后非调整事项的处理

一、资产负债表日后非调整事项的处理原则

企业发生的资产负债表日后非调整事项，是表明资产负债表日后发生的情况的事项，与资产负债表日存在状况无关，不应当调整资产负债表日的财务报表。但有的非调整事项对财务报告使用者具有重大影响，如不加以说明，将不利于财务报告使用者作出正确的估计和决策。因此，资产负债表日后事项准则要求在报表附注中对重要的资产负债表日后非调整事项作出相应的披露。

二、资产负债表日后非调整事项的具体会计处理

资产负债表日后发生的非调整事项，应当在报表附注中披露每项重要的资产负债表日后非调整事项的性质、内容及其对财务状况和经营成果的影响。无法作出估计的，应当说明原因。

企业发生的资产负债表日后非调整事项，通常包括下列各项：

(1) 资产负债表日后发生重大诉讼、仲裁、承诺。这类事项是指在资产负债表日后至财务报告批准报出日之间发生的重大诉讼、仲裁或承诺。由于该类事项对企业影响较大，为防止误导投资者及其他财务报告使用者，企业应当在报表附注中进行相关披露。

(2) 资产负债表日后资产价格、税收政策、外汇汇率发生重大变化。这类事项是指在资产负债表日后至财务报告批准报出日之间资产价格、税收政策及外汇汇率发生重大变化。由于企业已经在资产负债表日按照当天的资产计量方式进行处理，或按照规定的汇率对有关账户进行调整，因此，无论资产负债表日后的资产价格和汇率如何变化，均不应影响资产负债表日的财务状况和经营成果。但是如果资产负债表日后资产价格、外汇汇率发生重大变化，企业应对由此而产生的影响在报表附注中进行披露。同样，国家税收政策发生重大改

变将会影响企业的财务状况和经营成果，企业应当在报表附注中及时披露该信息。

(3) 资产负债表日后因自然灾害导致资产发生重大损失。这一事项是指在资产负债表日后至财务报告批准报出日之间由于自然灾害原因导致企业资产发生的重大损失。自然灾害导致的资产重大损失不是企业主观上能够决定的，是不可抗力造成的。但这一事项对企业资产负债表日后财务状况的影响较大，如果不加以披露，有可能使财务报告使用者作出错误的决策，因此企业应在报表附注中披露该信息。

(4) 资产负债表日后发行股票和债券以及其他巨额举债。这一事项是指在资产负债表日后至财务报告批准报出日之间企业经批准发行股票和债券以及向银行或非银行金融机构举借巨额债务。这一事项虽然与企业资产负债表日的存在状况无关，但属于重大事项，它的披露能使财务报告使用者了解与此有关的情况及可能带来的影响，因此企业应该披露该信息。

(5) 资产负债表日后资本公积转增资本。这一事项是指企业在资产负债表日后至财务报告批准报出日之间经批准将资本公积转增资本。企业以资本公积转增资本将会改变企业的资本(或股本)结构，影响较大，需要在报表附注中进行披露。

(6) 资产负债表日后发生巨额亏损。这一事项是指企业在资产负债表日后至财务报告批准报出日之间发生巨额亏损。这一事项虽然与企业资产负债表日存在状况无关，但它将会对企业报告期以后的财务状况和经营成果产生重大影响，应当在会计报表附注中及时披露该信息，以便为投资者或其他财务报告使用者作出正确决策提供信息。

(7) 资产负债表日后发生企业合并或处置子公司。这一事项是指在资产负债表日至财务报告批准报出日之间发生的企业合并或处置子公司。它会影响企业股权结构、经营范围等方面，对企业未来生产经营活动能产生重大影响，因此企业应该在报表附注中及时披露相关的信息。

(8) 资产负债表日后，企业利润分配方案中拟分配的以及经审议批准宣告发放的股利或利润。资产负债表日后，企业制定利润分配方案，拟分配或经审议批准宣告发放股利或利润的行为，并不会致使企业在资产负债表日形成现时义务，因此虽然发生该事项可能导致企业负有支付股利或利润的义务，但支付义务在资产负债表日尚不存在，不应调整资产负债表日的财务报告，因此，该事项为非调整事项。

但由于该事项对企业资产负债表日后的财务状况有较大影响，可能导致现金较大规模流出及企业股权结构变动等，为便于财务报告使用者更充分了解相关信息，企业应该在财务报告中及时披露该信息。

本章小结

1. 资产负债表日后事项是指资产负债表日至财务报表批准报出日之间发生的有利或不利事项。它包括资产负债表日后调整事项和资产负债表日后非调整事项。

2. 资产负债表日后调整事项是指对资产负债表日已存在的情况提供了新的或进一步证据的事项。企业发生的资产负债表日后调整事项应当调整资产负债表日的财务报表。具体应分别以下情况处理：一是涉及损益的事项，通过“以前年度损益调整”账户核算；二是涉及利润分配调整的事项，直接在“利润分配——未分配利润”账户核算；三是不涉及损益及利润分配的事项,调整相关账户;四是通过上述账务处理后,还应同时调整财务报表相关项目的数字。

3. 资产负债表日后非调整事项是指表明资产负债表日后发生的情况的事项。它与资产负债表日存在状况无关,不应当调整资产负债表日的财务报表,但应当在报表附注中披露每项重要的资产负债表日后非调整事项的性质、内容及其对财务状况和经营成果的影响。无法估计的,应当说明原因。

复习思考题

1. 什么是资产负债表日后事项?它包括哪些内容?
2. 如何区分资产负债表日后调整事项与非调整事项?
3. 资产负债表日后调整事项的会计处理原则有哪些?
4. 资产负债表日后非调整事项的会计处理原则有哪些?

练习题

1. M公司为增值税一般纳税人,适用的增值税税率为13%,所得税税率为25%,所得税核算采用资产负债表债务法。该公司20×0年度财务报告批准报出日为20×1年4月25日,20×0年度所得税汇算清缴于20×1年3月5日完成。公司按净利润的10%提取法定盈余公积,提取法定盈余公积后不再作其他分配。M公司在20×1年1月1日至4月25日之间,发生了如下事项:

(1) 1月15日,M公司一幢厂房因电线短路引发火灾,造成厂房严重损坏,直接经济损失300万元。

(2) 2月26日,M公司收到甲公司通知,甲公司已被法院宣布破产,预计应收甲公司账款230万元全部无法收回。M公司在20×0年12月31日已知甲公司资金周转困难无法按期偿还债务,因而按应收甲公司账款余额的20%计提了坏账准备。

(3) 3月10日,M公司于20×0年12月份销售给乙公司的一批产品因发生质量问题而被退回,M公司在销售该批产品时已确认销售收入500万元,销售成本300万元,增值税销项税额为85万元,该批产品的销售价款(含增值税)在销售时已经收到。退回产品已入库,退回产品的价款(含增值税)当即以银行存款支付。(不考虑原已预计退货)。

(4) 3月18日,M公司发现20×0年漏记了一项无形资产摊销费用25万元,所得税申报表中也没有包括这笔费用。此项差错属于重要会计差错。

(5) 3月30日,M公司董事会制定提请股东大会批准的利润分配方案为:分配现金股利300万元;分配股票股利500万元。

(6) 4月6日,M公司与H公司协议,H公司将其持有80%的丙公司的股权出售给M公司,价款为2 000万元。

要求:

(1) 根据上述资料,判断上述业务是属于调整事项,还是非调整事项。

(2) 如果属于调整事项,请作出相关的会计分录。

第九章

企业合并

【本章学习目的】

通过本章学习，学生应掌握企业合并的概念及分类；理解并掌握同一控制下企业合并与非同一控制下企业合并的会计处理原则。

【本章关键词】

企业合并　同一控制下企业合并　非同一控制下企业合并

第一节　企业合并概述

企业合并是指两个或两个以上的企业的联合，或一家企业通过购买权益性证券、资产、签订协议或其他方式取得对另一家或几家企业的控制权的行为。我国《企业会计准则第20号——企业合并》对企业合并所下的定义是：企业合并是将两个或两个以上单独的企业合并形成一个报告主体的交易或事项。对这一定义要从以下三方面来理解：

第一，从企业合并的定义看，是否形成企业合并关键要看有关交易或事项发生前后，是否引起报告主体的变化。报告主体的变化产生于控制权的变化。《公司法》规定的合并包括吸收合并和新设合并。而企业会计准则上的合并包括控股式合并、吸收合并和新设合并。从法律意义上控股合并没有形成一个新的法律主体，但从经济实质和会计报告意义上则形成了一个报告主体，属于经济实质上的合并。所以企业会计准则更加注重经济实质。

第二，企业合并可能形成母子公司关系。

第三，如果一个企业获得对另一个企业的控制权，但是获得控制权的日期与取得所有者权益份额的日期不一致，这种合并也属于企业合并。

例如，被投资方与部分投资者签订了股份回购协议，因而导致对被投资方的控制权发生改变。

一、企业合并的动机

某公司为了扩大规模，最常见的方式有两种：一是通过筹集权益资本及信贷资本或动用盈余来进行生产设备的购置、厂房的购建、新产品研制与开发，以达到扩大其市场份额、提升竞争优势的目的；二是通过收购其他的同类生产厂家或与其他厂家进行股权联合。后一种方式就是我们所说的企业合并。企业合并的动机主要有：

(1) 在尽可能的时间内扩大生产规模，达到快速扩张的目的。假设该公司通过自行购建厂房、生产设备的方式来扩大生产规模不仅需要大量的资金，而且需要耗费相当长的时间。通常从选址、购建到完工投产需要四五年时间，相比之下，企业合并方式具有明显的优越性，它可以使企业得到迅速扩展。

(2) 大幅度地节约企业扩展的成本，缓解现金压力。以企业合并的形式扩大企业不仅可以迅速获取规模经济效益，而且可以缓解资金压力，降低融资成本。例如，某公司要达到预期的生产规模目标，需要的资金额为 5 000 万元。如果通过直接投资购建厂房、设备方式，资金的需要量以及对企业的压力都很大。而采用企业合并方式，这种压力会得到明显的缓解。如果该公司以发行股票并承担债务的方式并购一个资产规模为 5 000 万元，净资产为 1 500 万元的同类厂家，不仅能大大降低融资成本，而且还大大减少了拓展规模对现金流出量的需求。尤其对资金暂时短缺的企业来说，效益更明显。

(3) 企业合并可能给有关方面带来税收上的好处。对于被合并企业的所有者来说，以其在原企业的权益交换一家大公司的股份，而不是通过直接出售企业来获取现金，这样可以免除税收上的负担。在被吸收合并的企业以前年度发生累计亏损的情况下，如果税法允许将这种亏损抵销合并企业以前年度或以后年度的应纳税所得，则企业合并会给合并企业带来税收上的好处。如果被合并企业长期亏损，将来不能获取足够的应纳税所得，则该企业不可能独自获取这种税收上的利益。

(4) 提高管理人员的社会地位和市场价值。对于企业管理者来说，通过成功的企业合并扩大企业规模、提高企业经营效益，能够在经理人市场中提高他们自身的社会地位和市场价值。

(5) 防止兼并。在激烈的市场竞争环境和公司控制争夺市场中，为了防止被大企业吞并，有些公司采用先下手为强的方法，通过吸收并购其他企业，或通过与其他公司的创立合并组建更大的企业，达到保护自己、保存竞争优势的目的。

二、企业合并的分类

(一) 按法律形式分

按法律形式可分为吸收合并、新设合并和控股合并三种。

1. 吸收合并

吸收合并也称兼并，是指合并方(或购买方)通过企业合并取得被合并方(或被购方)的全部净资产，合并后注销被合并方(或被购买方)的法人资格，被合并方(或被购买方)原持有的资产、负债，在合并后成为合并方(或购买方)的资产、负债。

吸收合并完成后，只有合并方仍保持原来的法律地位，被合并企业失去其原来的法人资格而作为合并企业的一部分从事生产经营活动。合并后的企业除对所有被合并企业的原资产实行直接控制或管理外，还往往承担被合并企业的负债。如果甲公司通过吸收合并方式并购乙公司，则甲公司仍然以原来的法律地位继续经营，而乙公司被注销。这种合并可用以下方式表示：

甲公司＋乙公司＝甲公司

2. 新设合并

新设合并是指两个或两个以上的企业联合成立一个新的企业，用新企业的股份交换原来各公司的股份。新设合并结束后，原来的各企业均失去法人资格，而由新成立的企业统一从事生产经营活动。新企业在接受已解散的各企业的资产的同时，往往也承担其债务。新企业对原企业的股东发行股票或签发出资证明书，从而使原企业的股东成为新企业的股东。如果企业的股东不愿成为新企业的股东，新企业应以发行债券或支付现金的方式向原企业股东支付产权转让价款。如果甲、乙两个公司采用新设合并的方式，新设的公司为丙公司，则这种合并可以表示为：

甲公司＋乙公司＝丙公司

3. 控股合并

控股合并是指合并方（或购买方）在企业合并中取得对被合并方（或被购买方）的控制权，被合并方（或被购买方）在合并后仍保持其独立的法人资格并继续经营，合并方（或购买方）确认企业合并形成的对被合并方（或被购买方）的资产和负债。当一个企业取得另一个企业 50％以上有表决权的股份后，必然取得另一个企业的控制权，但是当取得 50％以下有表决权的股份时是否拥有对方的控制权则取决于对方的股权结构。这里所说的控制是指对一个企业的财务或经营政策实施管理，从而在其活动中获得利益的权利。在控股合并的情况下，购买方称为母公司，被购买方称为该母公司的子公司，以母公司为中心，连同它所控股的子公司，被称为企业集团。假设 K 公司采用控股合并方式取得 T 公司的控股权，取得控制股权后关系可表述为：

K 公司＋T 公司＝以 K 公司为母公司的企业集团

（二）按照企业合并所涉及的行业分

按照企业合并所涉及的行业，合并可分为横向合并、纵向合并和混合合并三种。

1. 横向合并

横向合并是指一个公司与从事同类生产经营活动的其他公司进行合并的一种经济行为。例如，1987 年克莱斯勒汽车公司收购美国汽车公司以及 1998 年 9 月克莱斯勒公司与奔驰公司的合并均属于横向合并。横向合并通常具有以下两个目的：一是通过企业规模的扩张来达到扩大经营规模，提高该产品的市场占有率，从而降低管理成本与费用、增强竞争优势、获取规模效益。二是拓展行业专属管理资源，使自身的管理能力得到充分有效的发挥。值得注意的是，通过横向合并获取竞争优势和规模效益是受诸多因素的限制的。首先因为横向合并将对竞争产生负面影响，减少一个行业内企业的数量并使得行业中的成员更容易以不正当的方式共谋垄断利润，从而受政府严厉的管制。例如，在英国，横向合并要受到垄断与兼并法、公平贸易法的约束以及垄断与兼并委员会和公平贸易局的监管。另外，企业规模与规模效益不总是成正比的。规模经济指的是在技术水平不变的情况下，N 倍的投入产生了大于 N 倍的产出，即递增的规模收益。规模经济大致分为四种类型：生产的规模经济、交易的规模经济、储藏的规模经济和专业化分工的规模经济。如果随着规模的扩大，N 倍的投入产生了小于 N 倍的产出，则为规模不经济。

2. 纵向合并

纵向合并指一个公司向处于同行业不同生产经营阶段公司进行并购的一种经济行为。例如，石油行业按其生产经营活动的环节分为勘探、开采、提炼、销售，石油行业中这些处于不同经营环节的企业间的并购就属于纵向并购。纵向并购的初衷在于将市场行为内部化，即通过纵向并购将不同企业的交易转为同一企业内部或同一企业集团内部的交易，从而减少价格资料收集、签约、收取货款、广告等方面的支出并降低生产协调成本。从交易费用经济学的角度看，纵向合并的关键问题是资产的特定性。资产特定性越高，市场交易的潜在费用越大，纵向并购的可能性越大。当资产特定性达到一定高度，市场交易的潜在费用就会阻止企业继续依赖市场，这时纵向合并就会出现。

3. 混合合并

混合合并是指从事不相关业务类型的企业间进行合并的一种经济行为。交易费用经济学对混合合并理解为多部门企业组织的自然发展，这种混合型组织是为了组织极其复杂的经营活动。由于多部门组织管理互不相关的经济活动可以节约交易费用，因此这种组织形式在处理不相关的经济活动中逐渐发展起来。从混合合并的历史看，英、美等西方国家的混合合并缘于以下两点：一是通过混合合并来从事多元化经营以达到优化投资组合、分散投资风险的目的；二是因法律禁止寡头垄断企业在本产业扩大市场份额，在反垄断法的制衡下无法实现横向并购或纵向并购，从而迫使企业转为混合合并。我国从 20 世纪 80 年代中期开始出现混合合并，但从大部分混合合并的实例表明，由于缺少被兼并企业的行业技术和管理知识，企业的混合合并并没产生预期的经济效果；相反，混合合并后的企业因不熟悉被兼并企业的业务而不能对其实施有效的管理。依据企业希望进入的产品市场和现有产品市场之间的关系，混合合并通常包括四种战略类型：① 市场渗透型：企业在现存的市场中增加其市场份额。② 市场扩张型：企业在新的区域市场出售其现在的产品。③ 产品扩张型：企业在现存市场上出售与现有产品相关的其他产品。④ 多元化型：企业在新的市场上出售新产品。20 世纪 60 年代到 90 年代初，全球企业界盛行多元化经营的思路，认为通过混合兼并实现多元化经营后能够有效地分散投资风险，挖掘新的市场机会，稳定企业的现金流量，增强企业的竞争实力。

（三）按合并前后是否同受一方或共同的几方控制分

《企业会计准则第 20 号——企业合并》规定，按合并前后是否同受一方或共同的几方控制，合并可分为同一控制下的企业合并和非同一控制下的企业合并。

1. 同一控制下的企业合并

同一控制下的企业合并，是指参与合并的企业在合并前后均受同一方或相同的多方最终控制且该控制并非暂时性的。

判断某一企业合并是否属于同一控制下的企业合并，应注意以下几个方面：

(1) 能够对参与合并各方在合并前后均实施最终控制的一方通常指企业集团的母公司。同一控制下的企业合并一般发生于集团内部，如集团内母子公司之间、子公司与子公司之间等。因为该类合并从本质上是集团内部企业之间的资产或权益的转移，一般不涉及自集团外购入子公司或是向集团外其他企业出售子公司的情况，能够对参与合并前后均实施最终控制的一方为集团的母公司。

(2) 能够对参与合并的企业在合并前后均实施最终控制的相同多方，主要是指根据投资者之间的协议约定，为了扩大其中某一投资者对被投资单位的表决权比例或巩固某一投资者对被投资单位的控制地位，在对被投资单位的生产经营决策行使表决权时采用相同意思表示的两个或两个以上的法人或其他组织等。

(3) 实施控制的时间性要求,是指参与合并各方在合并前后较长时间内为最终控制方所控制。其具体是指在企业合并之前(即合并日之前),参与合并各方在最终控制方的控制时间一般在1年以上(含1年),企业合并后所形成的报告主体在最终控制方的控制时间也应达到1年以上(含1年)。

按该时间性要求,对于在合并日已经按照同一控制下合并进行处理的,在合并日后相对较短的时间内(短于1年),合并方即将企业合并中取得的具有的重要性资产、负债等出售获得即期损益的,不符合企业会计准则中规定的继后时间性要求,合并方对于原已进行的企业合并处理应当按照非同一控制下企业合并的原则进行调整。

企业之间的合并是属于同一控制下的企业合并,应综合构成企业合并交易的各方面情况,按照实质重于形式的原则进行判断。通常情况下,同一控制下的企业合并是指发生在同一企业集团内部企业之间发生的合并。除此之外,一般不作为同一控制下的企业合并。同受国家控制的企业之间发生的合并,不应仅仅因为参与合并各方在合并前后均受国家控制而将其作为同一控制下的企业合并。

实务中出现的如母公司将其持有的对某子公司的控股权用于交换另一子公司增加发生的股份、集团内某子公司自另一子公司处取得对某一子公司的控制权等,原则上应作为同一控制下的合并。

2. 非同一控制下的企业合并

非同一控制下的企业合并,是指参与合并各方在合并前后不受同一方或相同的多方最终控制的合并交易,即除判断属于同一控制下企业合并的情况以外其他的企业合并。

3. 业务合并

除了一个企业对另一个或多个企业的合并以外,一个企业对其他企业某项业务的合并也视同企业合并,按照企业合并的原则处理。

业务是指企业内部某些生产经营活动或资产、负债的组合,该组合具有投入、加工处理过程和产出能力,能够独立计算其成本费用或所产生的收入,但不构成一个企业、不具有独立的法人资格。

有关资产、负债的组合要形成一项业务,通常应具备的要素包括:① 投入,指原材料、人工、必要的生产技术等无形资产以及构成生产能力的机器设备等其他长期资产的投入。② 加工处理过程,是指具有一定的管理能力、运营过程,能够组织投入形成产出。③ 产出,最为典型的是生产出产成品,也可以是通过为其他部门提供服务来降低企业整体的运行成本等其他带来经济利益的方式。

有关资产、负债的组合要构成一项业务,不一定同时具备上述三个要素。某些情况下,根据投入和加工处理过程等情况进行综合判断。实务中出现的如一个企业对另一个企业某条具有独立生产能力的生产线的合并、一个保险公司对另一保险公司寿险业务的合并等,一般构成业务合并。

第二节 同一控制下企业合并的处理

同一控制下的企业合并,是从合并方出发,确定合并方在合并日对于企业合并事项应进行的会计处理。它主要包括确定合并方和合并日，确定企业合并成本，确定合并中取得的有关资产、负债的入账价值及合并差额的处理。

一、同一控制下企业合并的处理原则

对于同一控制下的企业合并，准则规定的方法类似于权益结合法。在该方法下，是将企业合并看作两个或多个企业参与合并企业权益的重新整合，由于最终控制方的存在，从最终控制方的角度，该类企业合并一定程度上并不会造成构成企业集团整体的经济利益流入与流出，最终控制方在合并前后实际控制的经济资源并没有发生变化，故有关交易事项不作为出售或购买。

对于同一控制下的企业合并，在合并中不涉及自少数股东手中购买股权的情况下，合并方应遵循以下原则进行相关的处理：

(1) 合并方在合并中确认取得的被合并方的资产、负债仅限于被合并方账面上原已确认的资产和负债，合并中不产生新的资产和负债。

同一控制下的企业合并，从最终控制方的角度，其在企业合并发生前后能够控制的净资产价值量没有发生变化，因此即使是在合并过程中取得的净资产入账价值与支付的合并对价账面价值之间存在的差额。同一控制下的企业合并中一般也不产生新的商誉因素，即不确认新的资产，但被合并方在企业合并前账面上原已确认的商誉应作为合并中取得的资产。

(2) 合并方在合并中取得的被合并方各项资产、负债应维持其在被合并方的原账面价值不变。

被合并方在企业合并前采用的会计政策与合并方不一致的，应基于重要性原则。要统一会计政策，即合并方应当按照本企业会计政策对被合并方资产、负债的账面价值进行了调整，并以调整后的账面价值作为有关资产、负债的入账价值。进行上述调整的一个基本原则是将该项合并中涉及的合并方及被合并方作为一个整体对待，对于一个完整的会计主体，其对相关交易、事项应当采用相对统一的会计政策，在此基础上反映其财务状况和经营成果。

(3) 合并方在合并中所取得的净资产的入账价值相对于为进行企业合并支付的对价账面价值之间的差额，不作为资产的处置损益，不影响企业合并当期的利润表，有关差额应调整所有者权益相关项目。

同一控制下的企业合并，本质上不作为购买，而是两个或多个会计主体权益的整合。合并方在企业合并中取得的价值量相对于所放弃的价值量之间存在差额的，应当调整所有者权益。在根据合并差额调整合并方的所有者权益时，应首先调整资本公积(资本溢价或股本溢价)；资本公积(资本溢价或股本溢价)的余额不足冲减的，应冲减留存收益。

(4) 对于同一控制下的控股合并，应视同合并后形成的报告主体自最终控制方开始实施控制时一直是一体化存续下来的，体现在其合并财务报表上，即由合并后形成的母子公司构成的报告主体，无论是其资产规模还是其经营成果都应持续计算。

编制合并财务报表时，无论该项合并发生在报告期的哪一时点，合并利润表、合并现金流量表均反映的是母子公司构成的报告主体自合并当期期初至合并日实现的损益及现金流量情况。相对应地，合并资产负债表的留存收益项目，应当反映母子公司如果一直作为一个整体运行至合并应实现的盈余公积和未分配利润的情况。

对于同一控制下的控股合并，在合并当期编制合并财务报表时，应当对合并资产负债表的期初数进行调整，同时应当对比较报表的相关项目进行调整，视同合并后的报告主体在以前期间一直存在。

二、同一控制下的企业合并的会计处理

同一控制下的企业合并，视合并方式不同，应当分别按照以下规定进行会计处理。

（一）同一控制下的控股合并

同一控制下的控股合并中，合并方在合并日涉及两个问题：一是对合并形成的长期股权的确认与计量；二是合并日合并财务报表的编制。

1. 长期股权投资的确认与计量

按照《企业会计准则第 2 号——长期股权投资》的规定，同一控制下企业合并形成的长期股权投资，合并方应以合并日应享有被合并方账面所有者权益的份额作为形成长期股权投资的初始投资成本。

2. 合并日合并财务报表的编制

同一控制下的企业合并形成母子公司关系的，合并方一般应在合并日编制合并财务报表，反映于合并日形成的报告主体的财务状况、视同该主体一直存在产生的经营成果等。考虑有关因素的影响，编制合并日的财务报表存在困难的，下列有关原则同样适用于合并当期期末合并财务报表的编制。

编制合并日财务报表时，一般包括合并资产负债表、合并利润表、合并现金流量表。合并报表的编制方法具体见第十一章合并财务报表。

（二）同一控制下的吸收合并

同一控制下的吸收合并中，合并方主要涉及合并日取得被合并方资产、负债入账价值的确定，以及合并中取得有关净资产的入账价值与支付的合并对价账面价值之间的差额的处理。

1. 合并中取得的资产、负债入账价值的确定

合并方对同一控制下吸收合并中取得的资产、负债应当按照相关资产、负债在被合并方的原账面价值入账。

需要注意的是，合并方与被合并方在企业合并前所采用的会计政策是不同的。应基于重要性原则，统一被合并方的会计政策，即应当按照合并方的会计政策对被合并方的有关资产、负债的账面价值进行调整，以调整后的账面价值确认。

2. 合并差额的处理

合并方在确认了合并中取得的被合并方的资产和负债后，以发行权益性证券方式进行的该类合并，所确认的净资产入账价值与发行股份面值总额的差额，应计入资本公积（资本溢价或股本溢价），资本公积（资本溢价或股本溢价）的余额不足冲减的相应冲减盈余公积和未分配利润；以支付现金、非现金资产方式进行的该类合并，所确认的净资产入账价值与支付现金、非现金资产的账面价值的差额，应进行相应调整，资本公积（资本溢价或股本溢价）的余额不足冲减的，相应冲减盈余公积和未分配利润。

【例 9-1】 20×0 年 6 月 30 日，P 公司以股票交换的方式对甲公司进行吸收合并，经双

方协商,P公司发生普通股100 000股以取得甲公司的全部资产并承担甲公司的全部负债,P公司每股面值7元。P公司与甲公司资产负债表,如表9-1所示。

表9-1

资产负债表(简表)

20×0年6月30日　　　　金额单位:元

项　目	P公司	甲公司(账面金额)	甲公司(公允价值)
资产:			
货币资金	200 000	150 000	150 000
交易性金融资产	30 000	20 000	30 000
应收账款	70 000	30 000	28 000
库存商品	400 000	100 000	90 000
长期股权投资	200 000	0	0
固定资产	500 000	500 000	510 000
无形资产	100 000	200 000	250 000
资产合计	1 500 000	1 000 000	1 058 000
负债及所有者权益:			
短期借款	100 000	50 000	45 000
应付账款	250 000	250 000	225 000
其他负债	150 000	100 000	120 000
负债合计	500 000	400 000	390 000
股本	600 000	400 000	—
资本公积	200 000	20 000	—
盈余公积	100 000	120 000	—
未分配利润	100 000	60 000	—
所有者权益合计	1 000 000	600 000	668 000
负债及所有者权益合计	1 500 000	1 000 000	1 058 000

P公司对于发行股票吸收合并甲公司的业务应编制会计分录如下:

借:货币资金	150 000	
交易性金融资产	20 000	
应收账款	30 000	
库存商品	100 000	
固定资产	500 000	
无形资产	200 000	
资本公积	100 000	
贷:短期借款		50 000
应付账款		250 000
其他负债		100 000
股本		700 000

3. 合并当期期末比较报表的提供

因被合并方在合并后失去了法人资格，其所有的资产、负债均并入合并方的账簿和报表进行核算，合并方在合并当期期末编制的其个别财务报表。对于同一控制下的吸收合并，在编制比较报表时，无须对以前期间已经编制的比较报表进行调整。

（三）合并方为进行企业合并发生的有关费用的处理

合并方进行企业合并发生的有关费用，指合并方为进行企业合并发生的各项直接相关费用，如为进行企业合并支付的审计费用，资产评估费用以及有关的法律咨询费用等增量费用。企业专设购并部门发生的日常管理费用，如果该部门的设置并不是与某项企业合并直接相关，而是企业的一个常设部门，其设置的目的是为了寻找相关的购并机会等，维持该部门日常运转的有关费用，不属于与企业合并直接相关的费用，应当于发生时费用化计入当期损益。

同一控制下企业合并进行过程中发生的各项直接相关费用，应于发生时费用化计入当期损益。借记“管理费用”等账户，贷记“银行存款”等账户。但以下两种情况下除外：

(1) 以发行债券方式进行的企业合并，与发行债券有关的佣金、手续费等应按照《企业会计准则第 22 号——金融工具确认和计量》的规定进行核算。该部分费用虽然与筹集用于企业合并的对价直接相关，但其核算单位应遵照金融工具准则的原则，有关的费用应计入负债的初始计量金额中。

(2) 发行权益性证券作为合并对价的，与所发行权益证券相关的佣金、手续费等应按照《企业会计准则第 37 号——金融工具列报》的规定处理。即与发行权益性证券相关的费用，不管其是否与企业合并直接相关，均应自溢价收入中扣除，在权益性证券发行无溢价或溢价金额不足以扣减的情况下，应当冲减盈余公积和未分配利润。

第三节 非同一控制下企业合并的处理

非同一控制下的企业合并，主要涉及购买方及购买日的确定、企业合并成本的确定、合并中取得各项可辨认资产、负债的确认与计量及合并差额的处理等。

一、非同一控制下企业合并的处理原则

（一）合并日及购买方的确定

1. 购买方的确定

购买方指在企业合并中取得对另一方或多方控制权的一方。

在企业合并中，一般应考虑企业合并合同、协议以及其他相关因素来确定购买方。合并中一方取得了另一方半数以上有表决权股份的，除非有明确的证据表明不能形成控制，一般认为取得另一方半数以上表决权股份的一方为购买方。某些情况下，即使一方没有取得另一方半数以上有表决权股份，但存在以下情况时，一般也可认为其获得了对另一方的控制权：

(1) 通过与其他投资者签订协议，实质上拥有被购买方企业半数以上表决权。例如，A 公司拥有 B 公司 40%的表决权资本，C 公司拥有 B 公司 30%的表决权资本，D 公司拥有 B

公司30%的表决权资本。A公司与C公司达到协议,C公司在B公司的权益由A公司代表。在这种情况下,A公司实质上拥有B公司70%表决权资本的控制权,B公司的章程等没有特别规定的情况下,表明A公司实质上控制B公司。

(2) 按照法律或协议等的规定,具有主导被购买企业财务和经营决策的权利。例如,A公司拥有B公司45%的表决权资本,同时,根据法律或协议规定,A公司可以决定B公司的生产经营等政策,达到对B公司的财务和经营政策实施控制。

(3) 有权任免被购买企业董事会或类似权力机构绝大多数成员。这种情况是指,虽然投资企业拥有被投资单位50%或以下表决权资本,但根据章程、协议等有权任免被投资单位董事会或类似机构的绝大多数成员,以达到实质上控制的目的。

(4) 在被购买企业董事会或类似权力机构中具有绝大多数投票权。这种情况是指,虽然投资企业拥有被投资单位50%或以下表决权资本,但能够控制被投资单位董事会等类似权力机构的会议,从而能够控制其财务和经营政策,达到对被投资的控制。

某些情况下可能难以确定企业合并中的购买方,如参与合并的两家或多家企业规模相当,这种情况下,往往可以结合一些迹象表明购买方的存在。在具体判断时,可以考虑下列相关因素:

(1) 以支付现金、转让非现金或承担负债的方式进行的企业合并,一般支付现金、转让非现金资产或承担负债的一方为购买方。

(2) 考虑参与合并各方的股东在合并后主体的相对投票权,其中股东在合并后主体具有相对较高投票比例的一方一般为购买方。

(3) 参与合并各方的管理层对合并后主体产生经营决策的主导能力,如果合并导致参与合并一方的管理层能够主导合并后主体生产经营政策的制定,其管理层能够实施主导作用的一方一般为购买方。

(4) 参与合并一方的公允价值远远大于另一方的,公允价值较大的一方很可能为购买方。

(5) 企业合并是通过以有表决权的股份交换另一方的现金或其他资产的,则付出现金或其他资产的一方很可能为购买方。

(6) 通过权益互换实现的企业合并,发生权益性证券的一方通常为购买方。但如果有证据表明发生权益性证券的一方,其生产经营决策在合并后被参与合并的另一方控制,则其应为被购买方,参与合并的另一方为购买方。

在判断企业合并中的买方时,应考虑所有相关的事实和情况,特别是企业合并后参与合并各方的相对投票权、合并后主体管理机构及高层管理人员的构成、权益互换的条款等。

(二) 确定购买日

购买日是购买方获得对被购买方控制权的日期,即企业合并交易进行过程中,发生控制权转移的日期。

根据企业合并方式的不同,在控股合并的情况下,购买方应在购买日确认因企业合并形成的对被购买方的长期股权投资,在吸收合并的情况下,购买方应在购买日确认合并中取得的被购买方各项可辨认资产、负债等。

1. 购买日的确定原则

确定购买日的基本原则是控制权转移的时点。企业在实务操作中,应当结合合并合同或协议的约定以及其他有关的影响因素，按照实质重于形式的原则进行判断；同时满足了以下条件时，一般可认为控制权转移，形成购买日。有关条件如下：

(1) 企业合并合同或协议已获股东大会等内部权力机构通过。企业合并一般涉及的交易规模较大，无论是合并当期还是合并以后期间，均会对企业的生产经营产生重大影响，在能够对企业合并进行确认，形成实质性交易前，该交易或事项经过企业的内部权力机构批准，如对股份有限公司，其内部权力机构一般指股东大会。

(2) 按照规定，合并事项需要经过国家有关主管部门审批的，已获得相关部门的批准。按照国家有关规定，企业购并需要经过国家有关部门批准的，取得相关批准文件是对企业合并交易或事项进行会计处理的前提之一。

(3) 参与合并各方已办理了必要的财产权交接手续。作为购买方，其通过企业合并无论是取得对被购买方的股权还是取得被购买方的全部净资产，能够形成与取得股权或净资产相关的风险和报酬的转移，一般需要办理相关的财产权交接手续，从而从法律上保障有关风险和报酬的转移。

(4) 购买方支付了购买价款的大部分(一般应超过 50%)，并且有能力支付剩余款项。购买方要取得被购买方净资产相关的风险和报酬，其前提是必须支付一定的对价，一般在形成购买日之前，购买方应当已经支付了购买价款的大部分，并且从其目前财务状况判断，有能力支付剩余款项。

(5) 购买方实际已经控制了被购买方的财务和经营政策，并享有相应的收益和风险。

2. 分次实现的企业合并购买日的确定

企业合并涉及一次以上交换交易的，如通过分阶段取得股份最终实现合并，企业应于每一交易日确认对被投资企业的各单项投资。交易日是指合并方或购买方在自身账簿和报表中确认对被投资单位投资的日期。分步实现的企业合并中，购买日是按照有关标准判断购买方最终取得对被购买企业控制权的日期。其具体判断原则和参与依据与通过单项交易实现的企业合并相同。

例如，甲公司于 20×0 年 7 月 20 日取得乙公司 35%的股权(假定能够对被投资单位施加重大影响)，在与取得股权相关的风险和报酬发生转移的情况下，甲公司应确认对乙公司的长期股权投资，与所取得股权相关的风险和报酬转移的日期即为交易日。在已经拥有乙公司 35%股权的基础上，甲公司又于 20×1 年 12 月 8 日取得乙公司 30%的股权，在其持股比例达到 65%的情况下，假定于当日开始能够对乙公司实施控制，则 20×1 年 12 月 8 日为第二次购买股权的交易日，同时因在当日能够对乙公司实施控制，形成企业合并的购买日。

(三) 确定合并成本

企业合并成本包括购买方为进行企业合并支付的现金或非现金资产、发行或承担的债务、发行的权益性证券等在购买日的公允价值之和。具体来讲，合并成本包括购买方在购买日支付的下列项目的合计金额：

(1) 作为合并对价的现金及非现金资产的公允价值。

有关资产的公允价值确定如下：

第一，货币资金，按照购买日被购买方的原账面价值确定。

第二，有活跃市场的股票、债券、基金等金融工具，按照购买日活跃市场中的市场价格确定。

第三，应收款项，其中的短期应收款项，一般按照应收取的金额作为公允价值；长期应收款项，应按适当的利率折现后的现值确定其公允价值。在确定应收款项的公允价值时，应考虑发生坏账的可能性及相关收款费用。

第四，存货，对其中的产成品和商品按其估计售价减去估计的销售费用、相关税费以及购买方出售类似产成品或商品估计可能实现的利润确定；在产品按完工产品的估计售价减去至完工仍将发生的成本、估计销售费用、相关税费以及基于同类或类似产成品的基础上估计可能实现的利润确定；原材料按现行重置成本确定。

第五，不存在活跃市场的金融工具如权益性投资等，应当参照《企业会计准则第22号——金融工具确认和计量》等，采用估值技术确定其公允价值。

第六，房屋建筑物、机器设备、无形资产，存在活跃市场的，应以购买日的市场价格为基础确定其公允价值；不存在活跃市场，但同类或类似资产存在活跃市场的，应参照同类或类似资产的市场价格确定其公允价值；同类或类似资产也不存在活跃市场，应采用估值技术确定其公允价值。

以非货币性资产作为合并对价的，该公允价值与作为合并对价的非货币性资产账面价值的差额，作为资产的处置损益，计入合并当期的利润表。

(2) 发行的权益性证券的公允价值。所发行权益性证券存在公开市场，有明确市价可供遵循的，应以该证券的市价作为确定其公允价值的依据，同时应考虑该证券的交易量，是否存在限制性条款等因素的影响；发行的权益性证券不存在公开市场，没有明确市价可供遵循的，则应考虑购买方或被购买方的公允价值为基础确定权益性证券的价值。在确定所发行权益性证券的公允价值时，应当考虑达成企业合并协议并且公开宣布前后一段合理时间内该权益性证券的市场价格。

(3) 因企业合并发生或承担的债务的公允价值。因企业合并而承担的各项负债，应按照适用利率计算的未来现金流量的现值作为其公允价值。

(4) 当企业合并合同或协议中提供了视未来或有事项的发生而对合并成本进行调整时，符合《企业会计准则第13号——或有事项》规定的确认条件的，应确认的支出也应作为企业合并成本的一部分。

某些情况下，合并方可能在合并合同或协议中约定对合并成本进行一定的调整。例如，企业合并合同中规定，如果被购买方连续2年净利润超过一定水平，购买方需支付额外的对价。如果在购买日预计被购买方的盈利水平很可能会达到合同规定的标准，应将按照合同或协议约定需支付的金额计入企业合并成本。

企业在购买日对于可能需要支付的企业合并成本调整金额进行预计并计入企业合并成本后，未来期间有关涉及调整成本的事项未实际发生或发生后需要对原估计计入企业合并成本的金额进行调整的，或者在购买日因未来事项发生的可能性较小、金额无法可靠计量等原因导致有关调整金额未包括在企业合并成本中，未来期间因合并合同或协议中约定的事项很可能发生、金额能够可靠计量，符合有关确认条件的，应对企业合并成本进行相应调整。

非同一控制下企业合并中发生的与合并直接相关费用，包括为进行合并而发生的审计费用、法律服务费用、咨询费用等，应计入当期损益与同一控制下企业合并进行过程中发生的有关费用相一致。

需要说明的是，对于通过多次交换交易分步实现的企业合并，其企业合并成本为每一单项交换交易的成本之和。

（四）企业合并成本在取得的可辨认资产和负债之间的分配

非同一控制下的企业合并中，购买方取得了被购买方净资产的控制权，视合并方式的不同，应分别在合并财务报表或个别财务报表中确认合并中取得的各项可辨认资产和负债。

1. 可辨认资产、负债的确认原则

（1）购买方在企业合并中取得的被购买方各项可辨认资产和负债，要作为本企业的资产、负债（或合并报表中的资产、负债）进行确认，在购买日，应当满足资产、负债的确认条件。有关的确认条件包括：

第一，合并中取得的被购买方的各项资产（无形资产除外），其所带来的未来经济利益预期能够流入企业且公允价值能够可靠计量的，应单独作为资产确认。

第二，合并中取得的被购买方各项负债（或有负债除外），履行有关的义务预期会导致经济利益流出企业且公允价值能够可靠计量的，应单独作为负债确认。

（2）企业合并中取得无形资产的确认条件，企业合并中取得的无形资产在其公允价值能够可靠计量的情况应单独予以确认。企业合并中取得的需要区别于商誉单独确认的无形资产一般是按照合同或法律产生的权利，某些并非产生于合同或法律规定的无形资产，需要区别于商誉单独确认的条件是能够对其进行区分，即能够区别于被购买企业的其他资产并且能够单独出售、转让、出租等。公允价值能够可靠计量的情况下，应区别于商誉单独确认的无形资产一般包括：商标、特许权等。

（3）企业合并中产生或有负债的确认条件。为了尽可能反映购买方因为进行企业合并可能承担的潜在义务，对于购买方在企业合并时可能需要代被购买方承担的或有负债，在其公允价值能够计量的情况下，应作为合并中取得的负债单独确认。企业合并中对于或有负债的确认条件，与企业在正常经常过程中因或有事项需要确认负债的条件下不同，在购买日，可能相关的或有事项导致经济利益流出企业的可能性还比较小，但其公允价值能够合理确定的情况下，即需要作为合并中取得的负债确认。

企业合并中取得的或有负债在初始确认以后，企业持续持有该项负债期间之内，应当按照以下两项金额孰高进行后续计量：一是按照《企业会计准则第 13 号——或有事项》应予以确认的金额；二是其初始确认金额减去按照《企业会计准则第 14 号——收入》的原则确认的累计摊销额后的余额。

2. 可辨认资产、负债的计量

企业合并中取得的资产、负债在满足确认条件后，应以其公允价值计量。其确定方法见本节的“确定合并成本”内容。

需要说明的是，对于被购买方在企业合并之前已经确认的商誉和递延所得税项目，购买方在对企业合并成本进行了分配确认合并中取得可辨认资产和负债时不应予以考虑。

在按照规定确定了合并中应予确认的各项可辨认资产、负债后，其计税基础与账面价值不同形成暂时性差异的，应当按照所得税会计准则的规定确认相应的递延所得税资产或递延所得税负债。

（五）企业合并成本与合并中取得的被购买方可辨认净资产公允价值份额的差额的处理

购买方对于企业合并成本与确认的被购买方可辨认净资产公允价值的差额，应确认为商誉。视企业合并方式不同，控股合并情况下，该差额是指合并报表中应列示的商誉；吸收合并情况下，该差额是购买方在其账簿及个别财务报表中应确认的商誉。

商誉在确认以后，持有期间不要求摊销，每一会计年度末，企业应当按照《企业会计准则第 8 号——资产减值》的规定对其进行减值测试，按照账面价值与或收回金额孰低的原则计量，对于可收回金额低于账面价值的部分，计提减值准备，有关减值准备在提取后不得转回。

企业合并成本小于合并中取得的被购买方可辨认净资产公允价值份额的部分，应计入合并当期损益。

当发生这种情况时，首先要对合并中取得的资产、负债的公允价值、作为合并对价的非现金资产或发行权益性证券等的公允价值进行复核，复核结果表明所确定的各项可辨认资产和负债的公允价值确定是恰当的，应将企业合并成本低于取得的被购买方可辨认净资产公允价值份额之间的差额，计入合并当期的营业外收入，并在会计报表附注中予以说明。

上述差额应根据合并方式不同分别体现在合并方的个别利润表和合并利润表中。

二、非同一控制下企业合并的会计处理

（一）控股合并

这一部分的内容见“第十一章合并财务报表”。

（二）吸收合并

购买方在购买日应当将合并中取得的符合确认条件的各项可辨认资产、负债按公允价值确认为本企业的资产、负债；作为合并对价的有关非货币性资产在购买日的公允价值与其账面价值的差额，应作为资产处置损益计入合并当期的利润表；确定的企业合并成本与所取得的可辨认净资产公允价值之间的差额，视情况分别确认为商誉或计入企业合并当期的损益。

【例 9-2】 沿用[例 9-1]资料，假设 P 公司以股票交换的方式对甲公司进行吸收合并，经双方协商，P 公司发行普通股 100 000 股，以取得甲公司的全部资产并承担甲公司全部负债，P 公司每股面值 1 元，经调整确定的公允价值为 7.5 元。假设合并日为 6 月 30 日。其他资料见[例 9-1]。

吸收合并 B 公司的会计分录如下：

借：货币资金	150 000
交易性金融资产	30 000
应收账款	28 000
库存商品	90 000
固定资产	510 000
无形资产	250 000
商誉	82 000

贷：短期借款　　45 000
　　应付账款　　225 000
　　其他负债　　120 000
　　股本　　100 000
　　资本公积　　650 000

合并完成后，P公司资产负债表，如表9-2所示。

表9-2

资产负债表(简表)

20×0年6月30日　　金额单位：元

资　　产	金　额	负债和所有者权益	金　额
资产：		负债：	
货币资金	350 000	短期借款	145 000
交易性金融资产	60 000	应付账款	475 000
应收账款	98 000	其他负债	270 000
库存商品	490 000	负债合计	890 000
长期股权投资	200 000	所有者权益：	
固定资产	1 010 000	实收资本	700 000
无形资产	350 000	资本公积	850 000
商誉	82 000	盈余公积	100 000
		未分配利润	100 000
		所有者权益合计	1 750 000
资产合计	2 640 000	负债和所有者权益合计	2 640 000

【例9-3】 M公司支付现金460 000元对N公司进行吸收合并，同时M公司还支付了注册登记费和咨询费等与购买成本有关的支出共计18 000元，合并日为20×0年12月31日，合并日N公司资产负债表项目中的账面价值和公允价值，如表9-3所示。

表9-3

资产负债表(简表)

20×0年12月31日　　金额单位：元

项　　目	账 面 价 值	公 允 价 值
货币资金	180 000	180 000
固定资产	150 000	200 000
无形资产	120 000	150 000
资产总计	450 000	530 000
负　　债	70 000	80 000

（续表）

项　　目	账面价值	公允价值
股　　本	300 000	—
留存收益	80 000	—
股东权益	380 000	450 000

M公司的购买成本为478 000元（460 000＋18 000），而取得N公司净资产的公允价值为450 000元。购买成本高于净资产公允价值差额28 000元作为外购商誉处理。M公司应进行如下账务处理：

借：货币资金　　180 000
　　固定资产　　200 000
　　无形资产　　150 000
　　商誉　　10 000
　　管理费用　　18 000
　贷：负债　　80 000
　　　银行存款　　478 000

仍沿用上例，假设M公司在购买时支付的现金为400 000元，同时支付注册登记费和咨询费等与购买成本有关的支出共计20 000元。在这种情况下，M公司购买成本为420 000元，由此产生营业外收入30 000元。M公司合并日的会计处理为：

借：货币资金　　180 000
　　固定资产　　200 000
　　无形资产　　150 000
　　管理费用　　20 000
　贷：负债　　80 000
　　　银行存款　　420 000
　　　营业外收入　　50 000

本章小结

1. 企业合并是将两个或两个以上单独的企业合并形成一个报告主体的交易或事项。企业合并按照法律形式分为吸收合并、新设合并、控股合并；按涉及的行业分为横向合并、纵向合并、混合合并；按合并前后是否受同一方或共同的多方控制分为同一控制下企业合并与非同一控制下的企业合并。

2. 同一控制下企业合并的会计处理原则：是合并方对同一控制下吸收合并中取得的资产、负债应当按照相关资产、负债在被合并方的原账面价值入账。合并方在确认了合并中取得的被合并方的资产和负债后，以发行权益性证券方式进行的该类合并，所确认的净资产入账价值与发行股份面值总额的差额，应计入资本公积（资本溢价或股本溢价），资本公积（资本溢价或股本溢价）的余额不足冲减的相应冲减盈余公积和未分配利润；以支付现金、非现金资产方式进行的该类合并，所确认的净资产入账价值与支付现金、非现金资产的账面价值的差额，应进行相应调整，资本公积（资本溢价或股本溢价）的余额不足冲减的，相应冲减盈余公积和未分配利润。

3. 非同一控制下企业合并主要涉及购买方、购买日和合并成本的确定：购买方是指在企业合并中取得对另一方或多方控制权的一方。购买日是购买方获得对被购买方控制权的日期，即企业合并交易进行过程中，发生控制权转移的日期。企业合并成本包括购买方为进行企业合并支付的现金或非现金资产、发行或承担的债务、发行的权益性证券等在购买日的公允价值之和。

4. 非同一控制下企业合并的会计处理原则：购买方在购买日应当将合并中取得的符合确认条件的各项可辨认资产、负债按公允价值确认为本企业的资产、负债；作为合并对价的有关非货币性资产在购买日的公允价值与其账面价值的差额，应作为资产处置损益计入合并当期的利润表；确定的企业合并成本与所取得的可辨认净资产公允价值之间的差额，视情况分别确认为商誉或计入企业合并当期的损益。

复习思考题

1. 企业合并分为哪些类型？
2. 同一控制下企业合并如何进行会计核算？
3. 非同一控制下企业合并如何进行会计核算？

练 习 题

1. P公司于20×0年6月30日采用吸收合并方式合并Q公司，属于非同一控制下企业合并。合并后P公司继续存在，Q公司失去法人资格。合并前，P公司和Q公司资产负债表有关资料，如表9-4所示。在评估确认Q公司资产公允价值的基础上，双方协商的并购价为1 000 000元，由P公司以银行存款支付，同时，P公司还支付了注册登记费用和其他相关费用共计18 000元。

表9-4

PQ公司和Q公司资产负债表

20×0年6月30日　　　　金额单位：元

项　　目	P公司	Q公司（账面价值）	Q公司（公允价值）
银行存款	2 560 000	25 000	25 000
交易性金融资产	700 000	15 000	15 000
应收账款（净额）	420 000	105 000	100 000
存货	720 000	180 000	206 250
长期股权投资	600 000	150 000	176 250

（续表）

项　　目	P 公 司	Q 公司（账面价值）	Q 公司（公允价值）
固定资产	900 000	750 000	800 000
无形资产	200 000	50 000	45 000
资产合计	6 100 000	1 275 000	1 367 500
短期借款	320 000	80 000	80 000
应付账款	454 000	113 500	113 500
长期应付款	1 280 000	320 000	274 000
负债合计	2 054 000	513 500	467 500
股本	2 200 000	300 000	—
资本公积	1 000 000	305 000	—
盈余公积	346 000	86 500	—
未分配利润	500 000	70 000	—
所有者权益合计	4 046 000	761 500	900 000

要求：对上述吸收合并业务进行会计处理。

2. 北华公司在合并明光公司时发行每股面值为1元，每股市价为1.80元的普通股股票150 000股以换取明光公司的净资产，明光公司的原股东即成为北华公司的股东，原股票全部注销。两公司合并属于同一控制下的企业合并。明光公司在评估前资产负债所有者权益，如表9-5所示。

表 9-5

明光公司资产负债表

20×0 年 6 月 30 日　　　　金额单位：元

资　　产	金　额	负债和所有者权益	金　额
银行存款	5 000	短期借款	10 000
应收账款	45 000	应收票据	21 775
减：坏账准备	225	应付账款	35 000
应收账款(净额)	44 775	长期借款	15 000
存货	77 000	股本	200 000
固定资产原值	300 000	资本公积	15 000
减：累计折旧	75 000	盈余公积	50 000
固定资产净值	225 000	未分配利润	5 000
合　　计	351 775	合　　计	351 775

要求：对上述吸收合并进行会计处理。

第十章

合并财务报表

【本章学习目的】

通过本章学习，学生应了解合并财务报表的产生、发展及合并理论；理解合并财务报表的概念及特点；掌握合并财务报表的合并范围及编制程序；熟练掌握抵销分录的编制、合并资产负债表及合并利润表的编制；一般掌握合并现金流量表及合并所有者权益变动表的编制。

【本章关键词】

合并财务报表　抵销分录　合并资产负债表　合并利润表　合并现金流量表　合并所有者权益变动表

第一节　合并财务报表概述

一、合并财务报表的产生与发展

合并财务报表最早出现于美国。在1888年，美国的新泽西州公司法中就有关于合并财务报表编制的规定。第一次世界大战时期，美国在税法中强制规定母子公司合并纳税，使得大部分控股公司都开始编制合并财务报表。1940年，美国证券交易委员会规定证券上市公司必须编制和提供合并财务报表，使编制合并财务报表成为证券上市公司法定义务。由此，编制合并财务报表的企业越来越多。第二次世界大战以后，随着科学技术在生产领域的大量运用，企业生产规模急剧扩大，大型跨国公司和企业不断涌现，此时，无论是企业的最高层管理当局，还是企业的投资者、债权人等财务报表的使用者，都需要了解控股公司整体经营情况，这在客观上就要求这些控股公司通过编制合并财务报表，将其所控制的公司经营情况和本身的经营情况综合地反映出来，这样合并财务报表便日益流行起来。

受美国合并财务报表的影响，一些发达的资本主义国家在第二次世界大战后也逐步开始重视合并财务报表的作用。例如，英国1948年公司法中规定，企业在拥有子公司时必须在提供个别财务报表的基础上，公开反映企业集团财务报表（即合并财务报表）。法国证券交易委员会于1971年要求发行债券的公司、股票上市公司以及所有公营企业编制合并财务报表。德国在1965年公共公司法中，也要求企业编制集团财务报表。日本在1977年开始，也要求编制和公布合并财务报表，并制定发布了合并财务报表准则及规则。为协调各国合并财务报表的编制，国际会计准则委员会早在20世纪70年代中期就制定并发布了《国际会计准则3——合并财务报表》，并在1989年对合并财务报表准则进行了修改与完善。

在我国，随着企业体制改革的不断深入，通过资本市场公开发行股票筹集资金的股份上市公司越来越多。为了满足海内外证券上市的需要，这些股份制企业均已对外编报合并财务报表。中国证券监督管理委员会为规范上市企业会计信息的披露，规定上市公司必须披露其合并财务报表的编报。同时为了满足我国企业集团发展的需要，规范上市公司合并财务报表的编报，财政部于1995年年初发布实施了《合并会计报表暂行规定》，并于2006年2月正式发布了《企业会计准则第33号——合并财务报表》。

二、合并财务报表的概念及特点

（一）合并财务报表的概念

合并财务报表是指反映母公司和其全部子公司形成的企业集团整体财务状况、经营成果和现金流量的财务报表。

（二）合并财务报表的特点

合并财务报表与个别财务报表相比较，它具有以下特点：

(1) 合并财务报表反映的对象是由若干个法人组成的会计主体。合并财务报表反映的是母公司和子公司所组成的企业集团整体的财务状况和经营成果，反映的对象是由若干个法人组成的会计主体，是经济意义上的会计主体，而不是法律意义上的主体。而个别财务报表反映的则是单个企业法人的财务状况和经营成果，反映的对象是企业法人。

(2) 合并财务报表是由母公司编制的。合并财务报表是由企业集团中对其他企业有控制权的控股公司或母公司编制的，并不是企业集团中所有企业都必须编制合并财务报表，更不是社会上所有企业都需要编制合并财务报表。而个别财务报表是由独立的法人企业编制的，社会上的所有企业均需要编制个别财务报表。

(3) 合并财务报表是以个别财务报表为基础编制的。合并财务报表是以纳入合并范围的企业个别财务报表为基础，根据其他有关资料，抵销有关会计事项对个别财务报表的影响编制的，它不需要在现行会计核算方法体系之外，单独设置一套账簿体系。而个别财务报表是以账簿资料为基础编制的。

(4) 合并财务报表的编制有其独特方法。合并财务报表是在对纳入合并范围的个别财务报表的数据进行加总的基础上，通过编制抵销分录将企业集团内部有关经济事项对个别财务报表的影响予以抵销后编制而成的。而个别财务报表的编制有其自身固有的一套编制方法和程序。

三、合并财务报表的合并理论

编制合并财务报表，首先必须界定企业集团的范围，确定合并财务报表的合并范围和采用的合并方法等，而这些问题的解决，在很大程度上应依据编制合并财务报表所采用的理论，不同的合并理论其确定的合并范围和选择的合并方法也各不相同。

目前国际上编制合并财务报表的合并理论，主要有母公司理论、实体理论和所有权理论三种。

（一）母公司理论

所谓母公司理论，是指将合并财务报表视为母公司本身的财务报表反映范围的扩展，视为母公司财务报表的延伸，从母公司角度来考虑合并财务报表合并范围和合并方法技术问题。母公司理论认为，合并财务报表主要是为母公司股东和债权人服务的，为母公司现在和将来的股东编制的，强调的是母公司股东的利益。在采用母公司理论的情况下，编制合并财务报表时所采用的许多方法都是从母公司本身的股东利益来考虑的，如对于少数股东权益在合并资产负债表中通常将其视为普通负债处理，对于属于少数股东权益的净收益则视为费用处理等，因而这一理论忽视了除母公司股东以外的少数股东的利益。采用母公司理论，在确定合并财务报表合并范围时，通常以法定控制为基础，以持有多数股权或者表决权来决定是否将被投资企业纳入合并范围，或者以通过一家公司处于另一家公司法定支配下的控制协议来确定合并财务报表的合并范围。美国和英国合并财务报表实务中，采用的主要是母公司理论。国际会计准则委员会制定的有关合并会计准则以及我国《企业会计准则第 33 号——合并财务报表》采用的基本上也是母公司理论。

（二）实体理论

所谓实体理论，就是将母公司组成的企业集团看成是一个经济联合体，编制合并报表的目的是为了整个经济实体服务的，它强调的是企业集团中所有成员企业所构成的经济实体，它对构成企业集团的多数股权的股东和少数股权的股东一视同仁，平等对待。在运用实体理论的情况下，对于少数股东权益通常也视为股东权益的一部分；对于属于少数股东权益的净收益也视为合并的经济实体的净收益，作为分配给少数股东权益的部分。采用实体理论编制的合并财务报表，能够满足企业集团生产经营活动管理的需要。德国的合并财务报表更多的是采用实体理论。

（三）所有权理论

所谓所有权理论，就是指在编制合并财务报表时既不强调企业集团中存在的法定控制关系，也不强调企业集团的各成员企业所构成的经济实体，而是强调编制合并财务报表的企业对另一企业的经济活动和财务决策具有重大影响的所有权。在采用所有权理论的情况下，对于其拥有所有权的企业的资产、负债和当期实现的损益，按照一定的比例合并计入合并财务报表，即采用比例合并法合并企业在其拥有所有权的企业中的权益。所有权理论解决了隶属于两个或两个以上的企业集团的企业的合并财务报表编制问题，如某一企业的全部股份是由两个投资企业共同投资形成的，各拥有其 50%的股份。这一理论弥补了母公司理论和实体理论的不足。

需要指出的是，在合并财务报表实务中，往往不能单纯地运用某一种合并理论，而是把上述理论结合起来运用。

四、合并财务报表的合并范围

合并财务报表的合并范围应当以控制为基础予以确定。控制是指一个企业能够决定另一个企业的财务和经营政策并能据以从另一个企业的经营活动中获取利益的权力。母公司应当将其能够控制的全部子公司纳入合并财务报表的合并范围。只要是由母公司控制的子公司，无论子公司的规模大小、子公司向母公司转移资金能力是否受到严格限制，也不论子公司的业务性质与母公司或者企业集团内其他子公司是否有显著差别，都应当纳入合并财务报表的合并范围。

(一)母公司拥有其半数以上的表决权的被投资单位应当纳入合并财务报表的合并范围

母公司直接或通过子公司间接拥有被投资单位半数以上的表决权,表明母公司能够控制被投资单位,应当将该被投资单位认定为子公司,纳入合并财务报表的合并范围。但是,有证据表明母公司不能控制被投资单位的除外。

表决权是指对被投资单位经营计划、投资方案、年度财务预算方案和决算方案、利润分配方案和弥补亏损方案、内部管理机构的设置、聘任或解聘公司经理及其报酬、公司的基本管理制度等事项持有的表决权,不包括对修改公司章程,增加或减少注册资本,发行公司债券,公司合并、分立、解散或者变更公司形式等事项持有的表决权。表决权比例通常与其出资比例或持股比例是一致的,但是对于有限责任公司、公司章程另有规定的除外。

当母公司拥有被投资单位半数以上表决权时,母公司就拥有对该被投资单位的控制权,能够主导该被投资单位的股东大会(或股东会),特别是董事会,并对其生产经营活动和财务政策实施控制。

母公司拥有被投资单位半数以上的表决权,通常包括以下三种情况:

(1) 母公司直接拥有被投资单位半数以上表决权。例如,甲公司直接拥有乙公司发行的普通股总数的51%,在这种情况下,乙公司就成为甲公司的子公司,甲公司编制合并财务报表时,必须将乙公司纳入合并范围。

(2) 母公司间接拥有被投资单位半数以上表决权。间接拥有半数以上的表决权是指母公司通过子公司而对子公司的子公司拥有半数以上的表决权。例如,甲公司直接拥有乙公司80%的股份,而乙公司又直接拥有丙公司60%的股份,在这种情况下,甲公司作为母公司通过其子公司乙公司,间接拥有和控制丙公司60%的股份,从而使丙公司也成为甲公司的子公司,并纳入甲公司合并财务报表的合并范围。这里需要注意的是,甲公司间接拥有和控制丙公司的股份是以乙公司为甲公司的子公司作为前提的。

(3) 母公司直接和间接方式合计拥有被投资单位半数以上表决权。例如,甲公司直接拥有乙公司51%的股份,直接拥有丙公司25%的股份,乙公司直接拥有丙公司30%的股份,在这种情况下,乙公司为甲公司的子公司,甲公司通过子公司乙公司间接拥有、控制丙公司30%的股份,与直接拥有的25%的股份合计后,甲公司共拥有、控制丙公司的股份总数为55%,从而使丙公司成为甲公司的子公司,并纳入甲公司合并财务报表的合并范围。这里同样需要注意的是,甲公司间接拥有、控制丙公司的股份仍然是以乙公司为甲公司的子公司作为前提的。

(二)母公司拥有其半数或以下的表决权的被投资单位纳入合并财务报表的合并范围的情况

母公司拥有被投资单位半数或以下的表决权,只要满足下列条件之一的,就视为母公司能够控制被投资单位,应当将该被投资单位认定为子公司,纳入合并财务报表的合并范围。但是,有证据表明母公司不能控制被投资单位的除外。

(1) 通过与该被投资单位其他投资者之间的协议,拥有被投资单位半数以上表决权。这种情况是指母公司与其他投资者共同投资某企业,母公司与其中的某些投资者签订了协议,受托管理和控制这一被投资单位,从而在被投资单位的股东大会上拥有该被投资单位半数以上表决权。

（2）根据公司章程或协议，有权决定被投资单位的财务和经营政策。这种情况是指在被投资单位章程等文件中明确规定母公司对其财务和经营政策能够实施管理和控制。企业的财务和经营政策直接决定着企业的生产经营活动，决定着企业的未来发展，能够控制被投资单位的财务和经营政策，也就等于能够控制整个被投资单位生产经营活动。

（3）有权任免被投资单位的董事会或类似权力机构的多数成员。这种情况是指母公司能够通过任免公司董事会的董事，从而控制被投资单位的生产经营决策。

（4）在被投资单位的董事会或类似机构占多数表决权。这种情况是指母公司能够控制董事会等权力机构的会议，从而操纵公司董事会的经营决策，使该公司的生产经营活动在母公司的间接控制下进行。

（三）在确定能否控制被投资单位时对潜在表决权的考虑

在确定能否控制被投资单位时，应当考虑企业和其他企业持有的被投资单位的当期可转换的可转换公司债券，当期可执行的认股权证等潜在表决权因素。

潜在表决权是指当期可转换的可转换公司债券、当期可执行的认股权证等，它不包括在将来某一日期或将来发生某一事项才能转换的可转换公司债券或才能执行的认股权证等，也不包括诸如行权价格的设定使得在任何情况下都不可能转换为实际表决权的其他债务工具或者权益工具。

（四）不纳入合并范围的被投资单位

下列被投资单位不是母公司的子公司，不应纳入母公司的合并财务报表的合并范围：

（1）已宣告被清理整顿的原子公司。已宣告被清理整顿的原子公司是指在当期宣告被清理整顿的被投资单位，该被投资单位在上期是本公司的子公司。在这种情况下，被投资单位实际上在当期已经由股东、董事或股东大会指定的人员或人民法院指定的有关人员组成的清算组对其进行日常管理，在清算期间，被投资单位不得开展与清算无关的经营活动，因此，本公司不能再控制该被投资单位，不得将该被投资单位认定为本公司的子公司。

（2）已宣告破产的原子公司。已宣告破产的原子公司是指在当期宣告破产的被投资单位，该被投资单位在上期是本公司的子公司。在这种情况下，被投资单位的日常管理已转交给由人民法院指定的管理人，本公司不能控制该被投资单位，不能将该被投资单位认定为本公司的子公司。

（3）母公司不能控制的其他被投资单位。母公司不能控制的其他被投资单位是指母公司不能控制的除上述两种情形以外的其他被投资单位，如联营企业等。

五、合并财务报表编制的前期准备事项

为了使编制的合并财务报表准确、全面反映企业集团的真实情况，必须做好一系列的前期准备事项。这些前期准备事项主要有以下几点：

（1）对子公司股权投资采用权益法核算。合并财务报表应当以母公司和其子公司的财务报表为基础，根据其他有关资料，按照权益法调整对子公司的长期股权投资后，由母公司编制。

（2）统一母子公司的会计政策。母公司应当统一子公司所采用的会计政策，使子公司采用的会计政策与母公司保持一致。子公司所采用的会计政策与母公司不一致的，应当按

照母公司的会计政策对子公司财务报表进行必要的调整，或者要求子公司按照母公司的会计政策另行编报财务报表。

(3) 统一母子公司的会计期间。母公司应当统一子公司的会计期间，使子公司的会计期间与母公司保持一致。子公司的会计期间与母公司不一致的，应当按照母公司的会计期间对子公司财务报表进行调整，或者要求子公司按照母公司的会计期间另行编报财务报表。

(4) 子公司应向母公司提供编制合并财务报表所需要的相关资料。

在编制合并财务报表时，子公司除了应向母公司提供财务报表外，还应当向母公司提供下列有关资料：

(1) 采用的与母公司不一致的会计政策及其影响金额。

(2) 与母公司不一致的会计期间的说明。

(3) 与母公司、其他子公司之间发生的所有内部交易的相关资料。

(4) 所有者权益变动的有关资料。

(5) 编制合并财务报表所需要的其他资料。

六、合并财务报表的编制程序

合并财务报表编制有其特殊的程序，主要包括以下几个方面：

(1) 编制合并工作底稿。合并工作底稿的作用是为合并财务报表的编制提供基础。在合并工作底稿中，对母公司和子公司的个别财务报表各项目的金额进行汇总和抵销处理，最终计算得出合并财务报表各项目的合并金额。合并工作底稿的基本格式如表 10-3 所示。

(2) 将子公司个别资产负债表、利润表、现金流量表及所有者权益变动表各项目的数据过入合并工作底稿，并在合并工作底稿中对母子公司个别财务报表各项目的数据进行加总，计算得出个别财务报表各项目的合计金额。

(3) 在合并工作底稿中编制调整分录和抵销分录，将内部交易对合并财务报表有关项目的影响进行抵销处理。

在合并工作底稿中需要编制调整分录的主要有以下几种情况：一是对属于非同一控制下企业合并中取得的子公司的个别财务报表进行合并时，应当首先根据母公司为该子公司设置的备查簿的记录，以记录的该子公司各项可辨认资产、负债及或有负债等在购买日的公允价值为基础，通过编制调整分录，对该子公司提供的个别财务报表进行调整，以使子公司的个别财务报表反映为在购买日公允价值基础上确定的可辨认资产、负债及或有负债在本期资产负债表日的金额。二是对于子公司所采用的会计政策与母公司不一致的和子公司的会计期间与母公司不一致的，如果母公司自行对子公司的个别财务报表进行调整的，也应当在合并工作底稿中通过编制调整分录予以调整。三是在编制合并财务报表时，对子公司的长期股权投资调整为权益法，也需要在合并工作底稿中通过编制调整分录予以调整。

编制抵销分录的目的在于将合并工作底稿中个别财务报表各项目的加总金额中的重复因素予以抵销，它是编制合并财务报表的关键和主要内容。

需要注意的是，编制调整分录和抵销分录与编制一般的会计分录不完全相同。会计分录是利用会计科目来编制的，但调整分录和抵销分录是利用财务报表项目编制的；会计分录是编制在记账凭证上的，并要据此登记账簿，但调整分录和抵销分录是编制在合并工作底稿中的，它们不需要编制记账凭证，更不需要登记账簿，因此编制调整分录和抵销分录并不会改变母子公司的账簿记录及其个别财务报表的内容。

(4) 计算合并财务报表各项目的合并金额。即将合并工作底稿中的合计金额栏的金额加减抵销分录栏的金额，分别计算出合并财务报表各项目的合并金额。其具体计算方法如下：

第一，资产类各项目，其合并金额根据该项目的合计金额，加上该项目抵销分录有关的借方发生额，减去该项目抵销分录有关的贷方发生额计算确定。

第二，权益类(包括负债及所有者权益)各项目，其合并金额根据该项目的合计金额，减去该项目抵销分录有关的借方发生额，加上该项目抵销分录有关的贷方发生额计算确定。

第三，有关收入类各项目和有关所有者权益变动各项目，其计算与权益类各项目的计算相同。

第四，有关费用类项目，其计算与资产类各项目的计算相同。

(5) 填制合并财务报表，即根据合并工作底稿中计算出的资产、负债、所有者权益、收入、费用类以及现金流量表中各项目的合并金额，填列生成正式的合并财务报表。

第二节 合并资产负债表

合并资产负债表是反映企业集团在某一特定日期财务状况的财务报表，由合并资产、负债和所有者权益各项目组成。合并资产负债表是以母公司和纳入合并范围的子公司的个别资产负债表为基础编制的。

一、对子公司的个别财务报表进行调整

在编制合并财务报表时，应区别不同情况对子公司的个别财务报表进行调整。

首先对于属于同一控制下企业合并中取得的子公司的个别财务报表，如果不存在与母公司会计政策和会计期间不一致的情况，则不需要对该子公司的个别财务报表进行调整，即不需要将子公司的个别财务报表调整为公允价值反映的财务报表，只需要抵销内部交易对合并财务报表的影响即可。

其次对于属于非同一控制下企业合并中取得的子公司，除了存在与母公司会计政策和会计期间不一致的情况，需要对该子公司的个别财务报表进行调整外，还应当根据母公司为该子公司设置的备查簿的记录，以记录该子公司的各项可辨认资产、负债及或有负债等在购买日的公允价值为基础，通过编制调整分录，对该子公司的个别财务报表进行调整，以使子公司的个别财务报表反映为在购买日公允价值基础上确定的可辨认资产、负债及或有负债在本期资产负债表日的金额。

合并财务报表准则规定，合并财务报表应当以母公司和其子公司的财务报表为基础，根据其他有关资料，按照权益法调整对子公司的长期股权投资后，由母公司编制。采用权益法对子公司的长期股权投资进行调整时，应编制的主要调整分录有：对于应享有子公司当期实现净利润的份额，借记“长期股权投资”项目，贷记“投资收益”项目；按照应承担子公司当期发生的亏损份额，借记“投资收益”项目，贷记“长期股权投资”项目。对于当期收到子公司分

派的现金股利或利润，借记“投资收益”项目，贷记“长期股权投资”项目。在持股比例不变的情况下，对于子公司除净损益以外所有者权益的其他变动，母公司按照应享有或应承担的份额，借记或贷记“长期股权投资”项目，贷记或借记“资本公积”项目。

【例 10-1】 20×0 年 1 月 1 日，M 公司以银行存款 5 000 万元取得 A 公司 70%股份，假定 M 公司与 A 公司的企业合并属于非同一控制下的企业合并，M 公司在个别财务报表中采用成本法核算该项长期股权投资。在 M 公司备查簿记录中，A 公司在 20×0 年 1 月 1 日可辨认资产、负债的公允价值与账面价值相等。其他有关资料如下：

表 10-1

资产负债表

会企 01 表

编制单位：M 公司　　20×0 年 12 月 31 日　　金额单位：万元

资产	期末余额	上年年末余额	负债和所有者权益（或股东权益）	期末余额	上年年末余额
流动资产：			流动负债：		
货币资金	1 200	1 500	短期借款		
交易性金融资产			交易性金融负债		
衍生金融资产			衍生金融负债		
应收票据	3 600	3 200	应付票据	2 000	1 000
其中：应收 A 公司票据	500		应付账款	2 500	1 800
应收账款	2 500	2 300	预收款项		
其中：应收 A 公司账款	570		合同负债	500	200
应收款项融资			其中：预收 A 公司账款	200	
预付款项	800	200	应付职工薪酬	2 300	1 500
其他应收款			应交税费	1 000	600
存货	2 500	3 100			
其中：向 A 公司购入	1 000				
合同资产			其他应付款		
持有待售资产			持有待售负债		
一年内到期的非流动资产			一年内到期的非流动负债		
其他流动资产			其他流动负债		
流动资产合计	10 600	10 300	流动负债合计	8 300	5 100
非流动资产：			非流动负债：		
债权投资	300	300	长期借款	800	200
其中：持有 A 公司债券	300	300			
其他债权投资			应付债券	1 200	1 200
长期应收款			其中：优先股		

（续表）

资产	期末余额	上年年末余额	负债和所有者权益（或股东权益）	期末余额	上年年末余额
长期股权投资	6 500	1 500	永续债		
其中：对A公司投资	5 000				
其他权益投资工具			租赁负债		
其他非流动金融资产			长期应付款		
投资性房地产			预计负债		
固定资产	8 200	7 600	递延收益		
其中：向A公司购入	300				
在建工程			递延所得税负债		
生产性生物资产			其他非流动负债		
油气资产			非流动负债合计	2 000	2 000
无形资产	600	800	负债合计	10 300	6 500
开发支出			所有者权益（股东权益）：		
商誉			实收资本（股本）	8 600	8 600
长期待摊费用			其他权益工具		
递延所得税资产			其中：优先股		
其他非流动资产			永续债		
非流动资产合计	15 600	10 200	资本公积	1 800	1 800
			减：库存股		
			其他综合收益		
			盈余公积	2 500	1 600
			未分配利润	3 000	2 000
			股东权益（股东权益）合计	15 900	14 000
资产总计	26 200	20 500	负债和所有者权益（股东权益）总计	26 200	20 500

表10-2

资产负债表

会企01表

编制单位：A公司　　20×0年12月31日　　金额单位：万元

资产	期末余额	上年年末余额	负债和所有者权益（或股东权益）	期末余额	上年年末余额
流动资产：			流动负债：		
货币资金	650	600	短期借款		
交易性金融资产			交易性金融负债		

(续表)

资产	期末余额	上年年末余额	负债和所有者权益（或股东权益）	期末余额	上年年末余额
衍生金融资产			衍生金融负债		
应收票据	600	400	应付票据	800	600
应收账款	1 000	800	其中：应付 M 公司票据	500	
			应付账款	1 000	500
			其中：应付 M 公司账款	600	
应收款项融资			预收款项		
预付款项	500	300	合同负债	100	50
其中：预付 M 公司账款	200				
其他应收款			应付职工薪酬	300	270
存货	1 800	2 000	应交税费	100	80
合同资产			其他应付款		
持有待售资产			持有待售负债		
一年内到期的非流动资产			一年内到期的非流动负债		
其他流动资产			其他流动负债		
流动资产合计	4 550	4 100	流动负债合计	2 300	1 500
非流动资产：			非流动负债：		
债权投资			长期借款	450	500
其中：持有 A 公司债券					
其他债权投资			应付债券	500	500
长期应收款			其中：优先股		
长期股权投资			永续债		
其中：对 A 公司投资			其中：应付 M 公司债券	300	300
其他权益投资工具	1 000	800	租赁负债		
其他非流动金融资产			长期应付款		
投资性房地产			预计负债		
固定资产	3 800	3 200	递延收益		
其中：向 M 公司购入	247				
在建工程			递延所得税负债		
生产性生物资产			其他非流动负债		
油气资产			非流动负债合计	950	1 000
无形资产			负债合计	3 250	2 500

（续表）

资产	期末余额	上年年末余额	负债和所有者权益（或股东权益）	期末余额	上年年末余额
开发支出			所有者权益(股东权益)：		
商誉			实收资本(股本)	4 000	4 000
长期待摊费用			其他权益工具		
递延所得税资产			其中:优先股		
其他非流动资产			永续债		
非流动资产合计	4 800	4 000	资本公积	1 600	1 600
			减:库存股		
			其他综合收益		
			盈余公积	150	0
			未分配利润	350	0
			股东权益（股东权益）合计	6 100	5 600
资产总计	9 350	8 100	负债和所有者权益（股东权益）总计	9 350	8 100

(1) 20×0 年1月1日，A 公司股东权益总额为 5 600 万元，其中股本为 4 000 万元，资本公积为 1 600 万元，盈余公积为零，未分配利润为零。

(2) 20×0 年，A 公司实现净利润 1 500 万元，提取法定公积金 150 万元，向 M 公司分配现金股利 700 万元(为了便于说明合并所有者权益变动表的编制，特假定 A 公司 20×0 年即进行了现金股利分配)，向其他股东分配现金股利 300 万元，未分配利润 350 万元。

(3) 20×0 年 12 月 31 日，A 公司股东权益总额为 6 250 万元，其中股本为 4 000 万元，资本公积为 1 750 万元，盈余公积为 150 万元，未分配利润为 350 万元。

(4) M 公司与 A 公司 20×0 年度个别资产负债表分别见表 10-1 和表 10-2。

(5) 假设 A 公司的会计政策和会计期间与 M 公司一致，不考虑 M 公司与 A 公司以及合并资产、负债的所得税影响。

分析与说明：

M 公司应在合并工作底稿中将对 A 公司的长期股权投资由成本法调整为权益法，有关调整分录如下：

[1] 确认 M 公司在 20×0 年 A 公司实现净利润 1 500 万元中所享有的份额 1 050 万元 (1 500×70%)：

借：长期股权投资——A 公司	10 500 000	
贷：投资收益——A 公司		10 500 000

[2] 确认 M 公司收到 A 公司 20×0 年分派的现金股利，同时抵销原按成本法确认的投资收益 700 万元：

借：投资收益——A 公司　　7 000 000

　贷：长期股权投资——A 公司　　7 000 000

上述调整分录应记入表 10-3 合并工作底稿(资产负债表部分)、表 10-6 合并工作底稿(利润表部分)、表 10-11 合并工作底稿(所有者权益变动表部分)。

需要注意的是，在连续编制合并财务报表的情况下，应编制如下调整分录：

借：长期股权投资——A 公司　　3 500 000

　贷：未分配利润——年初　　3 500 000

二、编制合并资产负债表时应进行抵销处理的项目①

合并资产负债表是以母公司和子公司的个别资产负债表为基础编制的。对于企业集团内部交易，从发生内部交易的企业来看，发生交易的各方都在其个别资产负债表中进行了反映。在这种情况下，合并报表工作底稿中资产、负债和所有者权益类各项目的加总金额中，必然包含有重复计算的因素，作为反映企业集团整体财务状况的合并资产负债表，必须将这些重复计算的因素进行抵销处理。

编制合并资产负债表时需要进行抵销处理的，主要有如下项目。

(一) 母公司长期股权投资项目与子公司所有者权益项目的抵销

母公司对子公司进行的股权投资，从企业集团整体看，实际上相当于母公司将资本拨付下属核算单位，并不会引起整个集团的资产、负债和所有者权益的增减变动。因此，在编制合并资产负债表时应当在母公司与子公司财务报表数据相加的基础上，将母公司对子公司长期股权投资项目与子公司所有者权益项目予以抵销。

(1) 在子公司为全资子公司的情况下，在合并工作底稿中编制的抵销分录为：借记“股本”或“实收资本”“资本公积”“盈余公积”“其他综合收益”和“未分配利润——年末”项目(非同一控制下企业合并中购买日确定的被购买方可辨认资产、负债的公允价值与其账面价值不同的，是指经调整后的被购买方所有者权益项目)，贷记“长期股权投资”项目。当母公司对子公司长期股权投资的金额与应享有子公司所有者权益总额不一致时，其差额作为商誉处理，应按其差额，借记“商誉”项目；上述差额，如为贷方差额，在合并当期应记入合并利润表，贷记“营业外收入”项目，在合并以后期间，调整期初未分配利润。

(2) 在子公司为非全资子公司的情况下，在合并工作底稿中的抵销分录为：借记“股本(或实收资本)”“资本公积”“盈余公积”“其他综合收益”和“未分配利润——年末”项目，贷记“长期股权投资”和“少数股东权益”项目。当母公司对子公司长期股权投资的金额与在子公司所有者权益中享有的份额不一致时，其差额比照全资子公司的原则处理。

“少数股东权益”项目反映除母公司以外的其他投资者在子公司所有者权益中所享有的份额。它应当在“所有者权益”项目下单独列示。

需要注意的是，对于同一控制下企业合并中取得的子公司，因长期股权投资按权益法调整后与应享有子公司所有者权益的份额相等，因此在合并抵销中不形成商誉或应计入损益的因素。

① 抵消时不考虑所得税的影响。

【例 10-2】 沿用[例 10-1]，20×0 年 12 月 31 日，M 公司对 A 公司的长期股权投资经调整后的金额为 5 350 万元(5 000＋1 050－700)，与其在 A 公司股东权益总额中所享有的金额4 270 万元(6 100×70％)之间的差额 1 080 万元，应作为商誉处理。至于 A 公司股东权益中 30％的部分，即 1 830 万元属于少数股东权益。其抵销分录如下：

[3] 借：股本	40 000 000	
资本公积——年初	16 000 000	
盈余公积——年初	0	
——本年	1 500 000	
未分配利润——年末	3 500 000	
商誉	10 800 000	
贷：长期股权投资		53 500 000
少数股东权益		18 300 000

上述抵销分录应记入表 10-3 合并工作底稿(资产负债表部分)、表 10-6 合并工作底稿(利润表部分)、表 10-11 合并工作底稿(所有者权益变动表部分)。

表 10-3

合并工作底稿(资产负债表部分)

编制单位：M 公司　　　　20×0 年度　　　　单位：万元

项　目	M 公司	A 公司	合计数	调整分录		抵销分录		合并金额
			期末数	借方	贷方	借方	贷方	期末数
流动资产：								
货币资金	1 200.00	650.00	1 850.00					1 850.00
交易性金融资产			—					—
衍生金融资产			—					—
应收票据	3 600.00	600.00	4 200.00				500.00	3 700.00
应收账款	2 500.00	1 000.00	3 500.00			30.00	600.00	2 930.00
应收款项融资			—					—
预付款项	800.00	500.00	1 300.00				200.00	1 100.00
其他应收款			—					—
存货	2 500.00	1 800.00	4 300.00				300.00	4 000.00
合同资产			—					—
持有待售资产			—					—
一年内到期的非流动资产			—					—
其他流动资产			—					—
流动资产合计	10 600.00	4 550.00	15 150.00			30.00	1 600.00	13 580.00
非流动资产：			—					
债权投资	300.00		300.00				300.00	—

(续表)

项　目	M公司	A公司	合计数	调整分录		抵销分录		合并金额
			期末数	借方	贷方	借方	贷方	期末数
其他债权投资			—					—
长期应收款			—					—
长期股权投资	6 500.00		6 500.00	350.00			5 350.00	1 500.00
其他权益投资工具		1 000.00	1 000.00					1 000.00
其他非流动金融资产			—					—
投资性房地产			—					—
固定资产	8 200.00	3 800.00	12 000.00			13.00	120.00	11 893.00
在建工程			—					—
生产性生物资产			—					—
油气资产			—					—
无形资产	600.00		600.00					600.00
开发支出			—					—
商誉			—			1 080.00		1 080.00
长期待摊费用			—					—
递延所得税资产			—					—
其他非流动资产			—					—
非流动资产合计	15 600.00	4 800.00	20 400.00	350.00		1 093.00	5 770.00	16 073.00
			—					—
			—					—
			—					—
			—					—
			—					—
资产总计	26 200.00	9 350.00	35 550.00	350.00		1 123.00	7 370.00	29 653.00
流动负债：			—					—
短期借款			—					—
交易性金融负债			—					—
衍生金融负债			—					—
应付票据	2 000.00	800.00	2 800.00			500.00		2 300.00
应付账款	2 500.00	1 000.00	3 500.00			600.00		2 900.00

（续表）

项 目	M公司	A公司	合计数	调整分录		抵销分录		合并金额
			期末数	借方	贷方	借方	贷方	期末数
预收款项			—					—
合同负债	500.00	100.00	600.00			200.00		400.00
应付职工薪酬	2 300.00	300.00	2 600.00					2 600.00
应交税费	1 000.00	100.00	1 100.00					1 100.00
			—					—
			—					—
其他应付款			—					—
持有待售负债			—					—
一年内到期的非流动负债			—					—
其他流动负债			—					—
流动负债合计	8 300.00	2 300.00	10 600.00			1 300.00		9 300.00
非流动负债：			—					—
长期借款	800.00	450.00	1 250.00					1 250.00
			—					—
应付债券	1 200.00	500.00	1 700.00			300.00		1 400.00
其中：优先股			—					—
永续债			—					—
			—					—
租赁负债			—					—
长期应付款			—					—
预计负债			—					—
递延收益			—					—
递延所得税负债			—					—
其他非流动负债			—					—
非流动负债合计	2 000.00	950.00	2 950.00			300.00		2 650.00
负债合计	10 300.00	3 250.00	13 550.00			1 600.00	0.00	11 950.00
所有者权益（股东权益）：			—					—
实收资本（股本）	8 600.00	4 000.00	12 600.00			4 000.00		8 600.00

（续表）

项　目	M公司	A公司	合计数	调整分录		抵销分录		合并金额
			期末数	借方	贷方	借方	贷方	期末数
其他权益工具			—					—
其中：优先股			—					—
永续债			—					—
资本公积	1 800.00	1 600.00	3 400.00			1 600.00		1 800.00
减：库存股			—					—
其他综合收益			—					—
盈余公积	2 500.00	150.00	2 650.00			150.00		2 500.00
未分配利润	3 000.00	350.00	3 350.00		350.00	3 485.00	2 758.00	2 973.00
归属于母公司所有者权益（股东权益）合计								15 873.00
少数股东权益							1 830.00	1 830.00
所有者权益（股东权益）合计	15 900.00	6 100.00	22 000.00		350.00	9 235.00	4 588.00	17 703.00
负债和所有者权益（股东权益）总计	26 200.00	9 350.00	35 550.00		350.00	10 835.00	4 588.00	29 653.00

各子公司之间的长期股权投资以及子公司对母公司的长期股权投资，也应比照上述母公司对子公司的长期股权投资的抵销方法进行抵销处理。

（二）集团内部债权与债务项目的抵销

母公司与子公司、子公司相互之间的债权和债务项目是指母公司与子公司、子公司相互之间的应收账款与应付账款、预付账款和合同负债（预收账款）、其他应收款（含应收利息和应收股利）与其他应付款（含应付利息和应付股利）、应付债券与债权投资（其他债权投资）等项目。发生在母公司与子公司，子公司相互之间的这些债权与债务项目，集团内部企业的一方在其个别资产负债表中反映为资产，而另一方则在其个别资产负债表中反映为负债。但从企业集团整体角度看，它只是内部资金运动，既不能增加企业集团的资产，也不能增加负债。为此，在编制合并资产负债报表时应将集团内部发生的债权债务项目予以抵销。

1. 应收账款与应付账款的抵销

初次编制合并财务报表时，对于集团内部发生的应收账款，应编制的抵销分录为：借记“应付账款”项目，贷记“应收账款”项目。在应收账款计提坏账准备的情况下，还应同时将内部应收账款对应的坏账准备予以抵销，其抵销分录为：借记“应收账款——坏账准备”项目，贷记“信用减值损失”项目。

【例 10-3】 沿用［例 10-1］，M 公司 20×0 年个别资产负债表（表 10-1）中应收账款 570 万元为当年向 A 公司销售商品发生的应收款项的账面价值，其中含对该笔应收账款计提的坏账准备为 30 万元(计提比例为 5%)。同时 A 公司 20×0 年个别资产负债表(表 10-2)中应付账款 600 万元系当年向 M 公司购进存货发生的应付款项。

在编制合并财务报表时,应编制如下抵销分录:

[4] 借:应付账款　　6 000 000
　　贷:应收账款　　6 000 000

[5] 借:应收账款——坏账准备　　300 000
　　贷:信用减值损失　　300 000

上述抵销分录应记入表 10-3 合并工作底稿(资产负债表部分)、表 10-6 合并工作底稿(利润表部分)、表 10-11 合并工作底稿(所有者权益变动表部分)。

2. 其他债权和债务的抵销

对于集团内部其他债权与债务的抵销,应当比照应收账款与应付账款的相关规定处理。在进行抵销时,应分别借记"应付票据"项目,贷记"应收票据"项目;借记"合同负债""预收账款"项目,贷记"预付账款"项目;借记"应付债券"项目,贷记"债权投资""其他债权投资"项目等。

【例 10-4】 沿用[例 10-1],M 公司 20×0 年个别资产负债表(见表 10-1)中有 200 万元合同负债为预收 A 公司的账款,有 500 万元应收票据为应收 A 公司的票据,同时有 300 万元债权投资为 M 公司持有的 A 公司发行的长期债券。

在编制合并财务报表时,应编制如下抵销分录:

[6] 借:合同负债　　2 000 000
　　贷:预付款项　　2 000 000

[7] 借:应付票据　　5 000 000
　　贷:应收票据　　5 000 000

[8] 借:应付债券　　3 000 000
　　贷:债权投资　　3 000 000

上述抵销分录应记入表 10-3 合并工作底稿(资产负债表部分)。

在某些情况下,债券投资企业持有的企业集团内部成员企业的债券并不是从发行债券的企业直接购进,而是在证券市场上从第三方手中购进的。在这种情况下,债权投资或其他债权投资中的债券投资与发行债券企业的应付债券抵销时,可能会出现差额,应当计入合并利润表中的投资收益或财务费用项目。

(三) 存货价值中包含的未实现内部销售损益的抵销

存货价值中包含的未实现内部销售损益的抵销是由于企业集团内部的商品购销、劳务提供活动而引起的。从整个企业集团来看,集团内部企业之间的商品购销活动实际上相当于企业内部物资调拨活动,它既不会产生收入,实现利润,也不会增加商品物资的价值。正是从这个意义上来说,将期末存货价值中所包含的这部分销售企业作为利润确认的部分,称之为未实现内部销售损益。因此,在编制合并财务报表时,应将存货中包含的未实现内部销售损益予以抵销。

对于集团内部当期购进商品并形成存货的情况，在编制抵销分录时，应按集团内部销售企业销售该商品的销售收入，借记“营业收入”项目，按照销售企业销售该商品的销售成本，贷记“营业成本”项目，按照当期期末存货价值中包含的未实现内部销售损益的金额，贷记“存货”项目。

【例 10-5】 沿用[例 10-1]，A 公司 20×0 年向 M 公司销售商品1 000万元，其销售成本为 700 万元，该商品的销售毛利率为 30%。M 公司购进的该商品在 20×0 年全部未实现对外销售而形成期末存货。

母公司在编制 20×0 年合并财务报表时，应进行如下抵销处理：

[9] 借：营业收入	10 000 000	
贷：营业成本		7 000 000
存货		3 000 000

上述抵销分录应记入表 10-3 合并工作底稿(资产负债表部分)、表 10-6 合并工作底稿(利润表部分)、表 10-11 合并工作底稿(所有者权益变动表部分)。

需要说明的是，上述抵销分录也可以分以下两笔抵销分别进行处理：

借：营业收入	10 000 000	
贷：营业成本		10 000 000
借：营业成本	3 000 000	
贷：存货		3 000 000

这里还需要注意两个问题：一是如果对内部交易形成的存货已计提了跌价准备，在编制合并财务报表时也应该将其抵销；二是集团内部购销商品，如果发生了相关税费的，其抵销分录与不发生相关税费的完全相同。

(四) 内部固定资产交易的抵销

内部固定资产交易是指企业集团内部发生交易的一方与固定资产有关的购销业务。根据销售企业销售的是产品还是固定资产，可以将集团内部固定资产交易划分为三种类型：第一种类型为企业集团内部企业将自身生产的产品销售给企业集团内的其他企业作为固定资产使用；第二种类型为企业集团内部企业将自身使用的固定资产出售给企业集团内的其他企业作为固定资产使用；第三种类型为企业集团内部企业将自身使用的固定资产出售给企业集团内的其他企业作为普通商品销售，这种类型的固定资产交易，在企业集团内部极少发生，而且即使发生，其金额也不大，因此，在这里就重点介绍前两种类型。

第一种类型的内部固定资产交易，即企业集团内部企业将自身生产的产品销售给企业集团内的其他企业作为固定资产使用，这是最常见的一种内部固定资产的交易。从整个企业集团来看，这种交易实际上相当于物资在企业内部的调拨，它既不会产生销售损益，从而实现利润，也不会增加实物资产的价值。因此，在编制合并财务报表时，应将销售企业由于该内部交易产生的销售收入和销售成本予以抵销，并将内部交易形成的固定资产原价中包含的未实现内部销售损益予以抵销。其抵销分录为：借记“营业收入”项目，贷记“营业成本”项目及“固定资产——原价”项目；同时，还需要将由于固定资本原价中包含有未实现内部销售损益，而使购买企业每期多计提的折旧费用进行相应的抵销处理。其抵销分录为：借记

“固定资产——累计折旧”项目，贷记“管理费用”等项目。

【例 10-6】 沿用[例 10-1]，20×0 年 1 月 1 日，A 公司出售一批产品给 M 公司，其销售价格为 360 万元，销售成本为 300 万元。M 公司购入该批产品后作为管理用固定资产使用。M 公司对该批固定资产采用年限平均法计提折旧，预计使用寿命为 6 年，预计净残值为零。为简化抵销处理，假定 M 公司对该批固定资产在第一年按 12 个月计提折旧。

根据上述内容，20×0 年编制合并财务报表时，应作如下抵销分录：

[10] 抵销该批固定资产相关的销售收入、销售成本及其原价中包含的未实现内部销售损益的抵销：

借：营业收入	3 600 000	
贷：营业成本		3 000 000
固定资产——原价		600 000

[11] 抵销该批固定资产当期多计提的折旧：

借：固定资产——累计折旧	100 000	
贷：管理费用		100 000

上述抵销分录应记入表 10-3 合并工作底稿（资产负债表部分）、表 10-6 合并工作底稿（利润表部分）、表 10-11 合并工作底稿（所有者权益变动表部分）。

第二种类型的内部固定资产交易，即企业集团内部企业将自身使用的固定资产出售给企业集团内的其他企业作为固定资产使用。从整个企业集团来看，这一交易属于集团内部固定资产调拨性质，它既不会产生收益，也不会发生损失，而固定资产既不会增值也不会减值。因此，必须将销售企业因该内部交易所实现的固定资产处置损益予以抵销，同时将购买企业固定资产原价中包含的未实现内部销售损益予以抵销，其抵销分录为：借记“资产处置损益”项目，贷记“固定资产——原价”项目，或者借记“固定资产——原价”项目，贷记“资产处置损益”项目。此外，还需要将购买企业由于固定资产原价中包含有未实现内部销售损益，而使其每期多计提或少计提的折旧费用进行相应的抵销处理。其抵销分录为：借记“固定资产——累计折旧”项目，贷记“管理费用”等项目。或者，借记“管理费用”等项目，贷记“固定资产——累计折旧”项目。

【例 10-7】 沿用[例 10-1]，20×0 年 6 月 20 日，M 公司将其账面价值为 200 万元的某项固定资产以 260 万元的价格出售给 A 公司仍作为管理用固定资产使用。M 公司没发生其他处置费用，因此该项内部固定资产交易 M 公司产生处置收益 60 万元。假设 A 公司就以 260 万元作为该项固定资产的入账成本，并按 10 年采用年限平均法计提折旧，预净残值为零。

M 公司在编制 20×0 年合并财务报表时应作如下抵销分录。

[12] 抵销固定资产处置收益及固定资产原价中包含的未实现内部销售损益：

借：资产处置损益	600 000	
贷：固定资产——原价		600 000

[13] 抵销该项固定资产当期多计提的折旧额：

当期多计提的折旧额＝(260－200)÷10×6÷12＝3(万元)

借：固定资产——累计折旧　　30 000

　贷：管理费用　　30 000

上述抵销分录应记入表 10-3 合并工作底稿(资产负债表部分)、表 10-6 合并工作底稿(利润表部分)、表 10-11 合并工作底稿(所有者权益变动表部分)。

需要注意的是，如果内部固定资产交易已计提了资产减值准备，则应将相应的资产减值准备予以抵销。此外，上述内部固定资产交易发生相关税费，则与不发生相关税费时的内部固定资产交易的抵销分录相同。

此外，在编制合并资产负债表时，除上述四大类项目需要进行抵销处理外，对母公司与子公司、子公司相互之间销售商品(或提供劳务)或其他方式形成的工程物资、在建工程、无形资产等所包含的未实现内部销售损益也应当予以抵销处理。

三、母公司在报告期内增减子公司在合并资产负债表中的反映

(一) 母公司在报告期内增加子公司在合并资产负债表中的反映

母公司在报告期内增加子公司的，在合并当期编制资产负债表时，应当区分同一控制下的企业合并增加的子公司和非同一控制下的企业合并增加的子公司两种情况。

(1) 因同一控制下企业合并增加的子公司，编制合并资产负债表时，应当调整合并资产负债表的期初数。

(2) 因非同一控制下企业合并增加的子公司，编制合并资产负债表时，不应当调整合并资产负债表的期初数。

(二) 母公司在报告期内处置子公司在合并资产负债表中的反映

母公司在报告期内处置子公司，在编制合并资产负债表时，不应当调整合并资产负债表的期初数。

四、合并资产负债表的格式及编制

合并资产负债表的格式与个别资产负债表的格式基本相同，它主要增加了三个项目：一是在“开发支出”项目之下增加了“商誉”项目，用于反映非同一控制下企业合并中取得的商誉，即在控股合并下，母公司与子公司的长期股权投资(合并成本)大于其在购买日子公司可辨认净资产公允价值份额的差额。二是在所有者权益项目下增加了“归属于母公司所有者权益合计”项目，用于反映企业集团的所有者权益中归属于母公司所有者权益的部分，包括股本(或实收资本)、资本公积、库存股、其他综合收益、盈余公积、未分配利润等项目的金额。三是在所有者权益项目下，增加了“少数股东权益”项目，用于反映非全资子公司的所有者权益中不属于母公司的份额。合并资产负债表的一般格式，如表 10-4 所示。

【例 10-8】 根据上述[例 10-1]～[例 10-7]的内容，编制合并资产负债表。

根据上述资料，M 公司编制 20×0 年集团的合并资产负债表的具体步骤如下：首先应当设计合并工作底稿(见表 10-3)，将 M 公司及 A 公司个别资产负债表(见表 10-1 及表 10-2)的数据过入合并工作底稿中，并计算资产负债表各项目的合计金额。其次编制调整分录，按

照权益法调整 M 公司对 A 公司的长期股权投资。再次编制抵销分录，将 M 公司与 A 公司之间在当期发生的内部交易中重复因素予以抵销，并计算出合并工作底稿中的合并金额。最后根据合并工作底稿中的合并金额，编制该企业集团 20×0 年合并资产负债表，如表 10-4 所示。

表 10-4

合并资产负债表

会合 01 表

编制单位：M 公司　　20×0 年 12 月 31 日　　单位：万元

资产	期末余额	上年年末余额	负债和所有者权益（或股东权益）	期末余额	上年年末余额
流动资产：			流动负债：		
货币资金	1 850.00		短期借款		
结算备付金*			向中央银行借款*		
拆出资金*			拆入资金*		
交易性金融资产			交易性金融负债		
衍生金融资产			衍生金融负债		
应收票据	3 700.00		应付票据	2 300.00	
应收账款	2 930.00		应付账款	2 900.00	
应收款项融资			预收款项		
预付款项	1 100.00		合同负债	400.00	
应收保费*			卖出回购金融资产款*		
应收分保账款*			吸收存款及同业存放*		
应收分保合同准备金*			代理买卖证券款*		
其他应收款			代理承销证券款*		
买入返售金融资产*			应付职工薪酬	2 600.00	
存货	4 000.00		应交税费	1 100.00	
合同资产			其他应付款		
持有待售资产			应付手续费及佣金*		
一年内到期的非流动资产			应付分保账款*		
其他流动资产			持有待售负债		
流动资产合计	13 580.00		一年内到期的非流动负债		
非流动资产：			其他流动负债		
发放贷款和垫款*			流动负债合计	9 300.00	
债权投资			非流动负债：		
其他债权投资			保险合同准备金*		

（续表）

资产	期末余额	上年年末余额	负债和所有者权益（或股东权益）	期末余额	上年年末余额
长期应收款			长期借款	1 250.00	
长期股权投资	1 500.00		应付债券	1 400.00	
其他权益工具投资	1 000.00		其中：优先股		
其他非流动金融资产			永续债		
投资性房地产			租赁负债		
固定资产	11 893.00		长期应付款		
在建工程			预计负债		
产性生物资产			递延收益		
油气资产			递延所得税负债		
使用权资产			其他非流动负债		
无形资产	600.00		非流动负债合计	2 650.00	
开发支出			负债合计	11 950.00	
商誉	1080.00		所有者权益（或股东权益）：		
长期待摊费用			实收资本（或股本）	8 600.00	
递延所得税资产			其他权益工具		
其他非流动资产			其中：优先股		
非流动资产合计	16 073.00		永续债		
			资本公积	1 800.00	
			减：库存股		
			其他综合收益		
			专项储备		
			盈余公积	2 500.00	
			一般风险准备*		
			未分配利润	2 973.00	
			归属于母公司所有者权益（或股东权益）合计	15 873.00	
			少数股东权益	1 830.00	
			所有者权益（或股东权益）合计	17 703.00	
资产总计	29 653.00		负债和所有者权益（或股东权益）	29 653.00	

第三节 合并利润表

合并利润表应当以母公司和子公司的利润表为基础，在抵销母公司与子公司、子公司相互之间发生的内部交易对合并利润表的影响后，由母公司合并编制。

一、编制合并利润表时应进行抵销处理的项目

编制合并利润表时需要进行抵销处理的项目，主要有以下几个方面。

（一）内部营业收入项目和内部营业成本项目的抵销

内部营业收入是指企业集团内部母公司与子公司、子公司相互之间发生的商品销售（或劳务提供下同）活动所产生的营业收入。内部营业成本是指企业集团内部母公司与子公司、子公司相互之间发生的销售商品的营业成本。

对内部营业收入和内部营业成本的抵销，应分别以下三种情况进行处理：

(1) 母公司与子公司、子公司相互之间销售商品，期末全部实现对外销售的抵销处理。在这种情况下，从整个企业集团来看，这一购销业务实际上只实现了一次对外销售，其销售收入就是集团内部购买企业向集团外部企业销售该商品的销售收入，其销售成本就是集团内部销售企业向集团内部购买企业销售该商品的成本。而集团内部销售企业向集团内部购买企业销售该商品实现的收入属于内部销售收入，相应地，集团内部购买企业向集团外部企业销售该商品的销售成本则属于内部销售成本。因此在编制合并财务报表时，就必须将重复反映的内部营业收入与内部营业成本予以抵销。其抵销分录为：借记“营业收入”项目，贷记“营业成本”项目。

【例 10-9】 M 公司 20×0 年利润表的营业收入中有 200 万元，系向 A 公司出售产品取得的销售收入，其销售成本为 160 万元。A 公司购入该批产品后，在本期又将其全部对外出售，取得的销售收入为 250 万元，其销售成本为 200 万元。

M 公司在编制 20×0 年合并财务报表时，应作如下抵销分录：

[15] 借：营业收入	2 000 000	
贷：营业成本		2 000 000

上述抵销分录应记入表 10-6 合并工作底稿（利润表部分）、表 10-11 合并工作底稿（所有者权益变动表部分）。

(2) 母公司与子公司、子公司相互之间销售商品，期末未实现对外销售而形成存货的抵销。对集团内部购进商品期末未实现对外销售的情况，其抵销处理可参见本章第二节有关“存货价值中包含的未实现内部销售损益的抵销处理”的内容。

(3) 母公司与子公司、子公司相互之间销售商品，期末部分实现对外销售、部分形成期末存货的抵销处理。

【例 10-10】 沿用[例 10-9]，假定 A 公司从 M 公司购入该批产品后，在本期将其中的 70%对外出售，取得的销售收入为 175 万元，其销售成本为 140 万元，其余 30%形成期末存货，其他资料不变。

M公司在编制20×0年合并财务报表时，应作如下抵销分录：

借：营业收入　　2 000 000
　贷：营业成本　　1 880 000
　　存货　　120 000

注：① 抵销的营业成本＝(160＋140)－160×70％＝188(万元)
② 抵销的存货＝200×30％－160×30％＝12(万元)

上述抵销分录也可分成以下两笔抵销分录表示：

借：营业收入　　2 000 000
　贷：营业成本　　2 000 000

借：营业成本　　120 000
　贷：存货　　120 000

（二）集团内部企业内部购进商品作为固定资产使用时的抵销处理

母公司与子公司、子公司相互之间将自身的产品销售给内部其他企业作为固定资产使用的抵销处理，可参见本章第二节有关“内部固定资产交易的抵销处理”的内容。

集团内部企业内部购进商品作为无形资产等资产使用时的抵销处理与内部购进商品作为固定资产使用的抵销处理相类似。

（三）内部应收款项计提坏账准备的抵销

内部应收款项计提坏账准备的抵销处理，可参见本章第二节有关“应收账款与应付账款的抵销处理”的内容。

（四）内部投资收益(利息收入)和利息费用的抵销

集团内部母公司与子公司、子公司相互之间可能发生持有对方债券的内部交易。在这种情况下，发行债券的企业计付的利息作为财务费用处理，并在其个别利润表中列示，而持有债券的企业，当期获得的利息收入则作为投资收益处理，并在其个别利润表中列示。但是，从整个企业集团来看，这种内部交易实际上仍相当于资金在企业内部的运动，它不会形成债权债务，也不会产生利息费用和利息收入。因此在编制合并财务报表时，应当在抵销应付债券和债权投资或其他债权投资等内部债权债务的同时，再将内部应付债券相关的利息费用和债权投资或其他债权投资相关的投资收益(利息收入)相抵销。其抵销分录为：借记“投资收益”项目，贷记“财务费用”项目。

【例10-11】 沿用[例10-4]，A公司20×0年应向M公司支付的债券利息总额为15万元(假定该债券的票面利率与实际利率相同)，则M公司在编制20×0年合并财务报表时应编制如下抵销分录：

[16] 借：投资收益　　150 000
　贷：财务费用　　150 000

上述抵销分录应记入表10-3合并工作底稿(资产负债表部分)、表10-6合并工作底稿(利润表部分)、表10-11合并工作底稿(所有者权益变动表部分)。

（五）母公司与子公司、子公司相互之间持有对方长期股权投资的投资收益的抵销

母公司与子公司、子公司相互之间持有对方长期股权投资的投资收益属于集团内部投

资收益,也就是母公司对子公司的长期股权投资在合并工作底稿中按权益法调整的投资收益,这种内部投资收益实际上就是子公司当期获得的净利润与其持股比例相乘的结果。在子公司为全资子公司的情况下,母公司对某一子公司在合并工作底稿中按权益法调整的投资收益,实际上就是该子公司当期实现的净利润。也就是说同一内部投资收益既反映为子公司个别利润表中的净利润,又反映为母公司个别利润表中的净利润(指工作底稿中按权益法调整后的),而且母子公司对这一净利润又各自按规定进行利润分配,并反映在各自的所有者权益变动表中。从整个企业集团来看,这一内部投资收益及其形成的利润分配都已经重复反映,因此在编制合并利润表及合并所有者权益变动表时,必须将母公司按权益法取得的投资收益与子公司利润分配项目进行抵销处理。

在纳入合并范围的子公司为非全资子公司的情况下,母公司的投资收益(按权益法调整的)不等于子公司的净利润,子公司净利润中由少数股东享有的部分就形成"少数股东损益"。在编制合并财务报表时,同样必须将母公司的投资收益与本期少数股东损益之和与子公司本年利润分配项目相抵销。

在子公司为全资子公司的情况下,应当编制的抵销分录为:借记"投资收益""未分配利润——年初"项目,贷记"提取盈余公积""对所有者(或股东)的分配""未分配利润——年末"项目;在子公司为非全资子公司的情况下,只要在上述抵销分录的借方增加"少数股东损益"项目即可。

【例 10-12】 沿用[例 10-1],M 公司和 A 公司 20×0 年度所有者权益变动表的相关资料见表 10-3。M 公司对 A 公司投资本期按权益法确认的投资收益为 1 050 万元(1 500×70%),A 公司本期少数股东损益为 450 万元(1 500×30%)。A 公司上年年初未分配利润为零,本期提取盈余公积为 150 万元,分配现金股利 1 000 万元,年末未分配利润为 350 万元。

M 公司编制 20×0 年合并利润表时应作如下抵销分录:

[17] 借:投资收益	10 500 000	
少数股东损益	4 500 000	
未分配利润——年初	0	
贷:提取盈余公积		1 500 000
对所有者(股东)的分配		10 000 000
未分配利润——年末		3 500 000

上述抵销分录应记入表 10-3 合并工作底稿(资产负债表部分)、表 10-6 合并工作底稿(利润表部分)、表 10-11 合并工作底稿(所有者权益变动表部分)。

二、母公司在报告期内增减子公司在合并利润表中的反映

(一) 母公司在报告期内增加子公司在合并利润表中的反映

母公司因追加投资等原因控制了另一个企业即实现了企业合并。在合并当期编制合并利润表时,应当区分同一控制下的企业合并增加的子公司和非同一控制下的企业合并增加的子公司两种情况。

(1) 母公司在报告期内因同一控制下企业合并增加的子公司，在编制合并利润表时，应当将该子公司合并当期期初至报告期末的收入、费用、利润纳入合并利润表。

(2) 母公司在报告期内因非同一控制下企业合并增加的子公司，在编制合并利润表时，应当将该子公司购买日至报告期末的收入、费用、利润纳入合并利润表。

(二) 母公司在报告期内处置子公司在合并利润表中的反映

母公司在报告期内处置子公司，应当将该子公司期初至处置日的收入、费用、利润纳入合并利润表。

三、合并利润表的基本格式及编制方法

合并利润表的格式与个别利润表的格式基本相同，主要增加了四个项目，在“净利润”项目下增加“归属于母公司所有者的净利润”和“少数股东损益”两个项目，分别反映净利润中由母公司所有者所享有的份额和非全资子公司当期实现的净利润中属于少数股东权益的份额，在属于同一控制下企业合并增加的子公司当期的合并利润表中还应在“净利润”项目之下增加“其中：被合并方在合并前实现的净利润”项目，用于反映同一控制下企业合并中取得的被合并方在合并日以前实现的净利润；合并利润表的一般格式，如表 10-7 所示。在“综合权益总额”项目下增加“归属于母公司所有者的综合收益总额”和“归属于少数股东的综合收益总额”两个项目，分别反映综合收益总额中由母公司所有者享有的份额和非全资子公司综合收益总额中属于少数股东权益的份额。

为了便于理解和掌握合并利润表的编制方法，了解合并利润表编制的全过程，现综合举例说明如下：

【例 10-13】 沿用[例 10-1][例 10-3][例 10-5][例 10-6][例 10-7][例 10-9][例 10-11]的资料，同时 M 公司与 A 公司 20×0 年度个别利润表的资料，如表 10-5 所示。要求编制合并利润表。

首先根据上述资料和相关抵销分录，编制合并工作底稿(利润表部分)，如表10-6所示。然后根据合并工作底稿中的合并金额，编制该企业集团 20×0 年度的合并利润表，如表 10-7 所示。

表 10-5

利润表

会企 02 表

20×0 年度

单位：万元

项　目	M公司	A公司
一、营业收入	9 800	6 140
减：营业成本	4 600	3 400
税金及附加	400	300
销售费用	20	10
管理费用	150	80
研发费用		

（续表）

项 目	M公司	A公司
财务费用	250	100
加:其他收益		
投资收益(损失以“—”号填列)	750	
净敞口套期收益(损失以“—”号填列)		
公允价值变动收益(损失以“—”号填列)		
信用减值损失(损失以“—”号填列)	—80	—21.19
资产减值损失(损失以“—”号填列)		
资产处置收益(损失以“—”号填列)	60	
二、营业利润(亏损以“—”号填列)	5 110	2 228.81
加:营业外收入		15
减:营业外支出	10	5
三、利润总额(亏损总额以“—”号填列)	5 100	2 238.81
减:所得税费用	1 452	738.81
四、净利润(净亏损以“—”号填列)	3 648	1 500
(一) 持续经营净利润(亏损以“—”号填列)	3 648	1 500
(二) 终止经营净利润(亏损以“—”号填列)		
五、其他综合收益税后净额		
(一) 以后不能重分类进损益的其他综合收益		
1. 重新计量设定受益计划净负债或净资产的变动		
2. 权益法下在被投资单位不能重分类进损益的其他综合收益中享有的份额		
3. 其他权益工具投资公允价值变动		
4. 企业自身信用风险公允价值变动		
……		
(二) 以后将重分类进损益的其他综合收益		
1. 权益法下可转损益的其他综合收益		
2. 其他债权投资公允价值变动		
3. 金融资产重分类计入其他综合收益的金额		
4. 其他债权投资信用减值准备		
5. 现金流量套期储备		
6. 外币财务报表折算差额		
……		
六、综合收益总额	3 648	1 500

(续表)

项　目	M公司	A公司
七、每股收益		
(一)基本每股收益		
(二)稀释每股收益		

表 10-6

合并工作底稿(利润表部分)

编制单位:M公司　　　　20×0 年度　　　　单位:万元

项目	M公司	A公司	合计数	调整分录		抵销分录		合并金额
	本期数	本期数	本期数	本期数		本期数		本期数
				借方	贷方	借方	贷方	
一、营业收入	9 800.00	6 140.00	15 940.00			1 560.00		14 380.00
减:营业成本	4 600.00	3 400.00	8 000.00				1 260.00	6 740.00
税金及附加	400.00	300.00	700.00					700.00
销售费用	20.00	10.00	30.00					30.00
管理费用	150.00	80.00	230.00				13.00	217.00
研发费用			0.00					0.00
财务费用	250.00	100.00	350.00				15.00	335.00
加:其他收益			0.00					0.00
投资收益(损失以"—"号填列)	750.00		750.00	700.00	1 050.00	1 065.00		35.00
其中:对联营企业和合营企业的投资收益			0.00					0.00
摊余成本计量的金融资产终止确认收益			0.00					0.00
净敞口套期收益(损失以"—"号填列)			0.00					0.00
公允价值变动收益(损失以"—"号填列)			0.00					0.00
信用减值损失(损失以"—"号填列)	−80.00	−21.19	−101.19				30.00	−71.19
资产减值损失(损失以"—"号填列)			0.00					0.00
资产处置收益(损失以"—"号填列)	60.00		60.00			60.00		0.00
二、营业利润(亏损以"—"号填列)	5 110.00	2 228.81	7 338.81	700.00	1 050.00	2 685.00	1 318.00	6 321.81

(续表)

项目	M公司	A公司	合计数	调整分录		抵销分录		合并金额
	本期数	本期数	本期数	本期数		本期数		本期数
				借方	贷方	借方	贷方	
加:营业外收入		15.00	15.00					15.00
减:营业外支出	10.00	5.00	15.00					15.00
三、利润总额(亏损以“—”号填列)	5 100.00	2 238.81	7 338.81					6 321.81
减:所得税费用	1 452.00	738.81	2 190.81					2 190.81
四、净利润(净亏损以“—”号填列)	3 648.00	1 500.00	5 148.00					4 131.00
(一)按经营持续性分类			0.00					4 131.00
1. 持续经营净利润	3 648.00	1 500.00	5 148.00					4 131.00
2. 终止经营净利润								
(二)按所有权归属分类								
1. 归属于母公司股东的净利润								3 681.00
2. 少数股东损益						450.00		450.00
五、其他综合收益税后净额								
(一)归属于母公司所有者的其他综合收益的税后净额								
1. 以后不能重分类进损益的其他综合收益								
(1)重新计量设定受益计划净负债或净资产的变动								
(2)权益法下在被投资单位不能重分类进损益的其他综合收益中享有的份额								
(3)其他权益工具投资公允价值变动								
(4)企业自身信用风险公允价值变动								
……								

（续表）

项目	M公司	A公司	合计数	调整分录		抵销分录		合并金额
	本期数	本期数	本期数	本期数		本期数		本期数
				借方	贷方	借方	贷方	
2. 以后将重分类进损益的其他综合收益				—		—	—	
(1) 权益法下可转损益的其他综合收益								
(2) 其他债权投资公允价值变动								
(3) 金融资产重分类计入其他综合收益的金额								
(4) 其他债权投资信用减值准备								
(5) 现金流量套期储备								
(6) 外币财务报表折算差额								
……								
（二）归属于少数股东的其他综合收益的税后净额								
六、综合收益总额	3 648.00	1 500.00	5 148.00	700.00	1 050.00	3 135.00	1 318.00	4 131.00
归属于母公司所有者的综合收益总额								3 681.00
归属于少数股东的综合收益总额								450.00
七、每股收益：								
（一）基本每股收益								
（二）稀释每股收益								

表 10-7

合并利润表

会合 02 表

编制单位：　　　　20×0 年　　　　单位：万元

项目	本期金额	上期金额
一、营业总收入	14 380	
其中：营业收入	14 380	
利息收入*		

（续表）

项目	本期金额	上期金额
已赚保费		
手续费及佣金收入*		
二、营业总成本	8 022	
其中：营业成本	6 740	
利息支出*		
手续费及佣金支出*		
退保金*		
赔付支出净额*		
提取保险责任准备金净额*		
保单红利支出*		
分保费用*		
税金及附加	700	
销售费用	30	
管理费用	217	
研发费用		
财务费用	335	
其中：利息费用		
利息收入		
加：其他收益		
投资收益（损失以"—"号填列）	35	
其中：对联营企业和合营企业投资收益		
以摊余成本计量的金融资产终止确认收益		
汇兑收益（损失以"—"号填列）*		
净敞口套期收益（损失以"—"号填列）		
公允价值变动收益（损失以"—"号填列）		
信用减值损失（损失以"—"号填列）	—71.19	
资产减值损失（损失以"—"号填列）		
资产处置收益（损失以"—"号填列）		
三、营业利润（亏损以"—"号填列）	6 321.81	
加：营业外收入	15.00	
减：营业外支出	15.00	
四、利润总额（亏损总额以"—"号填列）	6 321.81	

（续表）

项目	本期金额	上期金额
减:所得税费用	2 190.81	
五、净利润(净亏损以“—”号填列)	4 131.00	
(一) 按经营持续性分类	4 131.00	
1. 持续经营净利润(净亏损以“—”号填列)	4 131.00	
2. 终止经营净利润(净亏损以“—”号填列)		
(二) 按所有权归属分类		
1. 归属于母公司股东的净利润(净亏损以“—”号填列)	3 681.00	
2. 少数股东损益(净亏损以“—”号填列)	450.00	
六、其他综合收益的税后净额		
(一) 归属于母公司所有者的其他综合收益的税后净额		
1. 不能重分类进损益的其他综合收益		
(1) 重新计量设定受益计划变动额		
(2) 权益法下不能转损益的其他综合收益		
(3) 其他权益工具投资公允价值变动		
(4) 企业自身信用风险公允价值变动		
……		
2. 将重分类进损益的其他综合收益		
(1) 权益法下可转损益的其他综合收益		
(2) 其他债权投资公允价值变动		
(3) 金融资产重分类计入其他综合收益的金额		
(4) 其他债权投资信用减值准备		
(5) 现金流量套期储备		
(6) 外币财务报表折算差额		
……		
(二) 归属于少数股东的其他综合收益的税后净额		
七、综合收益总额	4 131.00	
(一) 归属于母公司所有者的综合收益总额	3 681.00	
(二) 归属于少数股东的综合收益总额	450.00	
八、每股收益		
(一) 基本每股收益		
(二) 稀释每股收益		

四、子公司发生超额亏损在合并利润表中的反映

子公司少数股东分担的当期亏损超过了少数股东在该子公司期初所有者权益中所享有的份额，其余额应当分别下列情况进行处理：

(1) 公司章程或协议规定少数股东有义务承担，并且少数股东有能力予以弥补的，该项余额应当冲减少数股东权益。

(2) 公司章程或协议未规定少数股东有义务承担的，该项余额应当冲减母公司的所有者权益。该子公司以后期间实现的利润，在弥补了由母公司所有者权益所承担的属于少数股东的损失之前，应当全部归属于母公司的所有者权益。

第四节　合并现金流量表

合并现金流量表是综合反映母公司及其所有子公司组成的企业集团在一定会计期间现金和现金等价物流入和流出的报表。它应当以母公司和子公司的个别现金流量表为基础，在抵销母公司与子公司、子公司相互之间发生的内部交易对合并现金流量表的影响后，由母公司合并编制。

一、编制合并现金流量表时应进行抵销处理的项目

个别现金流量表是分别从母公司本身和子公司本身来反映其在一定会计期间现金流入和现金流出状况的。在以母、子公司个别现金流量表为基础计算的现金流入和现金流出项目的加总金额中，也必然会包含有重复计算的因素。因此，编制合并现金流量表时，也需要将这些重复的因素予以抵销处理。

编制合并现金流量表时需要进行抵销处理的项目，主要有以下几个项目。

(一) 企业集团内部当期以现金投资或收购股权增加的投资所产生的现金流量的抵销处理

企业集团内部当期以现金投资或收购股权增加的投资，在母、子公司的个别现金流量表中反映为现金的流入或流出。但从整个企业集团来看，母公司以现金对子公司进行的长期股权投资实际上相当于母公司将资本拨付下属核算单位，并不会引起整个企业集团的现金流量的增减变动。因此，在编制合并现金流量表时，应当将母公司当期以现金对子公司长期股权投资所产生的现金流量予以抵销。其抵销分录为：借记“投资支付的现金”等项目，贷记“吸收投资收到的现金”等项目。这里必须说明，本节中的抵销分录，借记表示现金流出的减少，贷记表示现金流入的减少。

(二) 企业集团内部当期取得投资收益收到的现金与分配股利、利润或偿付利息支付的现金的抵销处理

母公司对子公司进行的长期股权投资和债权投资，在持有期间收到子公司分配的现金股利(利润)或债券利息，表现为现金流入，在母公司个别现金流量表中作为取得投资收益收到的现金列示。而子公司向母公司分配现金股利(利润)或支付债券利息，表现为现金流出，在其个别现金流量表中反映为分配股利、利润或偿付利息支付的现金。从整个企

业集团来看，母子公司这一交易活动，并不会引起整个企业集团现金流量的增减变动。因此，编制合并现金流量表时，应当将母公司当期取得投资收益收到的现金与子公司分配股利、利润或偿付利息支付的现金予以抵销。其抵销分录为：借记“分配股利、利润或偿付利息支付的现金”项目，贷记“取得投资收益收到的现金”项目。

（三）企业集团内部以现金结算债权与债务所产生的现金流量的抵销处理

母公司与子公司、子公司相互之间当期以现金结算应收账款或应付账款等债权与债务，表现为现金流入或现金流出，并在母、子公司的个别现金流量表中作为收到其他与经营活动有关的现金或支付其他与经营活动有关的现金列示。但从整个企业集团来看，这种以现金结算的债权与债务活动，并不会引起整个企业集团的现金流量的增减变动。因此，编制合并现金流量表时，应当将母公司与子公司、子公司相互之间当期以现金结算债权与债务所产生的现金流量予以抵销。其抵销分录为：借记“支付其他与经营活动有关的现金”项目，贷记“收到其他与经营活动有关的现金”项目。

（四）企业集团内部当期销售商品所产生的现金流量的抵销处理

企业集团内部（母公司向子公司或者子公司向母公司或者子公司之间）当期销售商品所产生的现金流量，对于销货方收到的现金在其个别现金流量表中作为销售商品、提供劳务收到的现金列示，表现为现金的流入；对于购货方支付的现金，在其个别现金流量表中作为购买商品、接受劳务支付的现金等列示，表现为现金的流出。但从整个企业集团来看，这种内部商品购销产生的现金收付，并不会引起整个企业集团现金流量的增减变动。因此，在编制合并现金流量表时，应当将母公司与子公司，子公司相互之间当期销售所产生的现金流量予以抵销。其抵销分录为：借记“购买商品、接受劳务支付的现金”“购建固定资产、无形资产和其他长期资产支付的现金”项目，贷记“销售商品、提供劳务收到的现金”项目。

（五）企业集团内部处置固定资产等收回的现金净额与购建固定资产等支付的现金的抵销处理

企业集团内部处置固定资产等非流动资产，处置方收到的现金表现为现金流入，并在其个别现金流量表中作为处置固定资产、无形资产和其他长期资产收回的现金净额列示。购置方支付现金表现为现金流出，并在其个别现金流量表中作为购建固定资产、无形资产和其他长期资产支付的现金列示。但从整个企业集团来看，这种固定资产等的处置与购置而产生现金收支，并不会引起整个企业集团的现金流量的增减变动。因此，在编制合并现金流量表时，应将母公司与子公司、子公司相互之间处置固定资产、无形资产和其他长期资产收回的现金净额与购建固定资产、无形资产和其他长期资产支付的现金予以抵销。其抵销分录为：借记“购建固定资产、无形资产和其他长期资产支付的现金”项目，贷记“处置固定资产、无形资产和其他长期资产收回的现金”项目。

二、母公司在报告期内增减子公司在合并现金流量表中的反映

（一）母公司在报告期内增加子公司在合并现金流量表中的反映

母公司因追加投资等原因控制了另一个企业即实现了企业合并。在合并当期编制合并现金流量表时，应当区分同一控制下的企业合并增加的子公司和非同一控制下的企业合并

增加的子公司两种情况：

(1) 因同一控制下企业合并增加的子公司，在编制合并现金流量表时，应当将该子公司合并当期期初至报告期末的现金流量纳入合并现金流量表。

(2) 因非同一控制下企业合并增加的子公司，在编制合并现金流量表时，应当将该子公司购买日至报告期末的现金流量纳入合并现金流量表。

(二) 母公司在报告期内处置子公司在合并现金流量表中的反映

母公司在报告期内处置子公司，应将该子公司期初至处置日的现金流量纳入合并现金流量表。

三、合并现金流量表的基本格式

合并现金流量表的格式与个别现金流量表的格式基本相同，主要增加了反映金融企业行业特点和经营活动现金流量项目，从而综合体现了企业集团中一般工商企业和金融企业的现金流入和现金流出的列报要求。

此外，合并现金流量表编制与个别现金流量表相比，还有一个比较特殊的问题，即在子公司为非全资子公司的情况下，会涉及子公司与其少数股东之间的现金流入和流出的处理问题。对于子公司与少数股东之间发生的现金流入和流出数量的增减相比，为了便于合并财务报表使用者了解掌握企业集团现金流量的情况，就有必要将其在合并现金流量表中予以反映。为此，合并现金流量表还应增设以下几个项目：

对于子公司的少数股东增加在子公司中的权益性投资，在合并现金流量表中应当在"筹资活动产生的现金流量"之下的"吸收投资收到的现金"项目下增设"其中：子公司吸收少数股东投资收到的现金"项目反映。

对于子公司向少数股东支付现金股利或利润，在合并现金流量表中应当在"筹资活动产生的现金流量"之下的"分配股利、利润或偿付利息支付的现金"项目下增设"其中：子公司支付给少数股东的股利、利润"项目反映。

对于子公司的少数股东依法抽回在子公司中的权益性投资，在合并现金流量表中应当在"筹资活动产生的现金流量"之下的"支付其他与筹资活动有关的现金"项目中反映。

合并现金流量表的一般格式，如表 10-8 所示。

表 10-8

合并现金流量表　　　　会合 03 表

编制单位：　　　　年　月　　　　金额单位：元

项目	本期金额	上期金额
一、经营活动产生的现金流量		
销售商品、提供劳务收到的现金		
客户存款和同业存放款项净增加额*		
向中央银行借款净增加额*		
向其他金融机构拆入资金净增加额*		

(续表)

项目	本期金额	上期金额
收到原保险合同保费取得的现金		
收到再保业务现金净额*		
保户储金及投资款净增加额*		
收取利息、手续费及佣金的现金*		
拆入资金净增加额*		
回购业务资金净增加额*		
代理买卖证券收到的现金净额*		
收到的税费返还		
收到其他与经营活动有关的现金		
经营活动现金流入小计		
购买商品、接受劳务支付的现金		
客户贷款及垫款净增加额*		
存放中央银行和同业款项净增加额*		
支付原保险合同赔付款项的现金*		
拆出资金净增加额*		
支付利息、手续费及佣金的现金*		
支付保单红利的现金*		
支付给职工及为职工支付的现金		
支付的各项税费		
支付其他与经营活动有关的现金		
经营活动现金流出小计		
经营活动产生的现金流量净额		
二、投资活动产生的现金流量		
收回投资收到的现金		
取得投资收益收到的现金		
处置固定资产、无形资产和其他长期资产收回的现金净额		
处置子公司及其他营业单位收到的现金净额		
收到其他与投资活动有关的现金		
投资活动现金流入小计		
购建固定资产、无形资产和其他长期资产支付的现金		
投资支付的现金		

（续表）

项目	本期金额	上期金额
质押贷款净增加额		
取得子公司及其他营业单位支付的现金净额		
支付其他与投资活动有关的现金		
投资活动现金流出小计		
投资活动产生的现金流量净额		
三、筹资活动产生的现金流量		
吸收投资收到的现金		
其中：子公司吸收少数股东投资收到的现金		
取得借款收到的现金		
收到其他与筹资活动有关的现金		
筹资活动现金流入小计		
偿还债务支付的现金		
分配股利、利润或偿付利息支付的现金		
其中：子公司支付给少数股东的股利、利润		
支付其他与筹资活动有关的现金		
筹资活动现金流出小计		
筹资活动产生的现金流量净额		
四、汇率变动对现金及现金等价物的影响		
五、现金及现金等价物净增加额		
加：期初现金及现金等价物余额		
六、期末现金及现金等价物余额		

注：标注“＊”的项目为金融企业专用行项目。

第五节 合并所有者权益变动表

合并所有者权益变动表是反映构成企业集团所有者权益的各组成部分当期的增减变动情况的财务报表。它应当以母公司和子公司的所有者权益变动表为基础，在抵销母公司和子公司、子公司相互之间发生的内部交易对合并所有者权益变动表的影响后，由母公司合并编制。合并所有者权益变动表也可以根据合并资产负债表和合并利润表进行编制。

一、编制合并所有者权益变动表时应进行抵销的项目

所有者权益变动表是分别从母公司本身和子公司本身反映其在一定会计期间所有者权益构成及其变动情况的。在以母子公司个别所有者权益变动表为基础计算的各所有者权益

构成项目的加总金额中，也必然包含有重复计算的因素，因此，在编制合并所有者权益变动表时，就必须将这些重复因素予以抵销处理。

编制合并所有者权益变动表时需要进行抵销的项目，主要有以下几项：

(1) 母公司对子公司的长期股权投资与母公司在子公司所有者权益中所享有的份额相互抵销。

该类抵销的内容及实例已在本章第二节“有关长期股权投资与子公司所有者权益的抵销”中作了详细的阐述，这里不再重复。

(2) 母公司与子公司、子公司相互之间持有对方长期股权投资的投资权益应当抵销。

该类抵销的具体内容及实例也已在本章第三节有关“母公司与子公司、子公司相互之间持有对方长期股权投资的投资收益的抵销”中作了详细的阐述，故不赘述。

二、合并所有者权益变动表的基本格式及编制方法

合并所有者权益变动表的格式与个别所有者权益变动表的格式基本相同。而不同的只是在子公司存在少数股东的情况下，合并所有者权益变动表增加“少数股东权益”栏目，用于反映少数股东权益变动的情况。合并所有者权益变动表的一般格式如表 10-12 所示。

为了便于理解和掌握合并所有者权益变动表的编制方法，了解合并所有者权益变动表编制的全过程，现举例说明如下：

【例 10-14】 沿用[例 10-1][例 10-2]及[例 10-12]，另外 M 公司和 A 公司 20×0 年度个别所有者权益变动表的相关资料，如表 10-9 所示。要求编制合并所有者权益变动表。

根据上述资料，M 公司首先应设计合并工作底稿(所有者权益变动表部分)如表 10-11 (见表 10-3)，将 M 公司和 A 公司个别所有者权益变动的数据存入合并工作底稿，并计算出所有者权益变动表各项目的合计金额。其次编制抵销分录，将 M 公司与 A 公司之间的内部交易对所有者权益变动表的影响予以抵销，并计算出各项目的合并金额。最后将工作底稿的合并金额过入合并所有者权益变动表中，编制出合并所有者权益变动表，如表 10-12 所示。

第六节　连续编制合并财务报表时的抵销处理

连续编制合并财务报表与初次编制合并财务报表相比，它不仅要抵销处理集团内部本期发生的重复因素，而且还要抵销处理上期发生的重复因素。对上期重复因素在本期的抵销应理清两个问题：一是上期的重复因素在上期编制合并财务报表时已经进行了抵销处理，为什么到了本期还要对其进行抵销处理？这主要是因为上期对重复因素所作的抵销处理(即抵销分录)仅是在上期合并工作底稿中进行的，它既没有填制记账凭证，又没有登记相关账簿，因此上期母子公司个别财务报表中的重复因素照样存在，而个别财务报表上下期是相互衔接的，这就使得上期个别财务报表中的这种重复因素必定会转入本期个别财务报表中。所以母公司在根据本期母子公司个别财务报表编制本期合并财务报表时，除了要将本期发生的重复因素抵销外，还要将上期的重复因素继续进行抵销。二是上期重复因素在本期抵销处理时，抵销分录如何编制？一般地说，如果上期抵销的是资产负债表项目，则本期仍然在该项目中抵销；如果上期抵销的是利润表项目即收入费用项目，则在本期应直接通过“未

表 10-9

所有者权益变动表

企会 04 表

编制单位:M公司　　20×0 年度　　金额:万元

项目	本年金额									
	实收资本(股本)	其他权益工具投资			资本公积	减:库存股	其他综合收益	专项储备	盈余公积	未分配利润	所有者权益合计
		优先股	永续债	其他							
一、上年年末余额	8 600.00				1 800.00				1 600.00	2 000.00	14 000.00
加:会计政策变更											
前期差错更正											
其他											
二、本年年初余额	8 600.00				1 800.00				1 600.00	2 000.00	14 000.00
三、本年增减变动金额(减少以“－”号填列)											
(一) 综合收益总额										3 648.00	3 648.00
(二) 所有者投入和减少资本											
1. 所有者投入的普通股											
2. 其他权益工具持有者投入资本											
3. 股份支付计入所有者权益的金额											
4. 其他											
(三) 利润分配									900.00	－2 648.00	－1 748.00
1. 提取盈余公积									900.00	－900.00	0.00
2. 提取一般风险准备*											
3. 对所有者(或股东)的分配										－1 748.00	－1 748.00
4. 其他											

（续表）

项目	本年金额										
	实收资本（股本）	其他权益工具投资			资本公积	减:库存股	其他综合收益	专项储备	盈余公积	未分配利润	所有者权益合计
		优先股	永续债	其他							
（四）所有者权益内部结转											
1. 资本公积转增资本(或股本)											
2. 盈余公积转增资本(或股本)											
3. 盈余公积弥补亏损											
4. 设定受益计划变动额结转留存收益											
5. 其他综合收益结转留存收益											
6. 其他											
四、本年年末余额	8 600.00				1 800.00				2 500.00	3 000.00	15 900.00

表 10-10

所有者权益变动表

企会 04 表

编制单位:A 公司　　20×0 年度　　单位金额:元

项目	本年金额										
	实收资本（股本）	其他权益工具投资			资本公积	减:库存股	其他综合收益	专项储备	盈余公积	未分配利润	所有者权益合计
		优先股	永续债	其他							
一、上年年末余额	4 000.00				1 600.00						5 600.00
加:会计政策变更											
前期差错更正											
其他											
二、本年年初余额	4 000.00				1 600.00				0.00	0.00	5 600.00

（续表）

项目	本年金额										
	实收资本（股本）	其他权益工具投资			资本公积	减:库存股	其他综合收益	专项储备	盈余公积	未分配利润	所有者权益合计
		优先股	永续债	其他							
三、本年增减变动金额(减少以“—”号填列)											
(一) 综合收益总额										1 500.00	1 500.00
(二) 所有者投入和减少资本											
1. 所有者投入的普通股											
2. 其他权益工具持有者投入资本											
3. 股份支付计入所有者权益的金额											
4. 其他											
(三) 利润分配									150.00	−1 150.00	−1 000.00
1. 提取盈余公积									150.00	−150.00	0.00
2. 提取一般风险准备*											
3. 对所有者(或股东)的分配										−1 000.00	−1 000.00
4. 其他											
(四) 所有者权益内部结转											
1. 资本公积转增资本(或股本)											
2. 盈余公积转增资本(或股本)											
3. 盈余公积弥补亏损											
4. 设定受益计划变动额结转留存收益											
5. 其他综合收益结转留存收益											
6. 其他											
四、本年年末余额	4 000.00				1 600.00				150.00	350.00	6100.00

表 10-12

合并所有者权益变动表

20×0 年

会合 04 表

金额单位：万元

项目	本年金额												
	归属于母公司所有者权益											少数股东权益	所有者权益合计
	实收资本（股本）	其他权益工具投资			资本公积	减：库存股	其他综合收益	专项储备	盈余公积	一般风险准备	未分配利润	小计		
		优先股	永续债	其他										
一、上年年末余额	8 600				1 800				1 600		2 000	14 000	1 680	15 680
加：会计政策变更														
前期差错更正														
其他														
二、本年年初余额	8 600				1 800				1 600		2 000	14 000	1 680	15 680
三、本年增减变动金额（减少以“—”号填列）														
（一）综合收益总额											3 621	3 621	450	4 071
（二）所有者投入和减少资本														
1. 所有者投入的普通股														
2. 其他权益工具持有者投入资本														
3. 股份支付计入所有者权益的金额														
4. 其他														
（三）利润分配														
1. 提取盈余公积									900		—900	0		

（续表）

项目	本年金额													
	归属于母公司所有者权益												少数股东权益	所有者权益合计
	实收资本（股本）	其他权益工具投资			资本公积	减:库存股	其他综合收益	专项储备	盈余公积	一般风险准备	未分配利润	小计		
		优先股	永续债	其他										
2. 提取一般风险准备*														
3. 对所有者(或股东)的分配											−1 748	−1 748	−300	−2 048
4. 其他														
（四）所有者权益内部结转														
1. 资本公积转增资本(或股本)														
2. 盈余公积转增资本(或股本)														
3. 盈余公积弥补亏损														
4. 设定受益计划变动额结转留存收益														
5. 其他综合收益结转留存收益														
6. 其他														
四、本年年末余额	8 600				1 800				2 500		2 973	15 873	1 830	17 703

分配利润——年初”项目抵销，因为上期的利润表项目（即收入费用项目）在上期末通过年终转账，均转入了年末未分配利润，而上期的年末未分配利润最终又转成了本期年初未分配利润。

一、连续编制合并财务报表时内部应收账款及坏账准备的抵销处理

对内部应收账款及相应的坏账准备，在连续编制合并财务报表进行抵销处理时，首先应将内部应收账款与应付账款予以抵销。抵销分录为：借记“应付账款”项目，贷记“应收账款”项目。其次应将上期信用减值损失中抵销的内部应收账款计提的坏账准备对本期期初未分配利润的影响予以抵销，抵销分录为：借记“应收账款——坏账准备”项目，贷记“未分配利润——年初”项目。再次对于本期个别财务报表中内部应收账款对应的坏账准备增减变动的金额也应予以抵销，即按照本期个别资产负债表中期末内部应收账款相对应的坏账准备的增加额，借记“应收账款——坏账准备”项目，贷记“信用减值损失”项目，或按照本期个别资产负债表中期末内部应收账款相对应的坏账准备的减少额，借记“信用减值损失”项目，贷记“应收账款——坏账准备”项目。

【例 10-15】 A 公司于 20×0 年 1 月投资建立 B 公司，拥有 80%的股权。20×0 年年末，A 公司应收账款中有应收 B 公司的账款为 100 万元，并按应收账款年末金额 5%计提坏账准备为 5 万元。

编制合并财务报表时，应在合并工作底稿中作如下抵销处理：

（1）将内部应收账款与应付账款相互抵销：

借：应付账款	1000 000	
贷：应收账款		1 000 000

（2）将内部应收账款计提的坏账准备予以抵销：

借：应收账款——坏账准备	50 000	
贷：信用减值损失		50 000

（一）连续编报时，内部应收账款本期余额等于上期余额的抵销处理

【例 10-16】 沿用［例 10-15］，假定至 20×1 年年末 A 公司应收账款中应收 B 公司的账款仍然为 100 万元，计提坏账的比例不变。这说明 A 公司本期个别资产负债表中对 B 公司的内部应收账款未再计提坏账准备。

编制合并财务报表时，应在合并工作底稿中作如下抵销处理：

（1）将内部应收账款与应付账款相互抵销：

借：应付账款	1 000 000	
贷：应收账款		1 000 000

（2）将上期内部应收账款计提的坏账准备予以抵销：

借：应收账款——坏账准备	50 000	
贷：未分配利润——年初		50 000

（二）连续编报时，内部应收账款本期余额大于上期余额的抵销处理

【例 10-17】 沿用［例 10-15］，假定至 20×1 年年末，A 公司应收账款中应收 B 公司的账款为160万元，计提坏账准备比例不变。这说明A公司本期对B公司内部应收账款净增加的60万元，应补提坏账准备3万元。

编制合并财务报表时，应在合并工作底稿中作如下抵销处理：

(1) 将内部应收账款与应付账款相互抵销：

借：应付账款	1 600 000	
贷：应收账款		1 600 000

(2) 将上期内部应收账款计提的坏账准备予以抵销：

借：应收账款——坏账准备	50 000	
贷：未分配利润——年初		50 000

(3) 将本期对B公司内部应收账款补提的坏账准备予以抵销：

借：应收账款——坏账准备	30 000	
贷：信用减值损失		30 000

（三）连续编报时，内部应收账款本期余额小于上期余额的抵销处理

【例10-18】 沿用[例10-15]，假定至20×1年年末，A公司应收账款中应收B公司的账款为70万元，计提坏账的比例不变。这说明A公司本期对B公司的内部应收账款比上期净减少30万元，A公司在本期的个别报表中冲销了内部应收账款计提的坏账准备1.5万元。

编制合并财务报表时，应在合并工作底稿中作如下抵销处理：

(1) 将内部应收账款与应付账款相互抵销：

借：应付账款	700 000	
贷：应收账款		700 000

(2) 将上期内部应收账款计提的坏账准备予以抵销：

借：应收账款——坏账准备	50 000	
贷：未分配利润——年初		50 000

(3) 将本期因内部应收账款减少而冲减的坏账准备予以抵销：

借：信用减值损失	15 000	
贷：应收账款——坏账准备		15 000

二、连续编制合并财务报表时内部购进商品的抵销处理

对于上期内部购进商品全部实现对外销售的情况下，由于不涉及内部存货价值中包含的未实现内部销售损益的抵销处理，因此，在本期连续编制合并财务报表时就不涉及对其进行处理的问题。但在上期内部购进并形成期末存货的情况下，在编制合并财务报表进行抵销处理时，存货价值中包含的未实现内部销售损益的抵销，直接影响上期合并财务报表中合并净利润金额的减少，最终影响合并所有者权益变动表中期末未分配利润的金额减少，从而对本期的年初未分配利润也产生了影响。因此，本期编制合并财务报表时必须在合并母子公司年初未分配利润的基础上，将上期抵销的未实现内部销售损益对本期年初未分配利润

的影响予以抵销，调整本期年初未分配利润的金额。

在连续编制合并财务报表的情况下，对集团内部购进商品的具体抵销处理程序和方法如下：

首先将上期抵销的存货价值中包含的未实现内部销售损益对本期年初未分配利润的影响予以抵销。即按上期内部购进存货价值中包含的未实现内部销售损益的金额，借记“未分配利润——年初”项目，贷记“营业成本”项目。

其次将本期发生的内部购销活动而产生的内部销售收入，内部销售成本及内部购进存货中未实现内部销售损益予以抵销。即按销售企业内部销售收入的金额，借记“营业收入”项目，贷记“营业成本”项目。

最后将期末内部购进存货价值中包含的未实现内部销售损益予以抵销。即按购买企业期末内部购入存货价值中包含的未实现内部销售损益的金额，借记“营业成本”项目，贷记“存货”项目。

【例 10-19】 A 公司为 B 公司的母公司，20×0 年 A 公司向 B 公司销售商品一批，价值 60 万元，其销售成本为 40 万元。B 公司购进该商品后，当年全部未实现对外销售而形成期末存货。

编制合并财务报表时，应在合并工作底稿中作如下抵销处理：

借：营业收入　600 000
　贷：营业成本　400 000
　　存货　200 000

上述抵销分录也可分为如下两笔抵销处理：

(1) 借：营业收入　600 000
　　贷：营业成本　600 000

(2) 借：营业成本　200 000
　　贷：存货　200 000

【例 10-20】 沿用[例 10-19]，20×1 年，A 公司向 B 公司销售商品一批价值 30 万元，其销售成本为 20 万元。B 公司在本年度将上期及本期购入商品出售 80%，实现对外销售收入为 100 万元，其销售成本为 72 万元，期末形成的商品存货为 18 万元(期初存货 60 万元＋本期购进 30 万元－本期销售成本 72 万元)，存货中包含的未实现内部销售利润为 6 万元。编制合并财务报表时，应在合并工作底稿中作如下抵销处理：

(1) 调整期初未分配利润的数额：

借：未分配利润——年初　200 000
　贷：营业成本　200 000

(2) 抵销本期内部销售收入：

借：营业收入　300 000
　贷：营业成本　300 000

(3) 抵销期末存货中包含的未实现内部销售利润：

借：营业成本　60 000

　贷：存货　60 000

三、连续编制合并财务报表时内部交易固定资产的抵销处理

连续编制合并财务报表时内部交易固定资产的抵销处理实际上是指内部交易形成的固定资产在购入以后期间的抵销处理。内部购入固定资产在以后期间的抵销处理程序为：

首先将内部交易固定资产原价中包含的未实现内部销售损益抵销，并调整期初未分配利润。即按原价中包含的未实现内部销售损益的金额，借记"未分配利润——年初"项目，贷记"固定资产——原价"项目。

其次将以前会计期间内部交易固定资产多计提的累计折旧抵销，并调整期初未分配利润。即按以前会计期间抵销该内部交易固定资产多计提的累计折旧，借记"固定资产——累计折旧"项目，贷记"未分配利润——年初"项目

最后将本期由于该内部交易固定资产的使用而多计提的折旧予以抵销。即按本期多计提的折旧额，借记"固定资产——累计折旧"项目，贷记"管理费用"等项目。

(一) 内部交易固定资产购入当期的抵销处理

【例 10-21】 A 公司为 B 公司的母公司，20×0 年 12 月，A 公司以 80 万元的价格将其生产的产品出售给 B 公司，其销售成本为 50 万元。B 公司购入该产品后作为管理用固定资产使用，假定 B 公司对该项固定资产采用年限平均法计提折旧，预计使用 5 年，预计净残值为零。

编制 20×0 年合并财务报表时，应在合并工作底稿中作如下抵销处理：

借：营业收入　800 000

　贷：营业成本　500 000

　　固定资产——原价　300 000

(二) 内部交易固定资产使用期间的抵销处理

【例 10-22】 沿用[例 10-21]，要求作出 20×1 年至 20×3 年的抵销处理。

编制 20×1 年合并财务报表时，在合并工作底稿中应作如下抵销处理：

(1) 借：未分配利润——年初　300 000

　　贷：固定资产——原价　300 000

(2) 借：固定资产——累计折旧　60 000

　　贷：管理费用　60 000

编制 20×2 年合并财务报表时，在合并工作底稿中应作如下抵销处理：

(1) 借：未分配利润——年初　300 000

　　贷：固定资产——原价　300 000

(2) 借：固定资产——累计折旧　60 000

　　贷：未分配利润——年初　60 000

（3）借：固定资产——累计折旧　　60 000
　　贷：管理费用　　60 000

编制 20×3 年合并财务报表时，在合并工作底稿中作如下抵销处理：

（1）借：未分配利润——年初　　300 000
　　贷：固定资产——原价　　300 000

（2）借：固定资产——累计折旧　　120 000
　　贷：未分配利润——年初　　120 000

（3）借：固定资产——累计折旧　　60 000
　　贷：管理费用　　60 000

（三）内部交易固定资产清理期间的抵销处理

固定资产清理时可能出现三种情况，即期满清理、提前清理和超期清理。

编制合并财务报表时，应当根据具体情况进行抵销处理。

1. 内部交易固定资产使用期满进行清理时的抵销处理

【例 10-23】 沿用[例 10-21]，B 公司在 20×4 年 12 月该固定资产使用期满时对其报废清理，取得清理净收益为 2 万元。

编制 20×4 年合并财务报表时，在合并工作底稿中应作如下抵销处理：

（1）借：未分配利润——年初　　300 000
　　贷：固定资产——原价　　300 000

（2）借：固定资产——累计折旧　　240 000
　　贷：未分配利润——年初　　240 000

（3）借：固定资产——累计折旧　　60 000
　　贷：管理费用　　60 000

（4）借：固定资产——原价　　300 000
　　贷：固定资产——累计折旧　　300 000

以上四笔抵销分录，可以合并为以下一笔抵销分录：

借：未分配利润——年初　　60 000
　贷：管理费用　　60 000

2. 内部交易固定资产使用期未满提前进行清理时的抵销处理

【例 10-24】 沿用[例 10-21]，假定 B 公司于 20×3 年年底就对该项固定资产进行了报废清理，该固定资产报废清理净收益为 1.5 万元。

编制 20×3 年合并财务报表时，在合并工作底稿中应作如下抵销处理：

（1）借：未分配利润——年初　　300 000
　　贷：营业外收入　　300 000

（2）借：营业外收入　　180 000
　　贷：未分配利润——年初　　180 000

(3) 借：营业外收入　　60 000

　　贷：管理费用　　60 000

需要说明的是，如果固定资产报废清理发生的是净损失，则上述抵销分录中应该用“营业外支出”项目替代“营业外收入”项目。

3. 内部交易固定资产超期使用进行报废清理时的抵销处理

【例 10-25】 沿用[例 10-21]，假定该内部交易在第五年（即 20×4 年）后仍继续使用 2 年，则第六、第七年应作如下抵销分录：

(1) 借：未分配利润——年初　　300 000

　　贷：固定资产——原价　　300 000

(2) 借：固定资产——累计折旧　　300 000

　　贷：未分配利润——年初　　300 000

需要说明的是，超期使用的内部交易固定资产，在进行报废清理的当期不需要再进行抵销处理。

本章小结

1. 合并财务报表是指反映母公司和其全部子公司形成的企业集团整体财务状况、经营成果和现金流量的会计报表。它是由母公司以母公司和纳入合并范围的子公司的个别财务报表为基础编制的。母公司应当将其能够控制的全部子公司纳入合并财务报表的合并范围。

2. 编制合并财务报表的前期准备事项主要有：一是对子公司长期股权投资采用权益法核算；二是统一母子公司的会计政策；三是统一母子公司的会计期间；四是子公司应向母公司提供编报所需要的相关资料等。

3. 合并资产负债表应当以母公司和子公司的个别资产负债表为基础，在抵销母公司与子公司、子公司相互之间发生的内部交易对合并资产负债表的影响后，由母公司合并编制。编制合并资产负债表时需要进行抵销处理的项目主要有：一是母公司长期股权投资项目与子公司所有者权益项目的抵销；二是内部债权与债务项目的抵销；三是存货价值中包含的未实现内部销售损益的抵销；四是内部固定资产交易的抵销等。

4. 合并利润表应当以母公司和子公司的个别利润表为基础，在抵销母公司与子公司、子公司相互之间发生的内部交易对合并利润表的影响后，由母公司合并编制。编制合并利润表时需要进行抵销处理的项目主要有：一是内部营业收入项目和内部营业成本项目的抵销；二是集团内部企业之间购进商品作为固定资产使用时的抵销；三是内部应收款项计提坏账准备的抵销；四是内部投资收益（利息收入）和利息费用的抵销；五是母公司与子公司、子公司相互之间持有对方长期股权投资而取得的投资收益的抵销等。

5. 合并现金流量表应当以母公司和子公司的个别现金流量表为基础，在抵销母公司与子公司、子公司相互之间发生的内部交易对合并现金流量表的影响后，由母公司并合编制。编制合并现金流量表时需要进行抵销处理的项目主要有：一是企业集团内部当期以现金投资或收购股权增加的投资所产生的现金流量的抵销处理；二是企业集团内部当期取得投资收益收到的现金与分配股利、利润或偿付利息支付的现金的抵销处理；三是企业集团内部以现金结算债权与债务所产生的现金流量的抵销处理；四是企业集团内部当期销售商品所产生的现金流量的抵销处理；五是企业集团内部处置固定资产等收回的现金净额与购建固定资产等支付的现金抵销的处理等。

6. 合并所有者权益变动表应当以母公司和子公司的所有者权益变动表为基础，在抵销母公司和子公司、子公司相互之间发生的内部交易对合并所有者权益变动表的影响后，由母公司合并编制。合并所有者权益变动表也可以根据合并资产负债表和合并利润表进行编制。编制合并所有者权益变动表时需要进行抵销的项目主要有：一是母公司对子公司的长期股权投资与母公司在子公司所有者权益中所享有的份额相互抵销；二是母公司与子公司、子公司相互之间持有对方长期股权投资而取得的投资收益应当抵销等。

7. 在连续编制合并财务报表时，不仅要抵销处理集团内部本期发生的重复因素，而且还要抵销处理上期发生的重复因素。

复习思考题

1. 什么是合并财务报表？它与个别财务报表有何区别？
2. 我国合并财务报表的合并范围是什么？
3. 合并财务报表编制的前期准备事项有哪些？
4. 抵销分录和会计分录有何区别？
5. 编制合并资产负债表需要进行抵销处理的项目有哪些？
6. 编制合并利润表需要进行抵销处理的项目有哪些？
7. 编制合并现金流量表需要进行抵销处理的项目有哪些？
8. 连续编制合并财务报表与初次编制合并财务报表有何区别？为什么？

练 习 题

1. 20×0 年 1 月 1 日，A 公司以银行存款 2 000 万元取得 B 公司 80%的股份(假定 A、B 公司的企业合并为非同一控制下的企业合并)。在 A 公司备查簿的记录中，20×0 年 1 月 1 日，B 公司的可辨认资产、负债的公允价值与其账面价值相同。其他资料如下：

(1) 20×0 年 1 月 1 日，B 公司所有者权益总额为 2 300 万元，其中实收资本为 1 800 万元，资本公积为 200 万元，盈余公积为 200 万元，未分配利润为 100 万元。

(2) 20×0 年度，B 公司实现净利润 1 000 万元，提取盈余公积 100 万元，其余未作分配。

(3) 假定 A、B 公司的会计政策和会计期间一致，也不考虑 A、B 公司及合并资产、负债的所得税影响。

要求：

(1) 编制 20×0 年合并财务报表时，按权益法作出相关调整分录。

(2) 编制与长期股权投资相关的抵销分录。

2. 甲公司为乙公司的母公司，20×0年12月31日，甲公司应收账款余额中包含应收乙公司的账款为300万元，年初应收账款中包含有应收乙公司账款为200万元。假定甲公司采用应收账款余额百分比法计提坏账准备，且计提坏账准备的比例为5%。

要求：作出甲公司编制20×0年度合并财务报表时与上述资料相关的抵销分录。

3. A公司为B公司的母公司，20×0年12月，A公司出售给B公司商品一批，价值为100万元，其销售成本为60万元。B公司购进的该批商品当年全部未实现对外销售而形成年末存货。20×1年3月B公司又从A公司购进商品一批价值为150万元，A公司销售该批商品的成本为90万元。20×1年10月，B公司将从A公司购入的商品(包括上期及本期的)对外出售70%，其余形成年末存货。

要求：编制20×0年及20×1年相关的抵销分录。

4. A公司为B公司的母公司，20×0年6月，A公司出售一批商品给B公司，价值80万元，其销售成本为50万元。B公司购入后作为管理部门固定资产使用。B公司对该项固定资产采用年限平均法计提折旧，预计使用年限为5年，预计净残值为零。

要求：请作出20×1年、20×1年及20×2年相关的抵销分录。

第十一章

套期会计与金融工具列报

【本章学习目的】

通过本章学习，学生应理解套期的含义；准确确定套期的分类；掌握并能熟练运用套期会计处理的原理，对套期活动进行认定，作出相应的会计处理。

【本章关键词】

套期　套期会计　金融工具列报

第一节　套期会计概述

近年来，国际上有色金属、石油等的价格出现了剧烈波动，影响了世界经济的稳定发展，也给众多企业带来深远的影响。为了能在这种经济环境中立于不败之地，越来越多的企业利用套期保值来规避风险。

一、套期保值的概念

套期保值（以下简称套期），是指企业为管理外汇风险、利率风险、价格风险、信用风险等特定风险引起的风险敞口，指定金融工具为套期工具，以使套期工具的公允价值或现金流量变动，预期抵销被套期项目全部或部分公允价值或现金流量变动的风险管理活动。

企业运用商品期货进行套期时，其套期保值通常是，买入（卖出）与现货市场数量相当但交易方向相反的期货合同，以期未来某一时间通过卖出（买入）期货合同来补偿现货市场价格变动所带来的实际价格风险。

相对于非金融企业，金融企业面临较多的金融风险，如利率风险、外汇风险、信用风险等，对套期保值有更多的需求。例如，某上市银行为规避汇率变动风险，与汇金公司签订外币期权合同对现存数额较大的美元敞口进行套期保值。

二、套期保值的分类

为运用套期会计方法，套期保值按套期关系（即套期工具和被套期项目之间的关系）可划分为公允价值套期、现金流量套期和境外净投资套期。

1. 公允价值套期

公允价值套期是指对已确认资产或负债、尚未确认的确定承诺，或上述项目中组成部分的公允价值变动风险敞口进行的套期。该公允价值变动源于特定风险，且将影响企业的损益或其他综合收益。其中影响其他综合收益的情形，仅限于企业对指定为以公允价值计量且其变动计入其他综合收益的非交易性权益工具投资的公允价值变动风险敞口进行的套期。

以下是公允价值套期的例子：

(1) 某企业签订一项以固定利率换浮动利率的利率互换合约，对其承担的固定利率负债的利率风险引起的公允价值变动风险敞口进行套期。

(2) 某企业签订了一项 1 个月后以固定外币金额购买材料的合同（未确认的确定承诺），为规避外汇风险对该确定承诺的外汇风险引起的公允价值变动风险敞口进行套期。

(3) 某铜制品厂签订了一项 3 个月以后以固定价格购买铜的合同（未确认的确定承诺），为规避价格变动风险对该确定承诺的价格变动风险引起的公允价值变动风险敞口进行套期。

2. 现金流量套期

现金流量套期是指对现金流量变动风险敞口进行的套期。该现金流量变动源于与已确认资产或负债，极可能发生的预期交易，或与上述项目组成部分有关的特定风险，且将影响企业的损益。

以下是现金流量套期的例子：

(1) 企业签订以浮动利率换固定利率的利率互换合约，对其承担的浮动利率债务的利率风险引起的现金流量变动风险敞口进行套期。

(2) 企业签订一项未来购入设备的远期合同，对 4 个月后预期极可能发生的与购买设备相关的价格风险引起的现金流量变动风险敞口进行套期。

(3) 企业签订一项购入外币的外汇远期合同，对以固定外币价格转入原材料的极可能发生的预期交易的外汇风险引起的现金流量变动风险敞口进行套期。

3. 境外经营净投资

境外经营净投资是指对境外经营净投资外汇风险敞口进行的套期。境外经营净投资套期中的被套期风险是指境外经营的记账本位币与母公司的记账本位币之间的折算差额。

此外，企业对确定承诺的外汇风险进行套期的，按照准则的规定，可以将其作为现金流量套期或公允价值套期处理。例如，某航空公司签订一项 3 个月后以固定外币金额购买飞机的合同（尚未确认的确定承诺），为规避外汇风险，签订一项外汇远期合同，对该确定承诺的外汇风险引起的公允价值变动或者现金流量变动风险敞口进行套期。

三、套期工具和被套期项目

（一）套期工具

1. 套期工具

套期工具是指企业为进行套期而指定的、其公允价值或现金流量变动预期可抵销被套期项目的公允价值或现金流量变动的金融工具。可以作为套期工具的金融工具包括：

(1) 以公允价值计量且其变动计入当期损益的衍生工具，但签出期权除外。企业只有在对购入期权（包括嵌入在混合合同中的购入期权）进行套期时，签出期权才可以作为套期工具。嵌入在混合合同中但未分拆的衍生工具不能作为单独的套期工具。

衍生工具通常可以作为套期工具。衍生工具包括远期合同、期货合同、互换和期权，以及具有远期合同、期货合同、互换和期权中一种或一种以上特征的工具等。例如，某企业为规避库存存货价格下跌的风险，可以卖出一定数量该种存货期货合同。其中，该种存货期货合同即套期工具。

衍生工具无法有效地对冲被套期项目风险的，不能作为套期工具。企业的签出期权（除非该签出期权指定用于抵销购入期权）不能作为套期工具，因为该期权的潜在损失可能大大超过被套期项目的潜在利得，从而不能有效地对冲被套期项目的风险。而购入期权的一方可能承担的损失最多就是期权费，可能拥有的利得通常等于或大大超过被套期项目的潜在损失，可被用来有效对冲被套期项目的风险，因此购入期权的一方可以将购入的期权作为套期工具。

(2) 以公允价值计量且其变动计入当期损益的非衍生金融资产或非衍生金融负债，但指定为以公允价值计量且其变动计入当期损益，且其自身信用风险变动引起的公允价值变动计入其他综合收益的金融负债除外。

对于指定为以公允价值计量且其变动计入当期损益，且其自身信用风险变动引起的公允价值变动计入其他综合收益的金融负债，由于没有将整体公允价值变动计入损益，不能被指定为套期工具。

【例 11-1】 甲公司持有 6 个月的债券，其收益率与黄铜价格指数挂钩。甲公司将该债券分类为以公允价值计量且其变动计入当期损益的金融资产。同时，甲公司签订了一项 6 个月后以固定价格购买黄铜的合同（尚未确认的确定承诺），以满足生产需要。

本例中，该债券作为以公允价值计量且其变动计入当期损益的非衍生金融资产，可以被指定为套期工具，对尚未确认的确定承诺的价格风险引起的公允价值变动风险敞口进行套期。

需要注意的是，并非所有以公允价值计量，且其变动计入当期损益的金融工具均为符合条件的套期工具。企业应当对因运用公允价值选择权而被指定为以公允价值计量，且其变动计入当期损益的金融工具进行评估，以确保套期工具的指定并未与运用公允价值选择权的目标相冲突，即不会再次产生已通过运用公允价值选择权消除的会计错配。

(3) 对于外汇风险套期，企业可以将非衍生金融资产（选择以公允价值计量且，其变动计入其他综合收益的非交易性权益工具投资除外）或非衍生金融负债的外汇风险成分指定为套期工具。

【例 11-2】 甲公司的记账本位币为人民币，发行了 1 000 万美元、年利率 8%的固定利率债券，每半年支付一次利息，3 年后到期。甲公司将该债券分类为以摊余成本计量的金融负债。甲公司同时签订了 3 年后到期的、1 000 万美元的固定价格销售承诺（尚未确认的确定承诺）。

本例中，甲公司可以将以摊余成本计量的美元负债的外汇风险成分作为套期工具，对固定价格销售承诺的外汇风险引起的公允价值变动或者现金流量变动风险敞口进行套期。

2. 套期工具的指定

(1) 企业在确立套期关系时，应当将符合条件的金融工具整体指定为套期工具。企业对套期工具进行计量时，通常以该金融工具整体为对象，采用单一的公允价值基础对其进行计量。但是，由于期权的时间价值、远期合同的远期要素和金融工具的外汇基差通常具备套期成本的特征，且可以单独计量，为便于提高某些套期关系的有效性，在指定套期工具时下列情况除外：

第一，对于期权，企业可以将期权的内在价值和时间价值分开，只将期权的内在价值变动指定为套期工具。期权的价值包括内在价值（立即执行期权时，现货价格与行权价格之差所带来的收益）和时间价值（期权的价格与内在价值之差）。随着期权临近到期，期权的时间价值不断减少直至为零。当企业仅指定期权的内在价值变动为套期工具时，与期权的时间价值相关的公允价值变动被排除在套期有效性评估之外，从而能够提高套期的有效性。

第二，对于远期合同，企业可以将远期合同的远期要素和即期要素分开，只将即期要素的价值变动指定为套期工具。远期合同的即期要素反映了基础项目远期价格和现货价格的差异，而远期要素的特征取决于不同的基础项目。当企业仅指定远期合同的即期要素的价值变动为套期工具时，能够提高套期的有效性。

第三，对于金融工具，企业可以将金融工具的外汇基差单独分拆，只将排除外汇基差后的金融工具指定为套期工具。外汇基差反映了货币主权信用差异、市场供求等因素所带来的成本。将外汇基差分拆，只将排除外汇基差后的金融工具指定为套期工具，能够提高套期的有效性。

(2) 企业可以将套期工具的一定比例指定为套期工具，但不可以将套期工具剩余期限内某一时段的公允价值变动部分指定为套期工具。

【例 11-3】 甲公司拥有一项支付固定利息、收取浮动利息的互换合同，拟将其用于对该公司所发行的浮动利率债券进行套期。该互换合同的剩余期限为 10 年，而债券的剩余期限为 5 年。在这种情况下，甲公司不能将该互换合同剩余期限中前 5 年的互换合同公允价值变动指定为套期工具。

(3) 企业可以将两项或两项以上金融工具（或其一定比例）的组合指定为套期工具（包括组合内的金融工具形成风险头寸相互抵销的情形）。

【例 11-4】 甲公司发行了 5 年期的固定利率债券。甲公司的风险管理策略为固定未来 12 个月的利率。因此，甲公司在发行该债券时签订了 5 年期收取固定利率、支付浮动利率的互换合同（互换条款与债券条款完全匹配）和 1 年期收取浮动利率、支付固定利率的互换合同。本例中，如果其他套期会计条件均满足，甲公司可以将这两个互换合同的组合指定为对该债券第 2 至第 5 年利率风险进行公允价值套期的套期工具。

对于一项由签出期权和购入期权组成的期权（如利率上下限期权），或对于两项或两项以上金融工具（或其一定比例）的组合，其在指定日实质上相当于一项净签出期权的，不能将其指定为套期工具。只有在对购入期权（包括嵌入在混合合同中的购入期权）进行套期时，净签出期权才可以作为套期工具。

对于一项由签出期权和购入期权组成的期权，当同时满足以下条件时，实质上不是一项净签出期权，可以将其指定为套期工具：① 企业在期权组合开始时以及整个期间未收取净期权费。② 除了行权价格，签出期权组成部分和购入期权组成部分的关键条款是相同的（包括基础 变量、计价货币及到期日）。③ 签出期权的名义金额不大于购入期权的名义金额。

【例 11-5】 甲公司发行了 5 年期、1 亿元的浮动利率债券。为了对该债券利率风险进行套期，甲公司在债券发行当日购入利率上下限期权组合以对债券高于 8%、低于 4%的利率风险进行套期。发行当日市场上同等期限债券的市场利率为 6%，购入期权的上限与签出期权的下限相比很可能产生溢价，因此，甲公司支付净期权费 50 万元。该利率上下限期权组合中购入的上限 8%和签出的下限 4%的名义本金同为 1 亿元。

本例中，由于企业未收取净期权费（支付净期权费 50 万元），签出期权和购入期权的关键条款相同，且签出期权的名义本金不大于购入期权的名义本金，因此，甲公司可以将该利率上下限期权组合指定为对浮动利率债券进行现金流量套期的套期工具。

3. 使用单一套期工具对多种风险进行套期

企业通常将单项套期工具指定为对一种风险进行套期。但是，如果套期工具与被套期项目的不同风险敞口之间有具体对应关系，则一项套期工具可以被指定为对一种以上的风险进行套期。

【例 11-6】 甲公司的记账本位币是人民币，其承担了一项 10 年期浮动利率的欧元债务。为规避该金融负债的外汇风险和利率风险，甲公司与某金融机构签订一项交叉货币利率互换合同（互换合同的条款与金融负债的条款相匹配），并将该互换合同指定为套期工具。根据该互换合同，甲公司将定期收取以美元浮动利率计算确定的利息，同时支付以人民币固定利率计算确定的利息。

本例中，一项互换合同被指定为同时对金融负债的外汇风险和利率风险进行套期的套期工具。

（二）被套期项目

1. 符合条件的被套期项目

被套期项目是指使企业面临公允价值或现金流量变动风险，且被指定为被套期对象的、能够可靠计量的项目。根据准则的规定，企业可以将下列单个项目、项目组合或其组成部分指定为被套期项目：

（1）已确认资产、负债。

（2）尚未确认的确定承诺。其中，确定承诺是指在未来某特定日期或期间，以约定价格交换特定数量资源、具有法律约束力的协议；尚未确认是指尚未在资产负债表中确认。

【例 11-7】 甲公司采用人民币作为记账本位币。甲公司与境外乙公司签订了一项设备购买合同，约定 8 个月后按固定的外币价格购入设备，即甲公司与乙公司达成了一项确定承诺。同时，甲公司签订了一份外币远期合同，以对该项确定承诺产生的外汇风险进行套期。

本例中，该确定承诺可以被指定为被套期项目，外币远期合同可以被指定为公允价值套期或现金流量套期中的套期工具。

（3）极可能发生的预期交易。其中，预期交易是指尚未承诺但预期会发生的交易。评估预期交易发生的可能性不能仅依靠企业管理人员的意图，而应当基于可观察的事实和相关因素。在评估预期交易发生的可能性时，企业应当考虑以下因素：① 类似交易之前发生的频率；② 企业在财务和经营上从事此项交易的能力；③ 企业有充分的资源（如在短期内仅能用于生产某一类型商品的设备）能够完成此项交易；④ 交易不发生时可能对经营带来的损失和破坏程度；⑤ 为达到相同的业务目标，企业可能会使用在实质上不同的交易的可能性（如计划筹集资金的企业可以通过获取银行贷款或者发行股票等方式筹集资金）；⑥ 企业的业务计划。此外，企业还应当考虑预期交易发生时点距离当前的时间跨度和预期交易的数量或价值占企业相同性质交易的数量或价值的比例。在其他因素相同的情况下，预期交易发生的时间越远或预期交易的数量或价值占企业相同性质交易的数量或价值的比例越高，预期交易发生的可能性就越小，就越需要有更强有力的证据来支持“极可能发生”的判断。例如，企业预计将在2年后发生交易比预计将在4个月后发生交易的可能性小，判断前者“极可能发生”时需要更多的证据支持；企业预计将在1个月内销售1 000件商品（假设在过去3个月平均每月的销售量为1 000件）比预计将在1个月内销售200件商品的可能性小，判断前者“极可能发生”时需要更多的证据支持。企业应当明确区分预期交易与确定承诺。

【例11-8】 预期交易：20×0年5月1日，甲公司预期5个月后将购买300吨大米，用于20×0年10月的生产。确定承诺：20×0年5月5日，甲公司签订了一份法律上具有约束力的采购协议，约定于20×0年10月30日向乙公司以每吨3 000元的价格购买300吨大米。本例中，签订了法律上具有约束力的采购协议为确定承诺，而尚未承诺但预期会发生的交易为预期交易。

(4) 境外经营净投资。根据套期会计准则规定，境外经营净投资可以被指定为被套期项目。境外经营净投资是指企业在境外经营净资产中的权益份额。企业既无计划也无可能在可预见的未来会计期间结算的长期外币货币性应收项目（含贷款），应当视同实质构成境外经营净投资的组成部分。因销售商品或提供劳务等形成的期限较短的应收账款不构成境外经营净投资。境外经营可以是企业在境外的子公司、合营安排、联营企业或分支机构。在境内的子公司、合营安排、联营企业或分支机构，采用不同于企业记账本位币的，也视同境外经营。

【例11-9】 甲公司的记账本位币为人民币，20×0年1月1日，甲公司以8 000万美元从非关联方处购买了境外乙公司的全部普通股股份，取得控制权。在购买日，乙公司的可辨认净资产的公允价值为6 000万美元。甲公司合并财务报表中确认相应商誉2 000万美元。同时，在购买日，甲公司向乙公司提供长期借款1 000万美元，甲公司将其作为长期应收款处理，但甲公司既无计划也无可能在可预见的未来会计期间收回这笔长期应收款。

在购买日，如果甲公司计划对乙公司的境外经营净投资进行套期，则能够被指定为被套期项目的境外经营净投资的最大金额为9 000万美元，包括所购境外经营的可辨认净资产6 000万美元，构成境外经营净投资一部分的商誉2 000万美元，以及甲公司对乙公司的长期应收款1 000万美元。

企业确定被套期项目时，应当注意以下几点：

(1) 作为被套期项目，应当会使企业面临公允价值或现金流量变动风险（即被套期风险），在本期或未来期间会影响企业的损益或其他综合收益。与之相关的被套期风险，通常包括外汇风险、利率风险、商品价格风险和股票价格风险等。企业的一般经营风险（如固定资产毁损风险等）不能作为被套期风险，因为这些风险不能具体识别和单独计量。同样，企业合并交易中，与购买另一个企业的确定承诺相关的风险（不包括外汇风险）也不能作为被套期风险。

(2) 采用权益法核算的股权投资不能在公允价值套期中作为被套期项目，因为在权益法下，投资方只是将其在联营企业或合营企业中的损益份额确认为当期损益，而不确认投资的公允价值变动。与之相类似，对纳入合并财务报表范围的子公司投资也不能作为被套期项目，但对境外经营净投资可以作为被套期项目，因为相关的套期指定针对的是外汇风险，而不是境外经营净投资的公允价值变动风险。

（3）在运用套期会计时，在合并财务报表层面，只有与企业集团之外的对手方之间交易形成的资产、负债、尚未确认的确定承诺或极可能发生的预期交易才能被指定为被套期项目；在合并财务报表层面，只有与企业集团之外的对手方签订的合同才能被指定为套期工具。对于同一企业集团内的主体之间的交易，在企业个别财务报表层面可以运用套期会计，在企业集团合并财务报表层面不得运用套期会计，但下列情形除外：① 在合并财务报表层面，符合《企业会计准则第 33 号——合并财务报表》规定的投资性主体与其以公允价值计量且其变动计入当期损益的子公司之间的交易，可以运用套期会计。② 企业集团内部交易形成的货币性项目的汇兑收益或损失，不能在合并财务报表中全额抵销的，企业可以在合并财务报表层面将该货币性项目的外汇风险指定为被套期项目。③ 企业集团内部极可能发生的预期交易，按照进行此项交易的主体的记账本位币以外的货币标价，且相关的外汇风险将影响合并损益的，企业可以在合并财务报表层面将该外汇风险指定为被套期项目。

2. 项目组成部分作为被套期项目的规定和要求

按照套期会计准则的规定，企业可以将上述已确认资产或负债、尚未确认的确定承诺、极可能发生的预期交易以及境外经营净投资等单个项目整体或者项目组合指定为被套期项目，企业也可以将上述单个项目或者项目组合的一部分（项目组成部分）指定为被套期项目。

项目组成部分是指小于项目整体公允价值或现金流量变动的部分，它仅反映其所属项目整体面临的某些风险，或仅反映一定程度的风险（如对某项目的一定比例进行指定时）。根据套期会计准则的规定，企业只能将下列项目组成部分或其组合指定为被套期项目：

（1）项目整体公允价值或现金流量变动中仅由某一个或多个特定风险引起的公允价值或现金流量变动部分（风险成分）。

【例 11-10】 甲公司与乙公司订立了一项以合同指定公式进行定价的长期天然气供应合同，该公式主要参考商品价格（如柴油）和其他因素（例如运输费）对长期天然气进行定价。为了管理长期天然气供应合同涉及的长期天然气价格风险，甲公司利用柴油远期合同对该供应合同定价中的柴油价格风险进行套期。由于该供应合同的条款和条件对柴油组成部分作出了明确规定，因而，柴油价格风险引起的公允价值变动部分属于合同明确的风险成分。

根据长期天然气供应合同定价公式，该风险成分能够单独识别；同时，市场上存在可交易的柴油远期合同，该风险成分能够可靠计量。因此，甲公司的长期天然气供应合同定价中的柴油价格风险引起的公允价值变动部分可以作为符合条件的风险成分，被指定为被套期项目。

【例 11-11】 甲公司为一家航空公司，为了管理其所消耗的航空燃油价格风险，对未来拟购买的部分航空燃油进行套期。甲公司基于进行套期的时间跨度（时间跨度会影响衍生工具的市场流动性），使用了不同类型的套期工具对未来拟购买的航空燃油价格变动风险敞口进行套期。其中，对于较长的时间跨度（12～24 个月），甲公司使用原油期货合同进行套期，因为只有此类原油期货合同才具有充分的市场流动性；对于 6～12 个月的时间跨度，甲公司使用具有充分流动性的柴油期货合同进行套期；对于 6 个月以下的时间跨度，甲公司则使用航空燃油期货合同进行套期。本例中，尽管甲公司没有任何合同安排对航空燃油中的原油和柴油成分作出了明确规定，但甲公司仍可得出结论认为，其购买航空燃油的价格风险包括原油价格风险成分和柴油价格风险成分，这两项风险成分属于非合同明确的风险成分，并且这两项风险成分能够单独识别并可靠计量。因此，甲公司可以将这两项风险成分指定为被套期项目。

【例 11-12】 甲公司持有一项固定利率债务工具，该债务工具与基准利率(如 SHIBOR)相比较确定其价差，进而确定其票面利率，因此，该债务工具的价格直接随着基准利率的变动而变化。

本例中，甲公司所持有的固定利率债务工具中基准利率的利率风险引起的公允价值变动部分是能够单独识别和可靠计量的风险成分。因此，甲公司可将该风险成分指定为被套期项目。

在企业风险管理活动中，有时企业只对被套期项目的单边风险进行套期，即对被套期项目公允价值或现金流量变动中仅高于或仅低于特定价格或其他变量的部分进行套期。按照准则规定，该套期的部分风险也可被视为风险成分，可以被指定为被套期项目。例如，某企业预期将购买一批商品，为了管理该批商品未来价格上涨风险，企业可以将因该批商品未来价格上涨而导致的未来现金流量变动风险指定为被套期项目。在这种情况下，企业仅对商品高于特定价格所导致的现金流量损失部分进行指定。企业在风险管理活动中，通常会使用期权作为套期工具进行单边风险的套期。一项购入期权的内在价值，而非时间价值，反映的就是被套期项目的单边风险。

通货膨胀风险一般无法单独识别和可靠计量，因此，不能被指定为金融工具的风险成分，除非该通货膨胀风险是合同明确的。但是，在个别情况下，由于通货膨胀环境和相关债务市场的特定因素，企业有可能可以把能够单独识别和可靠计量的通货膨胀风险指定为金融工具的风险成分。例如，企业在某市场环境中发行债券，通货膨胀挂钩债券的交易量和完整的利率期限结构使得该债券市场是一个具有充分流动性的市场，从而能够构造一个零息债券真实利率期限结构。这意味着对相应的货币而言，通货膨胀是市场应予以单独考虑的一项相关因素。在这种情况下，可通过使用零息债券真实利率期限结构将被套期债务工具的现金流量进行折现，来确定通货膨胀风险成分(即类似于无风险利率组成部分的确定方式)。反之，在大多数情况下，通货膨胀风险成分无法单独识别和可靠计量。例如，企业发行仅具有名义利率的债券，而在发行该债券的市场中，通货膨胀挂钩债券的流动性不足以构造零息债券真实利率期限结构。在这种情况下，对市场结构以及相关事实和情况的分析将无法得出通货膨胀是市场予以单独考虑的因素的结论，因此，通货膨胀风险成分不符合指定为被套期项目的条件。在实务中，无论企业实际上使用何种通货膨胀套期工具，上述结论均适用。需要强调的是，已确认的通货膨胀挂钩债券的现金流量中属于合同列明的通货膨胀风险成分(假定不要求对嵌入衍生工具进行单独会计处理)的，该通货膨胀风险能够单独识别和可靠计量，但前提是该工具的其他现金流量不会受到通货膨胀风险成分的影响。

(2) 一项或多项选定的合同现金流量。在企业风险管理活动中，企业有时会对一项或多项选定的合同现金流量进行套期。例如，企业有一笔期限为 8 年、年利率 12%、按年付息的长期银行借款，企业出于风险管理需要，对该笔借款所产生的前 4 年应支付利息进行套期。按照准则规定，一项或多项选定的合同现金流量可以被指定为被套期项目。

(3) 项目名义金额的组成部分。项目名义金额的组成部分，是指项目整体金额或数量的特定部分，其可以是项目整体的一定比例部分，也可以是项目整体的某一层级部分。不同的组成部分类型产生不同的会计处理结果。因此，企业在指定名义金额组成部分时应当与其风险管理目标保持一致。

项目名义金额的组成部分包括项目整体的一定比例部分(如一项贷款的合同现金流量的50%部分)和项目整体的某一层级部分。其中，项目某一层级部分可以从已设定但开放式的总体中指定一个层级，也可以从已设定的名义金额中指定一个层级。例如，下列各项均属于项目某一层级部分：

第一，货币性交易量的一部分。例如，甲公司20×0年5月实现首笔50万美元的出口销售之后，下一笔金额为50万美元的出口销售所产生的现金流量，可以作为指定的被套期项目。

第二，实物数量的一部分。例如，甲公司储藏在某地的1 000万立方米的底层天然气，可以作为指定的被套期项目。

第三，实物或其他交易量的一部分。例如，甲公司20×0年7月购入的前800万桶石油，乙公司20×0年7月售出的前300兆瓦小时的电力等，均可以作为指定的被套期项目。

第四，被套期项目的名义金额的某一层。例如，金额为3 000万元的确定承诺的最后1 000万元部分；金额为3 000万元的固定利率债券的底层800万元部分；可按公允价值提前偿付的总金额为3 000万元(设定的名义金额为3 000万元)的固定利率债务的顶层500万元部分。如果某一层级部分在公允价值套期中被指定为被套期项目，则企业应从设定的名义金额中对其进行指定。企业应根据公允价值变动重新计量被套期项目(即根据归属于被套期风险的公允价值变动重新计量相关项目)，以满足公允价值套期的要求。公允价值套期调整必须在损益中确认，且确认时间不得迟于该项目终止确认的时点。因此，企业应当对所设定的名义金额进行跟踪。例如，必须对上述设定的总名义金额3 000万元的固定利率债券进行跟踪，以跟踪底层的800万元或顶层的500万元部分。如果项目整体的某一层级部分包含提前还款权，且该提前还款权的公允价值受被套期风险变化影响的，企业不得将该层级指定为公允价值套期的被套期项目，但企业在计量被套期项目的公允价值时已包含该提前还款权影响的情况除外。

3. 汇总风险敞口作为被套期项目的规定和要求

套期会计准则规定，企业可以将符合被套期项目条件的风险敞口与衍生工具组合形成的汇总风险敞口指定为被套期项目。在指定此类被套期项目时，企业应当评估该汇总风险敞口是否是由风险敞口与衍生工具相结合，从而产生了不同于该风险敞口的另一个风险敞口，并将其作为针对某项(或几项)特定风险的一个风险敞口进行管理。在这种情况下，企业可基于该汇总风险敞口指定被套期项目。

企业基于汇总风险敞口指定被套期项目时，应当在评估套期有效性和计量套期无效部分时考虑构成该汇总风险敞口的所有项目的综合影响。但是，构成该汇总风险敞口的项目仍须单独进行会计处理，具体要求如下：

(1) 作为汇总风险敞口组成部分的衍生工具应当单独确认为以公允价值计量的资产或负债；

(2) 如果在构成汇总风险敞口的各项目之间指定套期关系，则衍生工具作为汇总风险敞口组成部分的方式应当与该衍生工具在此汇总风险敞口层面上被指定为套期工具的方式保持一致。例如，对于构成汇总风险敞口的各项目之间的套期关系，如果企业在指定套期工具时将衍生工具的远期要素排除在外，则企业在将该衍生工具作为汇总风险敞口的组成部分指定为被套期项目时也应当将远期要素予以排除。

4. 项目组成部分与项目总现金流量之间的关系

当金融项目或非金融项目的现金流量的组成部分被指定为被套期项目时，该组成部分应当少于或等于整个项目的现金流量总额。但是，整个项目的所有现金流量可以被指定为被套期项目，而且被套期的只能是某一特定风险（如一项基准利率或者基准商品价格变动所形成的变动风险）。

5. 被套期项目的组合

当企业出于风险管理目的对一组项目进行组合管理，且组合中的每一个项目（包括其组成部分）单独都属于符合条件的被套期项目时，可以将该项目组合指定为被套期项目。一组风险相互抵销的项目形成风险净敞口，一组风险不存在相互抵销的项目形成风险总敞口。只有当企业出于风险管理目的以净额为基础进行套期时，风险净敞口才符合运用套期会计的条件。判断企业是否以净额为基础进行套期应当基于事实，而不仅仅是声明或文件记录。因此，如果仅仅为了达到特定的会计结果却无法反映企业的风险管理策略和风险管理目标，企业不得运用以净额为基础的套期会计。净敞口套期必须是既定风险管理策略的组成部分，通常应当获得企业关键管理人员的批准。

当企业将形成风险净敞口的一组项目指定为被套期项目时，应当将构成该净敞口的所有项目的项目组合整体指定为被套期项目，不应当将不明确的净敞口抽象金额指定为被套期项目。例如，某公司拥有一组在6个月后履约的金额为400万美元的确定销售承诺，以及一组在10个月后履约的金额为80万美元的确定购买承诺。在这种情况下，该公司不能将一个最大金额为320万美元的抽象金额的净头寸进行指定，而必须对形成该被套期净头寸的购买总额和销售总额进行指定。

风险净敞口并非在任何情况下都符合运用套期会计的条件。在现金流量套期中，企业仅可以将外汇风险净敞口指定为被套期项目，并且应当在套期指定中明确预期交易预计影响损益的报告期间，以及预期交易的性质和数量。

企业根据其风险管理目标，可以将一组项目的一定比例或某一层级指定为被套期项目。当企业将一组项目的某一层级部分指定为被套期项目时，应当同时满足以下条件：

(1) 该层级能够单独识别并可靠计量。

(2) 企业的风险管理目标是对该层级进行套期。

(3) 该层级所在的整体项目组合中的所有项目均面临相同的被套期风险。

(4) 对于已经存在的项目（如已确认资产或负债、尚未确认的确定承诺）进行的套期，被套期层级所在的整体项目组合可识别并可追踪。

(5) 该层级包含提前还款权的，应当符合本准则第九条项目名义金额的组成部分中的相关要求

四、关于套期关系的评估

(一) 套期会计应用

公允价值套期、现金流量套期或境外经营净投资套期运用套期会计准则规定的会计处理方法应同时满足下列条件:

第一,套期关系仅由符合条件的套期工具和被套期项目组成。

第二,在套期开始时,企业正式指定了套期工具和被套期项目,并准备了关于套期关系和企业从事套期的风险管理策略和风险管理目标的书面文件。该文件至少载明了套期工具、被套期项目、被套期风险的性质以及套期有效性评估方法(包括套期无效部分产生的原因分析以及套期比率确定方法)等内容。

第三,套期关系符合套期有效性要求。套期有效性是指套期工具的公允价值或现金流量变动能够抵销被套期风险引起的被套期项目公允价值或现金流量变动的程度。套期工具的公允价值或现金流量变动大于或小于被套期项目的公允价值或现金流量变动的部分为套期无效部分。

1. 风险管理策略和风险管理目标

根据套期会计准则的要求,企业应当区分风险管理策略和风险管理目标。风险管理策略由企业风险管理最高决策机构制定,一般在企业有关纲领性文件中阐述,并通过含有具体指引的政策性文件在企业范围内贯彻落实。风险管理策略应当识别企业面临的各类风险并明确企业如何应对这些风险,风险管理策略一般适用于较长时期的风险管理活动,并且包含一定的灵活性以适应策略实施期间内环境的变化(如不同利率或商品价格水平导致不同程度的套期)。而风险管理目标是指企业在某一特定套期关系层面上,确定如何指定套期工具和被套期项目,以及如何运用指定的套期工具对指定为被套期项目的特定风险敞口进行套期。因此,风险管理策略可以涵盖许多不同的套期关系,而这些套期关系的风险管理目标旨在落实整体的风险管理策略。

2. 套期有效性要求

套期如果同时满足下列条件的,企业应当认定套期关系符合套期有效性要求:

(1) 被套期项目和套期工具之间存在经济关系。该经济关系使得套期工具和被套期项目的价值因面临相同的被套期风险而发生方向相反的变动。

如果被套期项目和套期工具之间存在经济关系,则套期工具的价值与被套期项目的价值预期将产生系统性变动,以反映同一基础变量或一组因采用类似的方式来应对被套期风险而存在经济关系的基础变量(如布伦特原油和西德克萨斯中质原油等)产生的变动。如果基础变量不同但在经济上相关,则有可能发生套期工具的价值和被套期项目的价值呈同向变动的情况,例如,两个相关的基础变量之间的价差产生了变动,而这两个基础变量本身却未发生显著变动。即便如此,当基础变量发生变动的同时,套期工具的价值与被套期项目的价值预期在通常情况下仍将沿着相反方向变动的,套期工具与被套期项目之间仍然存在经济关系。

(2) 被套期项目和套期工具经济关系产生的价值变动中,信用风险的影响不占主导地位。由于套期会计方法建立在套期工具和被套期项目所产生的利得和损失能够相互抵销这一基本概念之上,因此,套期有效性不仅取决于套期工具和被套期项目之间的经济关系,还取决于信用风险对套期工具和被套期项目价值的影响。信用风险的影响意味着，即使套期工具与被套期项目之间存在经济关系，两者之间相互抵销的程度仍可能变得不规律。这可能是由于套期工具或被套期项目的信用风险的变化所致，而且此类信用风险的变化可能会达到一定程度，使信用风险将主导价值变动。例如，企业使用无担保的衍生工具对商品价格风险敞口进行套期。如果该衍生工具交易对手方的信用状况严重恶化，则与商品价格的变动相比，该交易对手方信用状况的变化对套期工具公允价值所产生的影响可能更大，而被套期项目的价值变动则主要取决于商品价格的变动。

如果由信用风险引起的损失或利得将干扰基础变量的变动对套期工具或被套期项目价值的影响，则信用风险的变化程度导致了信用风险在价值变动中起主导作用。反之，如果基础变量在特定期间内发生很小的变动，即使与信用风险相关的很小的价值变动可能会超过基础变量变动所引起的价值变动，信用风险的变化也未必形成主导作用。

(3) 套期关系的套期比率，应当等于企业实际套期的被套期项目数量与对其进行套期的套期工具实际数量之比。

被套期项目和套期工具的数量可根据其性质采用多种方式进行计量。作为一般原则，套期关系的套期比率应当与从风险管理角度而设定的套期比率相同。在某些情况下，套期比率可能为 1∶1，因为被套期项目的关键条款将与套期工具的关键条款相匹配；然而在实务中的很多情况下，由于多种原因，实际套期比率可能并非 1∶1。如果企业对某一项目不足 100%的风险敞口(如 85%)进行套期，则其用来指定套期关系的套期比率应当与上述 85%的风险敞口以及企业用于对上述 85%的风险敞口进行套期的套期工具实际数量所形成的套期比率相一致。与此类似，如果企业使用名义金额为 60 个单位的金融工具对某个风险敞口进行套期，则其用来指定套期关系的套期比率应当与上述 60 个单位(即企业不能使用其所持有的总数中更多的数量单位或更少的数量单位来确定套期比率)，以及实际被套期项目的数量所形成的套期比率相一致。

套期比率不应当反映被套期项目和套期工具相对权重的失衡，这种失衡会导致套期无效，并可能产生与套期会计目标不一致的会计结果。因此，在指定套期关系时，企业必须调整由其实际使用的被套期项目数量和套期工具数量形成的套期比率，以避免这种失衡。

如果被套期项目和套期工具的特定权重将导致套期无效部分，企业应当确定该套期无效部分是否具有商业理由。例如，企业使用标准咖啡期货合同对 100 吨咖啡采购进行套期，每份期货合同的标准数量为 37 500 磅(1 磅＝0.4536 千克)。企业只能使用 5 份或 6 份合同(分别相当于 85.0 吨和 102.1 吨)对 100 吨的咖啡采购进行套期。在这种情况下，企业应当采用由其实际使用的咖啡期货合同数量形成的套期比率来指定套期关系，因为由被套期项目和套期工具的权重不匹配导致的套期无效部分不会产生与套期会计目标不一致的会计结果。

企业不得为避免确认现金流量套期的无效部分而改变现金流量套期比率，也不得为创造更多的被套期项目公允价值调整而改变公允价值套期比率。这种会计结果不符合套期会计的目标。

3. 套期有效性评价方法

企业应当在套期开始日及以后期间持续地对套期关系是否符合套期有效性要求进行评估，尤其应当分析在套期剩余期限内预期将影响套期关系的套期无效部分产生的原因。企业至少应当在资产负债表日及相关情形发生重大变化将影响套期有效性要求时对套期关系进行评估。

一般情况下，套期工具和被套期项目的公允价值或现金流量变动难以实现完全抵销，因而，会出现套期无效部分。套期工具的公允价值或现金流量变动大于或小于被套期项目的公允价值或现金流量变动的部分为套期无效部分。在计量套期无效部分时，企业应当考虑货币的时间价值。套期无效部分的形成源于多方面的因素。这些因素通常包括：① 套期工具和被套期项目以不同的货币表示。② 套期工具和被套期项目有不同的到期期限。③ 套期工具和被套期项目内含不同的利率或权益指数变量。④ 套期工具和被套期项目使用不同市场的商品价格标价。⑤ 套期工具和被套期项目对应不同的交易对手。⑥ 套期工具在套期开始时的公允价值不等于零等。

如果套期工具和被套期项目的主要条款（如名义金额、到期期限和基础变量）均匹配或大致相符，企业可以根据此类主要条款进行定性评估。如果套期工具和被套期项目的主要条款并非基本匹配，企业可能需要进行定量评估（如通过比较被套期风险引起的套期工具和被套期项目公允价值或现金流量变动的比率，或通过采用回归分析方法分析套期工具和被套期项目价值变动的相关性），但两个变量之间仅仅存在某种统计相关性的事实本身不足以有效证明套期工具与被套期项目之间存在经济关系。

企业的风险管理策略是评估套期关系是否符合套期有效性要求的主要信息来源。这意味着，用于决策目的的管理分析信息可作为评估套期关系是否符合套期有效性要求的依据。因此，套期有效性评价方法应当与企业的风险管理策略相吻合，并在套期开始时就在风险管理有关的正式文件中详细加以说明。如果相关情况发生变化从而影响套期有效性，企业可能需要改变评估套期关系是否符合套期有效性要求的方法，以确保该评估仍能够考虑套期关系的相关特征（包括套期无效部分的来源）。当评估套期有效性的方法发生改变时，应当对套期关系书面文件作相应更新。

（二）套期关系再平衡

套期关系由于套期比率的原因而不再符合套期有效性要求，但指定该套期关系的风险管理目标没有改变的，企业应当进行套期关系再平衡。本准则所称套期关系再平衡，是指对已经存在的套期关系中被套期项目或套期工具的数量进行调整，以使套期比率重新符合套期有效性要求。基于其他目的对被套期项目或套期工具所指定的数量进行变动，如仅对特定风险敞口更多或更少的数量进行套期以符合企业的风险管理策略，不构成套期会计准则所称的套期关系再平衡。

调整套期比率使得企业可以应对由于基础变量或风险变量而引起的套期工具和被套期项目之间关系的变动。例如，当套期关系中的套期工具和被套期项目具有不同但是相关的基础变量（如不同但相关的指数、比率或价格）时，套期关系会随着这两个基础变量之间关系的变动而发生变化。当套期工具和被套期项目之间关系发生的变动能通过调整套期比率得以弥补时，再平衡将可以使得套期关系得到延续。但是，在套期工具与被套期项目之间的关系变动不能通过调整套期比率来弥补的情况下，再平衡并不能促使套期关系得到延续。

并非所有套期工具的公允价值变动和被套期项目的公允价值或现金流量变动之间抵销程度的变化，均会导致套期工具与被套期项目之间的套期关系的变化。企业应当分析预期将在存续期内影响套期关系的套期无效部分的来源，并评估抵销程度的变化属于下列哪一种情形：

（1）抵销程度的变化属于围绕套期比率的正常波动（即能够继续适当反映套期工具与被套期项目之间的关系）。

（2）抵销程度的变化表明套期比率不再能够恰当反映套期工具与被套期项目之间的关系。为应对每一特定结果而调整套期比率的做法，并不能减少围绕某个固定套期比率的上下波动及由此产生的套期无效部分。在该情况下，只需对套期无效部分进行确认和计量，而无需作出再平衡。

与此相反，如果抵销程度的变化表明该波动围绕着一个套期比率，而该套期比率不同于当前针对该套期关系所使用的套期比率，或存在偏离目前采用的套期比率的趋势，企业可以通过调整套期比率来降低套期无效部分，而保留原套期比率将显著增加套期的无效部分。在该情况下，企业必须评价套期关系是否反映出被套期项目与套期工具之间权重的失衡，这种失衡可能产生套期无效（无论确认与否），并可能产生与套期会计目标不一致的会计结果。如果套期比率被调整，则会同时影响套期无效部分的确认和计量。

通常，再平衡中对被套期项目或套期工具数量的调整，应当反映企业实际使用的套期工具和被套期项目的数量调整。但是，如果出现下列情况，则企业必须调整根据实际使用的被套期项目或套期工具的数量而得出的套期比率：

（1）由企业的套期工具或被套期项目的实际数量变动所产生的套期比率反映出某种失衡，这种失衡可能导致套期无效，并可能产生与套期会计目标不一致的会计结果。

（2）企业维持套期工具和被套期项目的实际数量而得出的套期比率在新的情况下反映出某种失衡，这种失衡可能导致套期无效，并可能产生与套期会计目标不一致的会计结果。

企业对套期关系作出再平衡，可以通过增加或减少被套期项目或套期工具数量的方式调整套期比率。但是，数量的减少并不一定意味着那些项目或交易不再存在，或预计不再发生，而是表明其不再是套期关系的一部分。例如，企业减少套期工具的数量，但仍然保留某项衍生工具，该衍生工具仅有一部分将继续作为套期关系中的套期工具。

（三）套期关系的终止

企业不得撤销指定并终止一项继续满足套期风险管理目标，并在再平衡之后继续符合套期会计条件的套期关系。但是，如果套期关系不再满足套期风险管理目标，或在再平衡之后不符合套期会计条件等本准则规定情形的，则企业必须终止套期关系。

企业应当采用未来适用法，自不再满足套期会计条件或风险管理目标之日起终止运用套期会计。当只有部分套期关系不再满足运用套期会计的条件时，套期关系将部分终止，其余部分将继续适用套期会计。例如，当对套期关系作出再平衡时，对套期比率进行的调整可能使得部分被套期项目的数量不再构成套期关系的一部分。因此，仅针对不再构成套期关系一部分的被套期项目的数量终止运用套期会计；或者当作为被套期项目的预期交易的部分数量不再极可能发生时，仅对不再极可能发生的被套期项目的数量终止运用套期会计。然而，如果企业曾将预期交易指定为被套期项目，并在后续期间确定该预期交易预计不再会发生，则企业在预测类似的预期交易时，其准确预测预期交易的能力将受到质疑，这将影响对于类似的预期交易是否极可能发生的评估，并进而影响到这些类似的预期交易是否符合被套期项目的评估。

企业发生下列情形之一的，应当终止运用套期会计（包括部分终止运用套期会计和整体终止运用套期会计）：

(1) 因风险管理目标发生变化，导致套期关系不再满足风险管理目标。

【例 11-13】 假定甲公司共发行有 3 000 万元的浮动利率债券，公司的风险管理策略是在其债务总额中需要维持 20%～40%的固定利率债务。为此，公司在债券发行之初，选择了对其中 1 000 万元的 浮动利率债券进行套期，通过互换合同将其转换为固定利率债券。此后，由于市场利率走低，公司管理层决定调低固定利率债务占比至 20%。在此情况下，公司风险管理目标发生了变化，公司将原被套期的 1 000 万元浮动利率债券中的500 万元终止运用套期会计。

(2) 套期工具已到期、被出售、合同终止或已行使。在套期工具已到期、被出售、合同终止或已行使的情况下，套期关系或其一部分不再满足套期会计的条件，因此，应当相应终止运用套期会计。

需要说明的是，企业发生下列情形之一的，不作为套期工具已到期或合同终止处理：

第一，套期工具展期或被另一项套期工具替换，而且该展期或替换是企业书面文件所载明的风险管理目标的组成部分。

第二，由于法律法规或其他相关规定的要求，套期工具的原交易对手方变更为一个或多个清算交易对手方（如清算机构或其他主体），以最终达成由同一中央交易对手方进行清算的目的。如果存在套期工具其他变更的，该变更应当仅限于替换交易对手方所必须的变更。在将原交易对手方更换为清算交易对手方并确认相应变更的影响时，应当将该影响反映在套期工具的计量中，进而纳入对套期有效性的评估和计量。

(3) 被套期项目与套期工具之间不再存在经济关系，或者被套期项目和套期工具经济关系产生的价值变动中，信用风险的影响开始占主导地位。

(4) 套期关系不再满足本准则所规定的运用套期会计方法的其他条件。例如，套期工具或被套期项目不再符合条件。在适用套期关系再平衡的情况下，企业应当首先考虑套期关系再平衡，然后评估套期关系是否满足本准则所规定的运用套期会计方法的条件。

当部分或整体终止运用套期会计时，企业可以对原套期关系中套期工具或被套期项目指定新的套期关系，这种情况并不构成套期关系的延续，而是重新开始一项套期关系。例如，某一套期工具出现严重信用恶化，企业以新的套期工具将其取代，这意味着原套期关系未能实现风险管理目标，因此，被整体终止。新的套期工具被指定为对先前被套期的相同风险敞口进行的套期，并形成新的套期关系。在这种情况下，被套期项目的公允价值或现金流量变动的计量起始日应当是新套期关系的指定日，而非原套期关系的指定日。

第二节 套期会计的确认与计量

一、公允价值套期会计

1. 公允价值套期会计处理原则

公允价值套期满足运用套期会计方法条件的，应当按照下列规定处理：

(1) 套期工具产生的利得或损失应当计入当期损益。如果套期工具是对选择以公允价值计量且其变动计入其他综合收益的非交易性权益工具投资(或其组成部分)进行套期的,套期工具产生的利得或损失应当计入其他综合收益。

(2) 被套期项目因被套期风险敞口形成的利得或损失应当计入当期损益,同时调整未以公允价值计量的已确认被套期项目的账面价值。被套期项目为按照《企业会计准则第22号——金融工具确认和计量》第十八条分类为以公允价值计量且其变动计入其他综合收益的金融资产(或其组成部分)的,其因被套期风险敞口形成的利得或损失应当计入当期损益,其账面价值已经按公允价值计量,不需要调整;被套期项目为企业选择以公允价值计量且其变动计入其他综合收益的非交易性权益工具投资(或其组成部分)的,其因被套期风险敞口形成的利得或损失应当计入其他综合收益,其账面价值已经按公允价值计量,不需要调整。

需要说明的是,被套期项目为尚未确认的确定承诺(或其组成部分)的,其在套期关系指定后因被套期风险引起的公允价值累计变动额应当确认为一项资产或负债,相关的利得或损失应当计入各相关期间损益。当履行确定承诺而取得资产或承担负债时,应当调整该资产或负债的初始确认金额,以包括已确认的被套期项目的公允价值累计变动额。

公允价值套期中,被套期项目为以摊余成本计量的金融工具(或其组成部分)的,企业对被套期项目账面价值所作的调整应当按照开始摊销日重新计算的实际利率进行摊销,并计入当期损益。该摊销可以自调整日开始,但不应当晚于对被套期项目终止进行套期利得和损失调整的时点。被套期项目为按照《企业会计准则第22号——金融工具确认和计量》第十八条分类为以公允价值计量且其变动计入其他综合收益的金融资产(或其组成部分)的,企业应当按照相同的方式对累计已确认的套期利得或损失进行摊销,并计入当期损益,但不调整金融资产(或其组成部分)的账面价值。

2. 公允价值套期会计处理

【例11-14】 甲公司持有公允价值为100 000元的A商品,该商品成本和账面价值均为90 000元,20×0年11月3日,为了锁定该商品4个月后的价格,签订了承诺出售等值的A商品的4个月的远期合约。20×0年12月31日,因该商品跌价10 000元,远期合约则升值10 000元。20×1年2月3日,该商品公允价为88 000元,回升了8 000元,远期合约下跌为8 000元。当日将A商品出售,并将远期合约结算。该项远期合约没有发生成本。

甲公司通过分析,A存货与A期货合同存在经济关系,且经济关系产生的价值变动中信用风险不占主导地位,套期比率也反映了套期的实际数量,符合套期有效性要求。

假定不考虑衍生工具的时间价值、商品销售相关的增值税及其他因素,该公司的账务处理如下:

(1) 20×0年11月3日:

借:被套期项目——库存商品A	90 000	
贷:库存商品——A		90 000

(2) 12月31日:

借:套期工具——A期货合同	10 000	
贷:套期损益		10 000

借：套期损益　　10 000
　贷：被套期项目——库存商品 A　　10 000

(3) 20×1 年 2 月 3 日：

借：套期损益　　8 000
　贷：套期工具——A 期货合同　　8 000

借：被套期项目——库存商品 A　　8 000
　贷：套期损益　　8 000

借：银行存款　　98 000
　贷：主营业务收入　　98 000

借：主营业务成本　　88 000
　贷：被套期项目——库存商品 A　　88 000

借：银行存款　　2 000
　贷：套期工具——A 期货合同　　2 000

注：由于甲公司采用了套期策略，规避了存货公允价值变动风险，因此其存货公允价值下降没有对预期毛利额 10 000 元产生不利影响。

【例 11-15】 以[例 11-14]资料为例，假定 20×0 年 12 月 31 日衍生工具的公允价值上涨了 11 000 元，存货的公允价值下跌了 10 000 元。20×1 年 2 月 3 日存货公允价值回升了 8 000 元，而远期合约则下降7 500 元。其他资料不变，则甲公司的账务处理如下：

(1) 20×0 年 11 月 3 日：

借：被套期项目——库存商品 A　　90 000
　贷：库存商品——A　　90 000

(2) 12 月 31 日：

借：套期工具——A 期货合同　　11 000
　贷：套期损益　　11 000

借：套期损益　　10 000
　贷：被套期项目——库存商品 A　　10 000

(3) 20×1 年 2 月 3 日：

借：套期损益　　7 500
　贷：套期工具——A 期货合同　　7 500

借：被套期项目——库存商品 A　　8 000
　贷：套期损益　　8 000

借：银行存款　　98 000
　贷：主营业务收入　　98 000

借：主营业务成本　　88 000
　贷：被套期项目——库存商品 A　　88 000

借：银行存款　　3 500
　　贷：套期工具——A期货合同　　3 500

说明：两种情况的差异在于，前者不存在“无效套期损益”，后者存在“无效套期损益”1 500元，从而对甲公司当期利润总额的影响相差1 500元。

二、现金流量套期

1. 现金流量套期会计处理原则

现金流量套期的目的是将套期工具产生的利得或损失递延至被套期的预期未来现金流量影响损益的同一期间或多个期间。现金流量套期满足运用套期会计方法条件的，应当按照下列规定处理：

(1) 套期工具产生的利得或损失中属于有效套期的部分，作为现金流量套期储备，应当计入其他综合收益。现金流量套期储备的金额，应当按照下列两项的绝对额中较低者确定：① 套期工具自套期开始的累计利得或损失。② 被套期项目自套期开始的预计未来现金流量现值的累计变动额。每期计入其他综合收益的现金流量套期储备的金额应当为当期现金流量套期储备的变动额。

(2) 套期工具产生的利得或损失中属于无效套期的部分(即扣除计入其他综合收益后的其他利得或损失)，应当计入当期损益。

同时，企业应当按照下列规定对现金流量套期储备进行后续处理：

(1) 被套期项目为预期交易，且该预期交易使企业随后确认一项非金融资产或非金融负债，或者非金融资产或非金融负债的预期交易形成一项适用于公允价值套期会计的确定承诺时，企业应当将原在其他综合收益中确认的现金流量套期储备金额转出，计入该资产或负债的初始确认金额。

(2) 对于不属于上述(1)涉及的现金流量套期，企业应当在被套期的预期现金流量影响损益的相同期间，将原在其他综合收益中确认的现金流量套期储备金额转出，计入当期损益。

(3) 如果在其他综合收益中确认的现金流量套期储备金额是一项损失，且该损失全部或部分预计在未来会计期间不能弥补的，企业应当将预计不能弥补的部分从其他综合收益中转出，计入当期损益。

当企业对现金流量套期终止运用套期会计时，在其他综合收益中确认的累计现金流量套期储备金额，应当按照下列规定进行处理：

(1) 被套期的未来现金流量预期仍然会发生的，累计现金流量套期储备的金额应当予以保留，并按照前述现金流量套期储备的后续处理规定进行会计处理。

(2) 被套期的未来现金流量预期不再发生的，累计现金流量套期储备的金额应当从其他综合收益中转出，计入当期损益。被套期的未来现金流量预期不再极可能发生但可能预期仍然会发生，在预期仍然会发生的情况下，累计现金流量套期储备的金额应当予以保留，并按照前述现金流量套期储备的后续处理规定进行会计处理。

2. 现金流量套期会计处理

【例 11-16】 20×0年2月1日，甲公司预期在20×0年3月31日销售A商品，数量为

200吨,预期售价为1 200 000元。为了规避该预期销售中与商品价格有关的现金流量变动风险,甲公司于20×0年2月1日与某金融机构签订了一项A商品期货合同,且将其指定为对该预期A商品销售的套期工具。A商品期货合同的标的资产与被套期预期销售商品在数量、质次、价格变动和产地等方面相同,并且商品期货合同的结算日和预期商品销售日均为20×1年3月31日。

20×0年2月1日,A商品期货合同的公允价值为零。20×0年2月28日,商品期货合同的公允价值上涨了20 000元,预期销售价格下降了20 000元。20×0年3月31日,商品期货合同的公允价值上涨了8 000元,商品销售价格下降了8 000元。当日,甲公司将A商品出售,并结算了商品期货合同。

甲公司分析认为该套期符合套期有效性的条件。假定不考虑商品销售相关的增值税及其他因素,且不考虑期货市场每日无负债结算制度的影响。

甲公司的账务处理如下:

(1) 20×0年2月1日,甲公司不作账务处理,但需编制指定文档。

(2) 20×0年2月28日,确认现金流量套期储备:

借:套期工具——A商品期货合同	20 000	
贷:其他综合收益——套期储备		20 000

(3) 20×0年3月31日,确认现金流量套期储备:

借:套期工具——A商品期货合同	8 000	
贷:其他综合收益——套期储备		8 000

套期工具自套期开始的累计利得或损失与被套期项目自套期开始的预计未来现金流量现值的累计变动额一致,因此,将套期工具公允价值变动全部作为现金流量套期储备计入其他综合收益。确认商品的销售收入:

借:应收账款或银行存款	1 172 000	
贷:主营业务收入		1 172 000

结算商品期货合同:

借:银行存款	28 000	
贷:套期工具——A商品期货合同		28 000

将现金流量套期储备金额转出,调整主营业务收入:

借:其他综合收益——套期储备	28 000	
贷:主营业务收入		28 000

【例11-17】 长虹公司于20×0年11月1日与境外企业签订合同,约定于20×1年3月30日以美元每吨1 000元的价格购入200吨A材料。甲公司为规避购入A材料成本的外汇风险,于当日与某金融机构签订一项5个月到期的远期外汇合同,约定汇率为1∶7.726,合同金额为20 000元。20×1年3月30日公司以净额方式结算该远期外汇合同,并购入A材料。

假定:(1) 20×0 年 12 月 31 日,1 个月美元对人民币汇率为 1∶7.724,人民币市场利率为 8%。

(2) 20×1 年 3 月 30 日,美元对人民币即期汇率为 1∶7.722。

(3) 该套期符合运用套期保值准则所规定的运用套期会计的条件。

(4) 不考虑相关的税费。

(根据会计准则,对外汇确定承诺的套期既可以划分为公允价值套期也可以划分为现金流量套期)

第一种情况:长虹公司将套期划分为公允价值套期。

(1) 20×0 年 11 月 1 日,远期合约的公允价值为零,不作账务处理,但需编制指定文档。

(2) 20×0 年 12 月 31 日,确认套期工具公允价值变动:

远期外汇合同的公允价值 =[(7.726 − 7.724)× 200 000/(1 + 6% × 1/12)]= 392.16(元人民币)

借:套期损益　　392.16
　贷:套期工具——远期外汇合同　　392.16
借:被套期项目——确定承诺　　392.16
　贷:套期损益　　392.16

(3) 20×1 年 3 月 30 日。

① 确认套期工具公允价值变动:

远期外汇合同的公允价值 =(7.726 − 7.722)× 200 000 = 800(元人民币)

借:套期损益　　407.84
　贷:套期工具——远期外汇合同　　407.84

② 结算外汇远期合同:

借:套期工具——远期外汇合同　　800
　贷:银行存款　　800

③ 确认被套期项目公允价值变动:

借:被套期项目——确定承诺　　407.84
　贷:套期损益　　407.84

④ 购入材料

借:原材料——A 材料　　1 544 400
　贷:银行存款　　1 544 400

⑤ 将被套期项目的余额转入 A 材料的账面价值:

借:原材料——A 材料　　800
　贷:被套期项目——确定承诺　　800

第二种情况:长虹公司将上述套期划分为现金流量套期。

(1) 20×0 年 11 月 1 日,远期合约的公允价值为零,不作账务处理,但需编制指定文档。

(2) 20×0 年 12 月 31 日,确认现金流量套期储备:

远期外汇合同的公允价值 =［(7.726－7.724)×200 000/(1＋6%×1/12)］＝392.16(元人民币)

借：其他综合收益——套期储备　　392.16
　贷：套期工具——远期外汇合同　　392.16

20×1 年 3 月 30 日：

① 远期外汇合同的公允价值＝(7.726－7.722)×200 000＝800(元人民币)

借：其他综合收益——套期储备　　407.84
　贷：套期工具——远期外汇合同　　407.84

② 结算外汇远期合同：

借：套期工具——远期外汇合同　　800
　贷：银行存款　　800

③ 购入材料：

借：原材料——A 材料　　1 544 400
　贷：银行存款　　1 544 400

④ 将计入其他综合收益中的套期储备转出：

借：原材料——A 材料　　800
　贷：其他综合收益——套期储备　　800

三、境外经营净投资套期

境外经营净投资套期会计处理原则是，对境外经营净投资的套期，包括对作为净投资的一部分进行会计处理的货币性项目的套期，应当按照类似于现金流量套期会计的规定处理。

(1) 套期工具形成的利得或损失中属于套期有效的部分，应当计入其他综合收益。全部或部分处置境外经营时，上述计入其他综合收益的套期工具利得或损失应当相应转出，计入当期损益。

(2) 套期工具形成的利得或损失中属于套期无效的部分，应当计入当期损益。

本章小结

1. 套期保值(以下简称套期)是指企业为规避外汇风险、利率风险、商品价格风险、股票价格风险、信用风险等，指定一项或一项以上套期工具，使套期工具的公允价值或现金流量变动，预期抵销被套期项目全部或部分公允价值或现金流量变动。

2. 套期工具与被套期项目。套期工具是指企业为进行套期而指定的、其公允价值或现金流量变动预期可抵销被套期项目的公允价值或现金流量变动的金融工具。

被套期项目是指使企业面临公允价值或现金流量变动风险，且被指定为被套期对象的、能够可靠计量的项目。企业可以将单个项目、项目组合或其组成部分指定为被套期项目：① 已确认资产、负债；② 尚未确认的确定承诺。其中，确定承诺是指在未来某特定日期或期间，以约定价格交换特定数量资源、具有法律约束力的协议；尚未确认是指尚未在资产负债表中确认；③ 极可能发生的预期交易。

3. 套期会计的应用条件是，对于满足套期会计准则规定条件的公允价值套期、现金流量套期和境外经营净投资套期，企业可运用套期会计方法进行处理。

复习思考题

1. 简述如何确定套期工具和被套期项目。
2. 简述行为套期有效性，如何评价套期有效性。
3. 简述套期会计的适用条件，什么情况下应停止采用套期会计方法。

练习题

1. 某集团公司在20×0年9月1日，预期将在3个月后购买现价总额为50万元人民币的天然橡胶，同时为规避价格可能的风险，在期货市场上签订了出售等值的3个月天然橡胶的远期合约，假设此项远期合同未发生成本。20×0年12月1日，该项资产跌价为3 000元，远期合约增值3 600元。根据上述资料进行账务处理。（当日购入天然橡胶）

2. 上海汽车工业集团总公司于20×0年1月27日，获得韩国双龙汽车公司47%的股份，正式成为韩国双龙汽车公司的第一大股东。假设其在韩国的投资在20×0年12月31日的预期年终应享有的净资产额为4 000亿韩元进行套期保值，在11月1日与中国银行按60天远期汇率KRW1/RMB 0.0079签订一项卖出4 000亿韩元的远期合约，当日即期汇率为KRW1/RMB 0.0078，12月31日的即期汇率为KRW1/RMB 0.00811。

要求：根据上述资料进行境外经营净投资的套期业务处理。

主要参考文献

1. 中华人民共和国财政部.企业会计准则(2006)[M].北京:经济科学出版社,2006.
2. 中华人民共和国财政部.企业会计准则应用指南(2006)[M].北京:中国财政经济出版社,2006.
3. 中国注册会计师协会.会计[M].北京:中国财政经济出版社,2019.
4. 财政部会计资格评价中心.中级会计实务[M].北京:经济科学出版社,2019.
5. 中华人民共和国财政部.《企业会计准则第7号——非货币性资产交换》应用指南(2019)[M].北京:中国财政经济出版社,2020.
6. 中华人民共和国财政部.《企业会计准则第12号——债务重组》应用指南(2019)[M].北京:中国财政经济出版社,2020.
7. 杨有红.高级财务会计[M].北京:中央广播电视大学出版社,2001.

会合 04 表

分录		合并数	少数股东权益	所有者权益合计
	贷方			
		2 000.00	1 680.00	15 680.00
		2 000.00	1 680.00	15 680.00
	1 608.00	3 621.00	450.00	4 071.00
	150.00	−900.00		0.00
	1 000.00	−1 748.00	−300.00	−2 048.00
	2 758.00	2 973.00	1 830.00	17 703.00